熊野古道をあるく!!

大人の遠足
BOOK

熊野古道をあるく

contents

▲小辺路果無越（P142）の観音石仏

〈表紙写真〉
上から大門坂、
大斎原、熊野川舟下り、レンゲ、
牛馬童子像、百間ぐら

▲高原霧の里（P21）

【コラム】

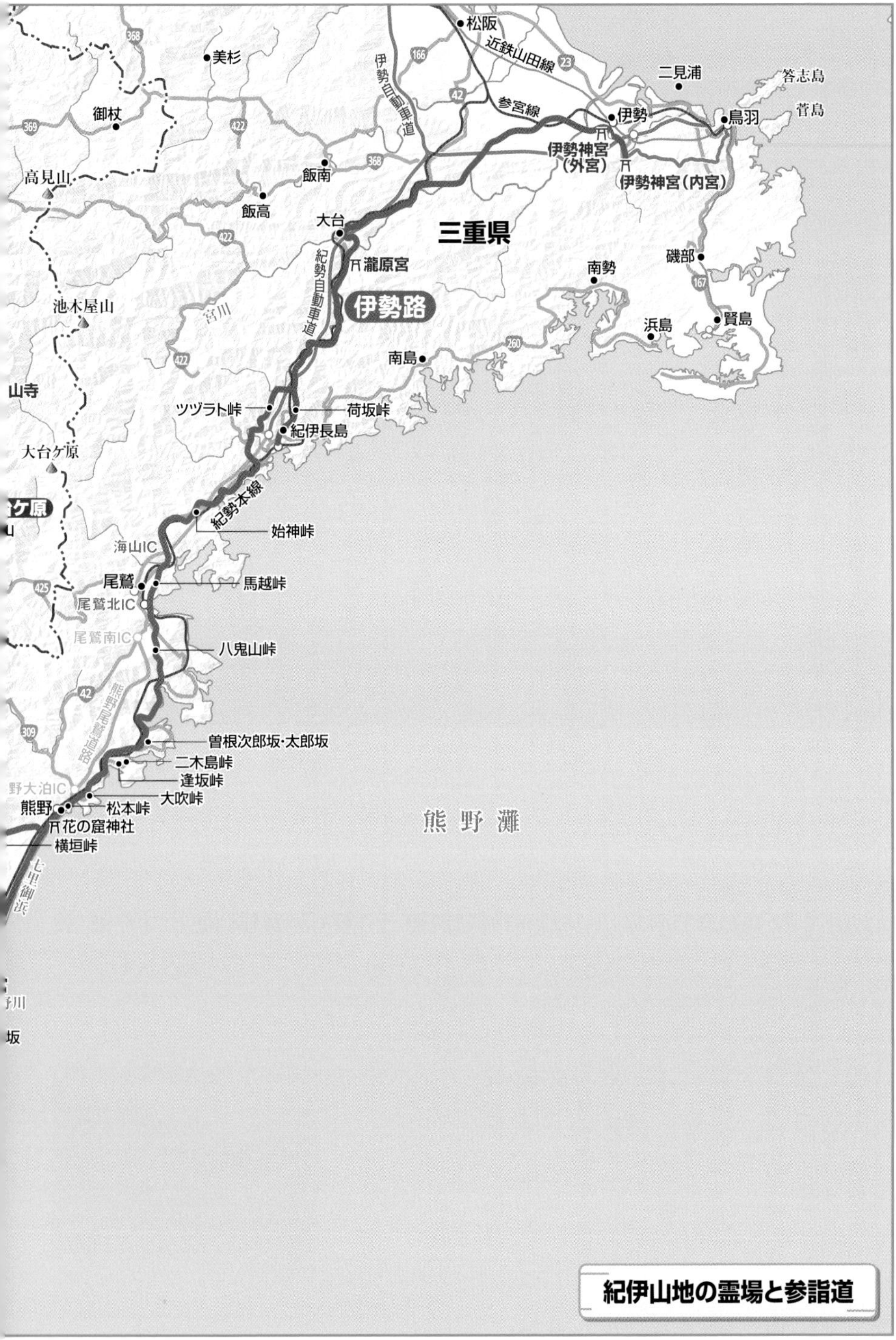

松阪
近鉄山田線
美杉
伊勢自動車道
二見浦
答志島
参宮線
伊勢
鳥羽
菅島
御杖
伊勢神宮（外宮）
伊勢神宮（内宮）
高見山
飯南
飯高
大台
三重県
紀勢自動車道
瀧原宮
磯部
南勢
伊勢路
池木屋山
宮川
浜島
賢島
南島
山寺
ツヅラト峠
荷坂峠
紀伊長島
大台ケ原
紀勢本線
始神峠
海山IC
尾鷲
馬越峠
尾鷲北IC
尾鷲南IC
八鬼山峠
熊野尾鷲道路
曽根次郎坂・太郎坂
二木島峠
逢坂峠
野大泊IC
大吹峠
熊野
松本峠
花の窟神社
横垣峠
熊野灘
七里御浜
紀伊山地の霊場と参詣道

大阪府
大阪湾
堺
西名阪自動車道
桜井線
桜井
近鉄大
大和高田
橿原
富田林
飛鳥
大宇陀
南海本線
岸和田
河内長野
御所
吉野水分神社
吉野山
関西国際空港
泉佐野
阪和線
南海高野線
金剛山
吉水神社
関西空港道
阪和自動車道
吉野川
泉南
下市
五條
金峯山寺
吉野山
慈尊院
橋本
金峯神社
岬
京奈和自動車道
和歌山線
大峯奥駈道
粉河
丹生官省符神社
岩出
二ツ鳥居
洞川
和歌山
丹生都比売神社
天川
紀ノ川
大普賢
高野参詣道 町石道
高野山
金剛峯寺
大塔
行者還
海南
小辺路
八剣山
（八経ケ岳）
紀伊水道
美里
奈良県
釈迦ケ
橋本神社
十津川
谷瀬の吊橋
有田
高野龍神国定公園
伯母子岳
紀伊路
金屋
清水
護摩壇山
涅槃岳
湯浅
有田川
和歌山県
湯浅御坊道路
湯泉地温泉
行仙岳
美山
笠捨山
龍神温泉
十津川温泉
玉置山
道成寺
紀勢本線（きのくに線）
玉置神社
御坊
安堵山
冷水山
瀞峡
日高川
熊野本宮大社
湯の峰温泉
渡瀬温泉
熊野本宮温泉郷
印南
中辺路
川湯温泉
熊野川
中辺路
富田川
熊野川舟下り乗船場
阪和自動車道
みなべ
南紀田辺IC
田辺
富里温泉
乙女の湯
大塔山
熊野速玉
大雲取
鬪雞神社
補陀洛山寺
上富田
那智の滝
那智
白浜温泉
熊野那智大社
那智山青岸渡寺
南紀白浜空港
大門坂
えびね温泉
那智勝浦新宮道路
南紀勝浦温泉
椿温泉
仏坂
美女湯温泉
紀勢自動車道
太地
日置川
すさみ
長井坂
すさみ南IC
古座川
古座
大辺路
N
0
10Km
串本
串本温泉
紀伊大島

本書の使い方

本書のご利用にあたって

本書は熊野古道のなかでも比較的歩きやすいルートを26コース、厳選して紹介しています。

それでも、長い年月を経て判別しにくくなった箇所や、自然災害などでルートが変更になっている場所、国道と重なる場所などもあります。ご自身の体力やスケジュールなどを考慮し、無理のない計画を立てましょう。

アクセス
公共交通機関を使用した場合のアクセス方法です。
大阪のターミナル駅を起点として表示しています。
時間は平均的なものを掲載しています。

参詣道
紹介している参詣道の名称を示しています。

歩行時間
コースの歩行時間の合計です。見学、休憩時間は含まれていません。ただし、気象条件や道の状況、体力の個人差によって変わることがありますので、目安として使い、余裕を持った計画を立ててください。

歩行距離
コースを歩く距離の合計です。ただし、社寺や施設などの見学に要する歩行距離は含みません。

歩行レベル（難易度の指標）
初級向け……体力・技術ともに難易度★
中級向け……体力・技術ともに難易度★★
上級向け……体力・技術ともに難易度★★★
※ただし、天候によるコース状況や季節により、状況が変化する場合があります。

コースチャート
コース上の目印となるポイントと、その間の歩行時間を表示しています。

高低表
掲載コースの高低断面図を掲載しています。

●本書のデータは2021年6月現在のものです。料金、営業時間、定休日などは、季節により変更になる場合があります。お出かけ前には、あらかじめご確認ください。
●ウォーキングルートは自然災害などの影響で、通行が不可能になる場合や、ルートが変更される場合がありますので、事前にご確認ください。
●定休日については、年末年始・お盆、ゴールデンウィークなどを省略しています。

紹介しているコースのスタート、ゴール地点です。

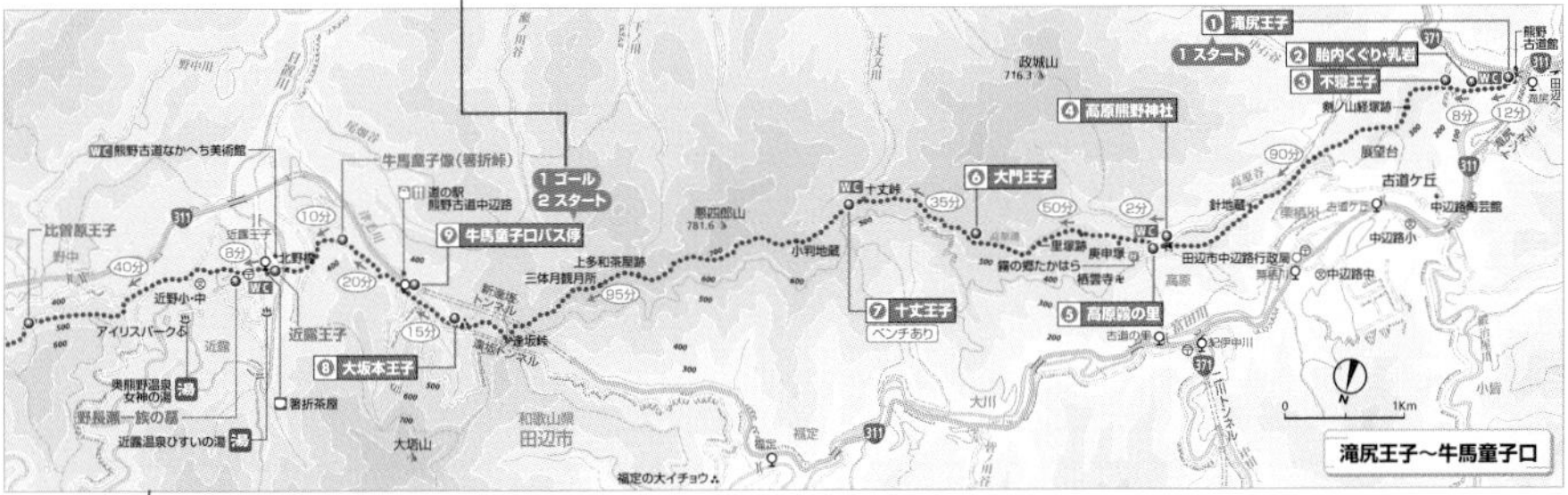

コース内の地図

地図は文章に沿って道をたどれるようにしているため、正北にはなっていません。正北でのコースの位置を確認するには、各扉後のルート全図でご確認ください。

◀滝尻王子の前には世界遺産の石碑や、無料休憩所の滝尻茶屋がある

▶滝尻王子。かつては藤原秀衡が寄進した大伽藍があったという

はかつて熊野の聖域の入口とされた所であり、現代の熊野古道中辺路ハイクはここから始める人が多い。中辺路全般に通じることだが、このコースは道標を含めてよく整備されており、大部分は古道らしい山道。急坂はあるものの、熊野古道の魅力に充分触れられるコースだ。

❶**滝尻王子**へは滝尻バス停からすぐ。富田川に架かる滝尻橋を渡った右に熊野古道館、左に滝尻王子がある。

熊野古道館は休憩所を兼ねた中辺路の拠点施設。滝尻王子社の収蔵品や「中右記《ちゅうゆうき》」「熊野参詣日記」など熊野古道の平安期の記録などをパネル展示している。ウォーキング前に立ち寄って、滝尻王子や熊野古道の歴史など、予備知識を豊かにしておけばより深く楽しめるだろう。

滝尻王子は熊野九十九《くじゅうく》王子の中でも格の高い五体《ごたい》王子の一つ。中世には宿泊設備を備えた大社で、上皇の熊野御幸の際には奉幣や経供養などの儀式、歌会も催された。

古道は王子社の左を奥へ進んだ所から始まる。右手の石階段を上り、さらに急勾配の尾根筋登りへと続く。この登りを、約900年前に息子2人とともに熊野参詣を

伝説 Column 中辺路の各地に残る三体月伝説

その昔、近露の里に熊野三山を巡る修験者が来て、11月23日に高尾山の頂上で月の出を見て法力を得たと里人に語り、「皆も毎年二十三夜に月を拝むとよい。三体の月が出るだろう」と告げた。里人がそのとおりにすると、東の方角から出た月の左右にも月が現れ三体月となった。

以来、近露の里では旧暦11月23日に餅を供え、念仏を唱えながら月の出を待つようになったという。

三体月そのものは「幻日」と同じような、厳寒期の水蒸気または細かな氷の粒による自然現象らしい。この地方は昔から畑作が多く、月を畑の神とし、芋餅などを供えて祀った。それと「熊野権現の最初は、大斎原で一位の木に3つの月がかかっているのを猟師が見て祀った」との伝承が融合して生まれたのかもしれない。三体月伝説は上多和、悪四郎山、槙山などにもあり、旧暦のこの日には田辺市の中辺路町と本宮町で「三体月観月会」が行われる。

▲伝説の三体月（イメージ）

Column 熊野古道中辺路押印帳

中辺路を歩く際に持っておきたいのがこの押印帳。中辺路ルート沿い36ヵ所に設置されているスタンプを押印していくと、沿道の4つの観光協会ごとに完歩証明印がもらえる。そして36すべてを集めると、和歌山県より「熊野古道中辺路完全踏破証明書」が発行される（申請先、方法などは押印帳に記載）。押印帳には各王子などの解説も記されており、1冊100円。熊野古道館内の中辺路観光協会、世界遺産熊野本宮館（→P41）内の熊野本宮観光協会などで買える。

▶富田川沿いに立つ熊野古道館。中辺路町内に王子社が12あることにちなみ、建物は12角形。☎0739-64-1470、入館無料、9～17時、無休

コースアドバイス 距離は長いが険しいのは最初だけ

中辺路でも人気の高いコースだが、滝尻王子から最初の登り約500mが難関。呼吸を整え、歩幅を縮め、ゆっくり登ろう。高原霧の里を過ぎると上多和茶屋跡付近以外に長い急登はなく、尾根道や山腹を巻く道は比較的平坦な林の中を行く。しかし距離が長く、途中に民家がない。山中の日暮れは平地より30分～1時間は早いので、宿の多い田辺で前泊するなど無理のない計画を立てたい。

019

コラム

知っておくと古道歩きに便利な情報、よりコースを楽しめる話題、コースにまつわる歴史や伝説を紹介しています。

コースアドバイス

コースを歩くうえで、事前に知っておきたいアドバイスです。

信仰の道

熊野古道を歩こう

熊野三山への参詣道・熊野古道は「信仰の道」の世界遺産。古代以来、数えきれないほどの人々が苦労して歩いた道は、今では癒やしの道としても親しまれ、熊野の豊かな自然の中に続いている。

熊野路の春を彩る菜の花

紀伊半島の3つの聖地への道

紀伊半島の南部に鎮座する熊野本宮大社、熊野速玉大社、熊野那智大社。熊野三山と総称される3社は、かつて「日本第一大霊験所」といわれた神仏習合の一大霊場だった。三山を巡拝する熊野詣は平安時代に始まり、中世には「蟻の熊野詣」と形容されるほどの大ブームをよんだ。

熊野古道はこの三山へ通じる参詣道。1本の道ではなく、紀伊路、中辺路《なかへち》、伊勢路など複数のルートがあった。一般的な交通路というより、ありがたい熊野の神仏に導いてくれる信仰の道であり、厳しい修行の道。皇族から庶民までみな、この長く険しい道を歩いた。熊野詣はただ三山に参拝すればいいのではなく、参詣途上に難行苦行することに宗教的な意味があったのだ。

困難を押してまで人々はなぜ熊野へ向かったのだろうか。熊野古道を歩く前に、熊野三山ひいては熊野とはどういう地だったのかも知っておきたい。

◀巨杉に包まれた熊野那智大社の参道・大門坂

❶熊野御幸が描かれた『熊野御幸図写（新宮幅）』（和歌山県立博物館蔵）
❷本宮大社の神域の入口だった発心門王子　❸小辺路の果無峠越の道

熊野信仰と熊野詣

熊野はほぼ全域が山地。温暖多雨の気候が育む豊かな森林に覆われ、また山々が尽きた先には陽光きらめく太平洋（熊野灘）が広がる。この雄大で神秘的な自然に包まれた熊野は古くから神霊の鎮まる霊地とみなされ、奈良～平安時代には僧侶や修験道の行者の修行の場となった。修験道は日本古来の山岳信仰に神道や仏教（密教）などが習合した日本独自の山岳宗教だ。

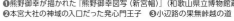

熊野三山は本来、個別の自然崇拝に端を発する神を祀る別個の神社だった。しかし平安時代半ばには同じ神を祀り合うようになり、熊野三山として一体化。また神仏習合の本地垂迹《ほんじすいじゃく》説により、本宮の主神・家都美御子《けつみみこ》大神は極楽浄土を主宰する阿弥陀如来、同じく速玉大社の神は薬師如来、那智大社の神は千手観音と同一視された。この3神を熊野三所権現という。古来神がすむとされた熊野は仏の浄土としても崇められ、熊野へ参れば現世安穏と極楽往生を保証してもらえると信仰された。

熊野詣は平安時代の上皇や貴族が始めた。皇族の熊野詣はとくに熊野御幸《ごこう》という。延喜7年（907）の宇多法皇が最初だが、

❶山々が連なる熊野。下に見える森は本宮大社の旧社地・大斎原　❷野辺の草花を見るのも楽しみ。これは春のネコヤナギ　❸2月のバイカオウレン　❹9月のヒガンバナ　❺秋のアサマリンドウ　❻初夏のササユリ

本格化するのは寛治4年（1090）の白河上皇から。以後9人の上皇がのべ100回ほど行った。熊野御幸が鎌倉時代に終わっても、信仰は武士らに受け継がれ、室町時代には庶民に大ブームをよんだ。信仰拡大の背景には、熊野が貴賤・男女を問わずあらゆる人々に開かれた、当時では非常に珍しい霊場だったということもある。また近世には伊勢参りや、西国三十三所観音霊場巡りを兼ねて行われることも多く、引き続き参詣道は賑わった。

紀伊半島に縦横に走る古道

熊野古道は、紀伊路、中辺路《なかへち》、大辺路《おおへち》、小辺路《こへち》、伊勢路の5ルートがある。時代や巡礼者の出発地などにより使い分けられてきたが、メインルートは紀伊路～中辺路。中世までの公式参詣路であり、熊野御幸の皇族や貴族がたどったのはこの道だ。

　紀伊路は大阪に発し、紀伊半島の西部を南下。熊野の玄関口・田辺で山中を東へ進む中辺路と、さらに半島の海沿いを行く大辺路に分岐する。中辺路を行けば田辺から約50㎞で本宮大社に至る。続いて舟で熊野川を下り、新宮の速玉大社に参詣。さらに那智大社を目指した。

❶「川の参詣道」といわれる熊野川では舟下りを楽しめる　❷秋に開花するキイジョウロウホトトギス　❸古道沿いは道標がよく整備されているので安心　❹小辺路の果無峠を越えて本宮へ下る

参詣途上には熊野九十九《くじゅうく》王子（P34参照）も参詣し、冷水を浴びて心身を浄める垢離《こり》などもたびたび行われた。熊野への道は修行の道。精進潔斎を重ね、険路で難行苦行することにより儀礼的な意味でいったん死んでから、浄土たる聖地へ入り、神仏の加護を得て蘇ったのだ。

　大辺路は紀伊半島の海沿いを回り、那智山麓で中辺路と合流する。距離は長いが風光明媚なことから近世の文人墨客が好んで歩いた。小辺路は高野山と本宮大社を一直線に結ぶ道。3〜4日で歩けることから庶民に重宝されたが、1000m級の峠を4つも越えてゆく険路だった。伊勢路は伊勢神宮から紀伊半島の東部を南下して熊野三山に至る。「伊勢へ七度、熊野へ三度」ということばもあるように、庶民の伊勢参りや西国巡礼が盛んになる近世によく利用され、主に東国からの旅人が伊勢参宮後、熊野へ向かうのにたどった。

古道ウォーキングの楽しみ

　熊野古道や熊野三山は平成16年に「紀伊山地の霊場と参詣道」の構成資産として世界遺産に登録された。歴史的な重要さもさることながら、豊かな自然の中の古道ウォ

のどかな景色も魅力。写真は小辺路が通る
奈良県十津川村の果無集落

ーキングはさまざまな楽しみを与えてくれる。苔むした石畳は古道感にあふれ、路傍の石仏に慰められ、四季の花々にも癒やされる。熊野九十九王子などの史跡からは信仰の道の歴史を知ることができ、また自分の足で歩いて聖地へ到達してこそいにしえの熊野詣を体感できる。

本書は初心者にも比較的容易でみどころの多いコースを紹介しているが、各ルートにもさまざまな特徴がある。かつてのメインルートの中辺路は、現代の古道ウォーキングの中心ルートでもある。山また山の道だがそれだけに往時の面影をよく残し、コース整備も進んでいる。

大辺路は自然林の間から太平洋を望む長井坂や富田坂、仏坂が人気。京阪神から最も近い紀伊路は、中辺路と同様に九十九王子の史跡が多数あり、ミカン畑や梅畑の中を抜けていくのどかな道筋もある。高野山と本宮を結ぶ小辺路は険しい山岳ルートだが、十津川温泉から本宮大社へ至るコースは一般向き。また高野参詣道町石道も歩きたい。伊勢路は日本有数の多雨地帯を通るため各時代の石畳がよく残っている。また峠を越えては海に出るという、変化に富んだ古道歩きを楽しむことができる。

上皇たちも歩いた熊野古道のメインルート!!

中辺路《なかへち》

熊野の玄関口として「口《くち》熊野」とよばれた田辺から山中を東へ進む中辺路は、参詣道のなかで最もよく利用された道。古道ウォーキングの中心ルートともなっており、田辺からバスで約40分、熊野三山の聖域の入口だった滝尻王子から歩き始めるのが定番だ。山中に続く古道は往時の面影をよく残し、なかでも発心門《ほっしんもん》王子から熊野本宮大社へ下るコースは一番人気を誇る。

本宮から先、新宮の熊野速玉大社へは熊野川の舟下りが楽しく、新宮では熊野灘に面する王子ヶ浜や高野坂を歩きたい。三山巡拝の最後の聖地・熊野那智大社へはJR那智駅から。那智川沿いに進み、巨杉に包まれた石畳の大門坂を上って行けば到達する。那智山と本宮を結ぶ山岳ルート・大雲取越《おおぐもとりごえ》〜小雲取越《こぐもとりごえ》は中辺路屈指の難路。雲の中をさまようような幽玄の古道だ。

❶熊野那智大社の信仰の源である那智大滝は、日本一の落差133mを誇る
❷熊野本宮大社近くの中辺路　❸古来、本宮大社の神域の入口とされた発心門王子　❹箸折峠に立つ牛馬童子像は中辺路のシンボル的な愛らしい石仏だ

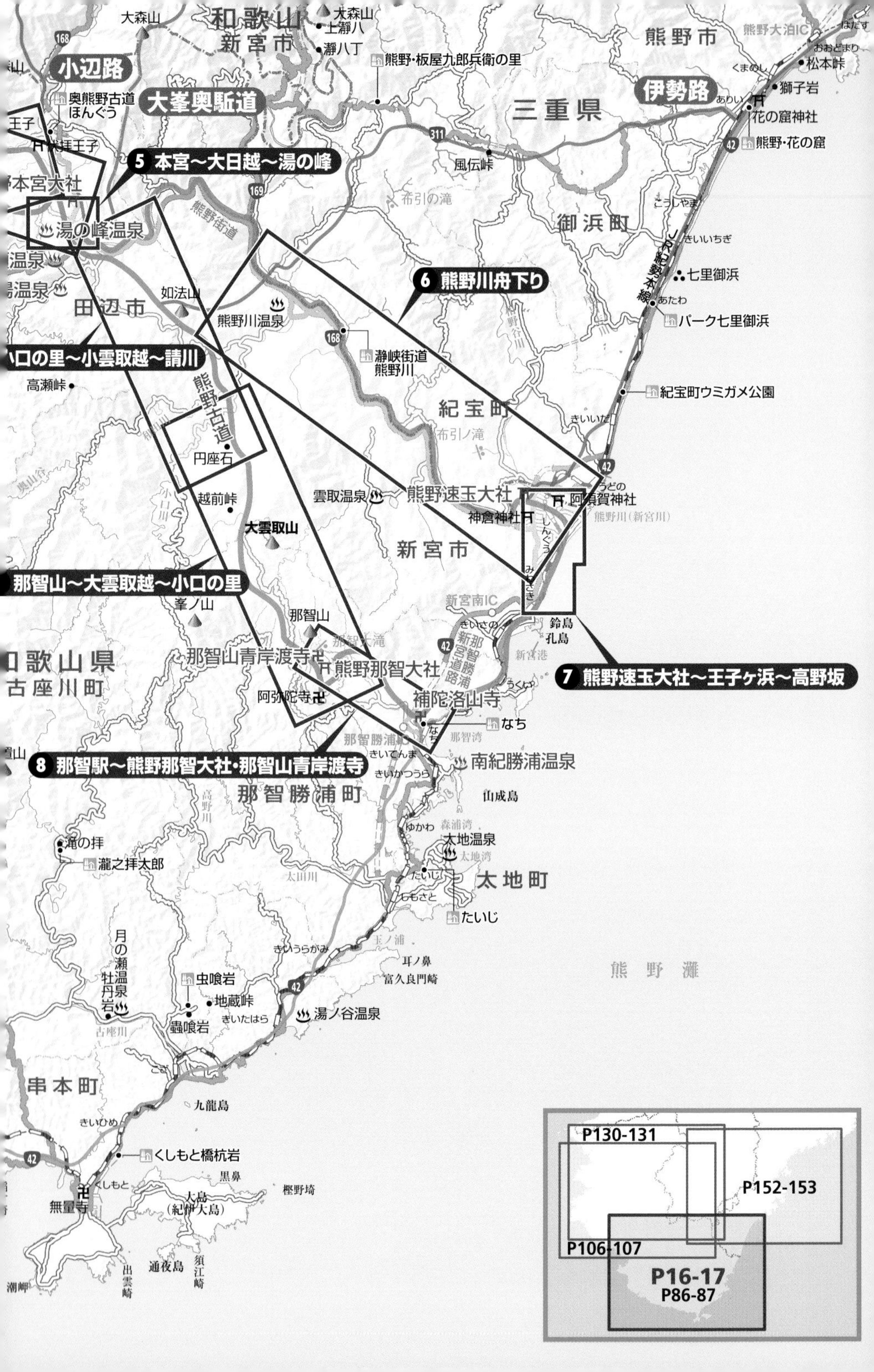

和歌山
新宮市
大森山
上瀞八
瀞八丁
熊野・板屋九郎兵衛の里
熊野市
熊野大泊IC
はだす
おおどまり
松本峠
くまのし
獅子岩
伊勢路
ありい
花の窟神社
熊野・花の窟
三重県
小辺路
大峯奥駈道
奥熊野古道ほんぐう
伏拝王子
5 本宮～大日越～湯の峰
本宮大社
湯の峰温泉
風伝峠
布引の滝
こうしやま
御浜町
きいいちぎ
JR紀勢本線
七里御浜
あたわ
パーク七里御浜
熊野街道
如法山
田辺市
熊野川温泉
6 熊野川舟下り
静峡街道熊野川
小口の里～小雲取越～請川
高瀬峠
紀宝町ウミガメ公園
紀宝町
熊野古道
円座石
布引ノ滝
きいいだ
うどの
阿須賀神社
熊野川(新宮川)
雲取温泉
熊野速玉大社
神倉神社
しんぐう
越前峠
大雲取山
新宮市
みわさき
那智山～大雲取越～小口の里
峯ノ山
新宮南IC
那智山
きいさの
鈴島
孔島
新那智勝浦道路
新宮港
7 熊野速玉大社～王子ヶ浜～高野坂
那智大滝
和歌山県
古座川町
那智山青岸渡寺
熊野那智大社
阿弥陀寺
うぐい
補陀洛山寺
なち
那智湾
那智勝浦IC
きいてんま
8 那智駅～熊野那智大社・那智山青岸渡寺
きいかつうら
南紀勝浦温泉
那智勝浦町
高野川
仙成島
ゆかわ
森浦湾
太地温泉
太地湾
滝の拝
瀧之拝太郎
太田川
たいじ
太地町
しもさと
たいじ
月の瀬温泉
牡丹岩
玉ノ浦
きいうらがみ
耳ノ鼻
富久良門崎
熊野灘
虫喰岩
地蔵峠
きいたはら
蟲喰岩
湯ノ谷温泉
古座川
串本町
九龍島
きいひめ
くしもと橋杭岩
黒島
樫野埼
くしもと
無量寺
大島（紀伊大島）
通夜島
須江崎
出雲崎
潮岬
P130-131
P152-153
P106-107
P16-17
P86-87

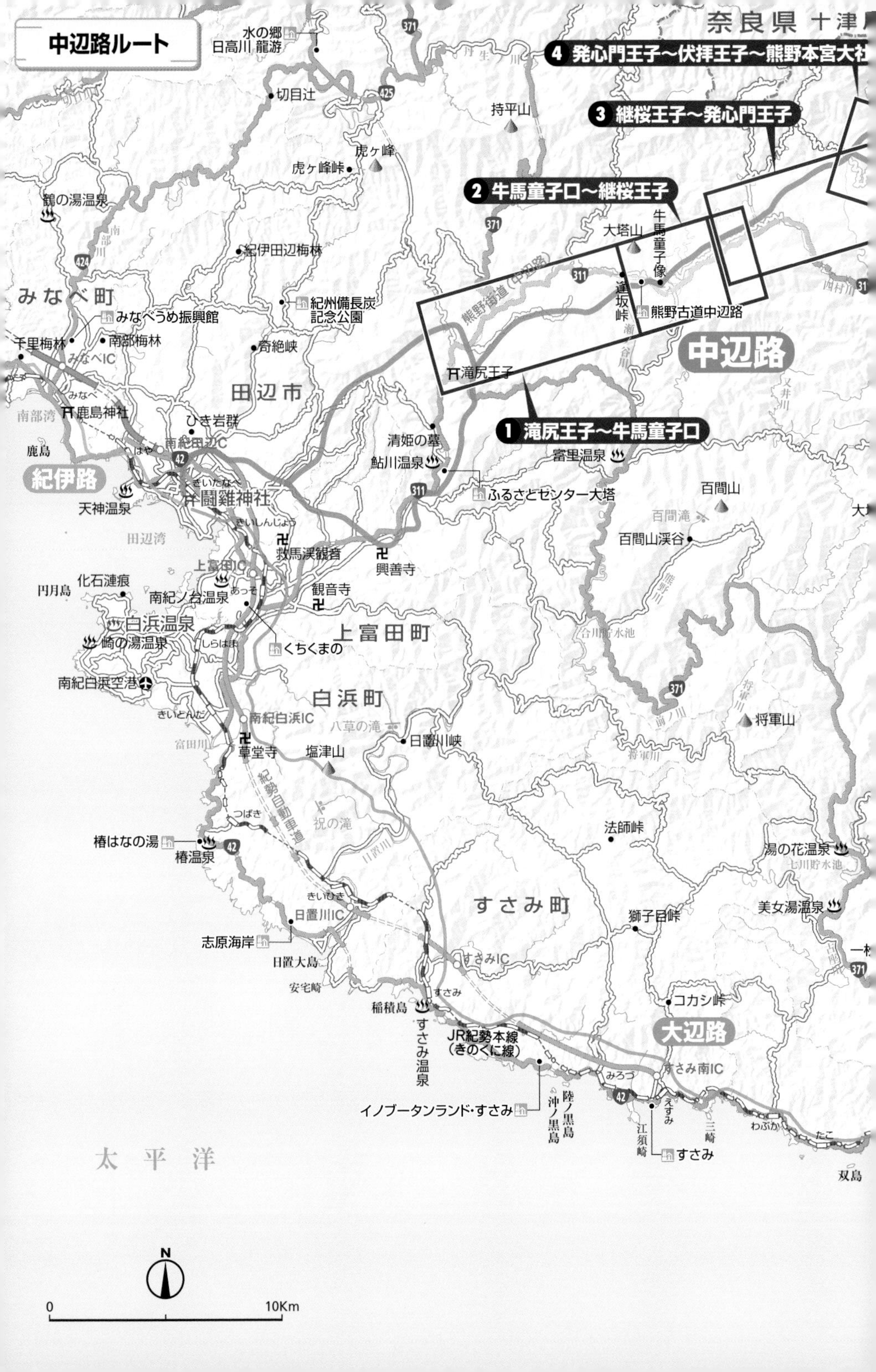
中辺路ルート
奈良県 十津川
4 発心門王子〜伏拝王子〜熊野本宮大社
3 継桜王子〜発心門王子
2 牛馬童子口〜継桜王子
1 滝尻王子〜牛馬童子口
水の郷 日高川 龍游
切目辻
持平山
虎ケ峰
虎ケ峰峠
鶴の湯温泉
大塔山
牛馬童子像
逢坂峠
熊野古道中辺路
熊野街道（中辺路）
紀伊田辺梅林
紀州備長炭記念公園
みなべ町
みなべうめ振興館
千里梅林
南部梅林
みなべIC
奇絶峡
滝尻王子
中辺路
田辺市
南部湾
鹿島神社
鹿島
ひき岩群
南紀田辺IC
清姫の墓
鮎川温泉
富里温泉
紀伊路
天神温泉
闘雞神社
ふるさとセンター大塔
百間山
百間滝
百間山渓谷
田辺湾
救馬渓観音
興善寺
上富田IC
化石漣痕
円月島
南紀ノ台温泉
観音寺
白浜温泉
崎の湯温泉
くちくまの
上富田町
合川貯水池
南紀白浜空港
白浜町
南紀白浜IC
八草の滝
日置川峡
将軍山
草堂寺
塩津山
将軍川
紀勢自動車道
祝の滝
法師峠
椿はなの湯
椿温泉
湯の花温泉
七川貯水池
すさみ町
美女湯温泉
獅子目峠
日置川IC
志原海岸
日置大島
すさみIC
安宅崎
稲積島
すさみ温泉
コカシ峠
大辺路
JR紀勢本線（きのくに線）
すさみ南IC
イノブータンランド・すさみ
陸ノ黒島
沖ノ黒島
江須崎
三崎
すさみ
双島
太平洋
N
0
10Km

格式高い王子社から熊野の聖域へ入る

滝尻王子《たきじりおうじ》から牛馬童子口《ぎゅうばどうじぐち》へ

▲五体王子の一つ滝尻王子。古来ここから先は熊野三山の聖域とされてきた

アクセス

【行き】天王寺駅からJR紀勢本線特急で約2時間、紀伊田辺駅下車、明光バスまたは龍神バスで約40分、滝尻バス停下車。
【帰り】牛馬童子口バス停から明光バスまたは龍神バスで約1時間、紀伊田辺駅下車。

問合せ

中辺路町観光協会 ☎0739-64-1470
熊野本宮観光協会 ☎0735-42-0735

歩行時間 約5時間10分
歩行距離 約11.7km
歩行レベル 中級 体力★★★ 技術★★★

❶ 滝尻王子
← 0.3km 12分
❷ 胎内くぐり・乳岩
← 0.2km 8分
❸ 不寝王子
← 3.2km 90分
❹ 高原熊野神社
← 0.1km 2分
❺ 高原霧の里
← 1.7km 50分
❻ 大門王子
← 1.5km 35分
❼ 十丈王子
← 3.9km 95分
❽ 大坂本王子
← 0.8km 15分
❾ 牛馬童子口バス停

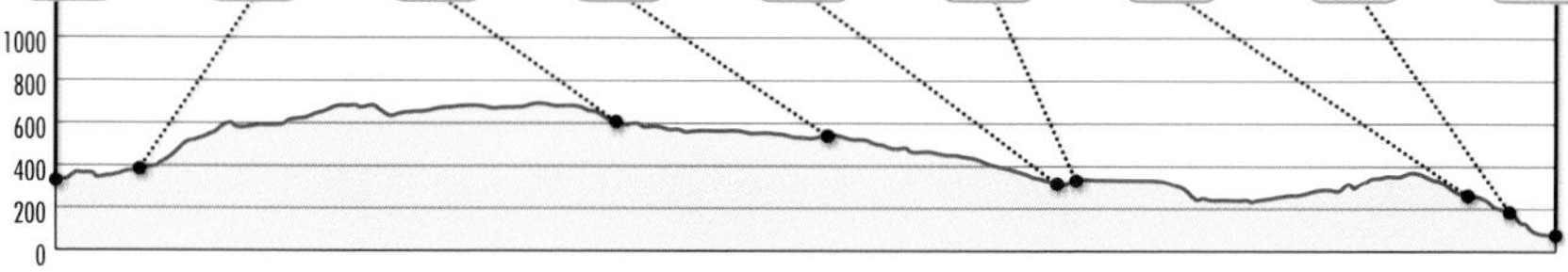

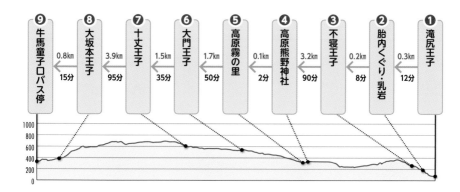

◀滝尻王子の前には世界遺産の石碑や、無料休憩所の滝尻茶屋がある

▶滝尻王子。かつては藤原秀衡が寄進した大伽藍があったという

◀パネル展示などで熊野古道や滝尻王子の歴史を紹介する熊野古道館

紀伊田辺駅からバスで約40分。滝尻《たきじり》王子はかつて熊野の聖域の入口とされた所であり、現代の熊野古道中辺路ハイクはここから始める人が多い。中辺路全般に通じることだが、このコースは道標を含めてよく整備されており、大部分は古道らしい山道。急坂はあるものの、熊野古道の魅力に充分触れられるコースだ。

❶**滝尻王子**へは滝尻バス停からすぐ。富田川に架かる滝尻橋を渡った右に熊野古道館、左に滝尻王子がある。

熊野古道館は休憩所を兼ねた中辺路の拠点施設。滝尻王子社の収蔵品や『中右記《ちゅうゆうき》』『熊野参詣日記』など熊野古道の平安期の記録などをパネル展示している。ウォーキング前に立ち寄って、滝尻王子や熊野古道の歴史など、予備知識を豊かにしておけばより深く楽しめるだろう。

滝尻王子は熊野九十九《くじゅうく》王子の中でも格の高い五体《ごたい》王子の一つ。中世には宿泊設備を備えた大社で、上皇の熊野御幸の際には奉幣や経供養などの儀式、歌会も催された。

古道は王子社の左を奥へ進んだ所から始まる。右手の石階段を上り、さらに急勾配の尾根筋登りへと続く。この登りを、約900年前に息子2人とともに熊野参詣を

▶富田川沿いに立つ熊野古道館。中辺路町内に王子社が12あることにちなみ、建物は12角形。☎0739-64-1470、入館無料、9～17時、無休

Column

熊野古道中辺路押印帳

中辺路を歩く際に持っておきたいのがこの押印帳。中辺路ルート沿い36ヵ所に設置されているスタンプを押印していくと、沿道の4つの観光協会ごとに完歩証明印がもらえる。そして36すべてを集めると、和歌山県より「熊野古道中辺路完全踏破証明書」が発行される（申請先、方法などは押印帳に記載）。押印帳には各王子などの解説も記されており、1冊100円。熊野古道館内の中辺路観光協会、世界遺産熊野本宮館（→P41）内の熊野本宮観光協会などで買える。

コース
アドバイス

距離は長いが険しいのは最初だけ

中辺路でも人気の高いコースだが、滝尻王子から最初の登り約500mが難関。呼吸を整え、歩幅を縮め、ゆっくり登ろう。高原霧の里を過ぎると上多和茶屋跡付近以外に長い急登はなく、尾根道や山腹を巻く道は比較的平坦な林の中を行く。しかし距離が長く、途中に民家がない。山中の日暮れは平地より30分～1時間は早いので、宿の多い田辺で前泊するなど無理のない計画を立てたい。

▲藤原秀衡の妻が赤子を産んだとの伝説がある乳岩

◀「胎内くぐり」の巨岩。重なり合った岩のすき間を女性がくぐり抜ければ安産になるという

▶滝尻王子の奥の古道の登り口。ここから剣ノ山経塚跡まで急坂が続く

果たした上級貴族・藤原宗忠は「手の平を立てたような急坂」とその日記『中右記』に記している。

登り始めてすぐ藤原秀衡《ひでひら》の伝説をもつ大岩に出合う。これが**❷胎内《たいない》くぐり・乳岩《ちいわ》**だ。40歳を過ぎても子に恵まれなかった奥州の豪族・秀衡は熊野権現に参籠し、願いが叶ったので、懐妊中の妻と御礼参りの旅に出た。ところが滝尻まで来たときに産気づき、神が示現して「山上の岩屋で産み、そこに預けなさい」という。熊野詣を済ませ帰って来ると、子は岩から滴る乳を飲み、狼に守られ育っていた。そこで秀衡は滝尻王子に七堂伽藍を寄進したという。

ここから少し登った所が**❸不寝《ねず》王子**。比較的新しい王子だという。さらに急坂が続くが、やがて平坦になって剣ノ山経塚跡がある。このあたりが滝尻からの登り尾根道のピークだ。

高原《たかはら》熊野神社へと至る尾根道の途中には短い登り坂が1ヵ所、また古道ケ丘ハイキングコースへの分岐、展望台への分岐などもある。林道を横切り、針地蔵を過ぎ、民家の間を抜け、そしてアスファルト舗道に変わるころ、クスノキの大木の傍らに鎮座する**❹高原熊野神社**に着く。

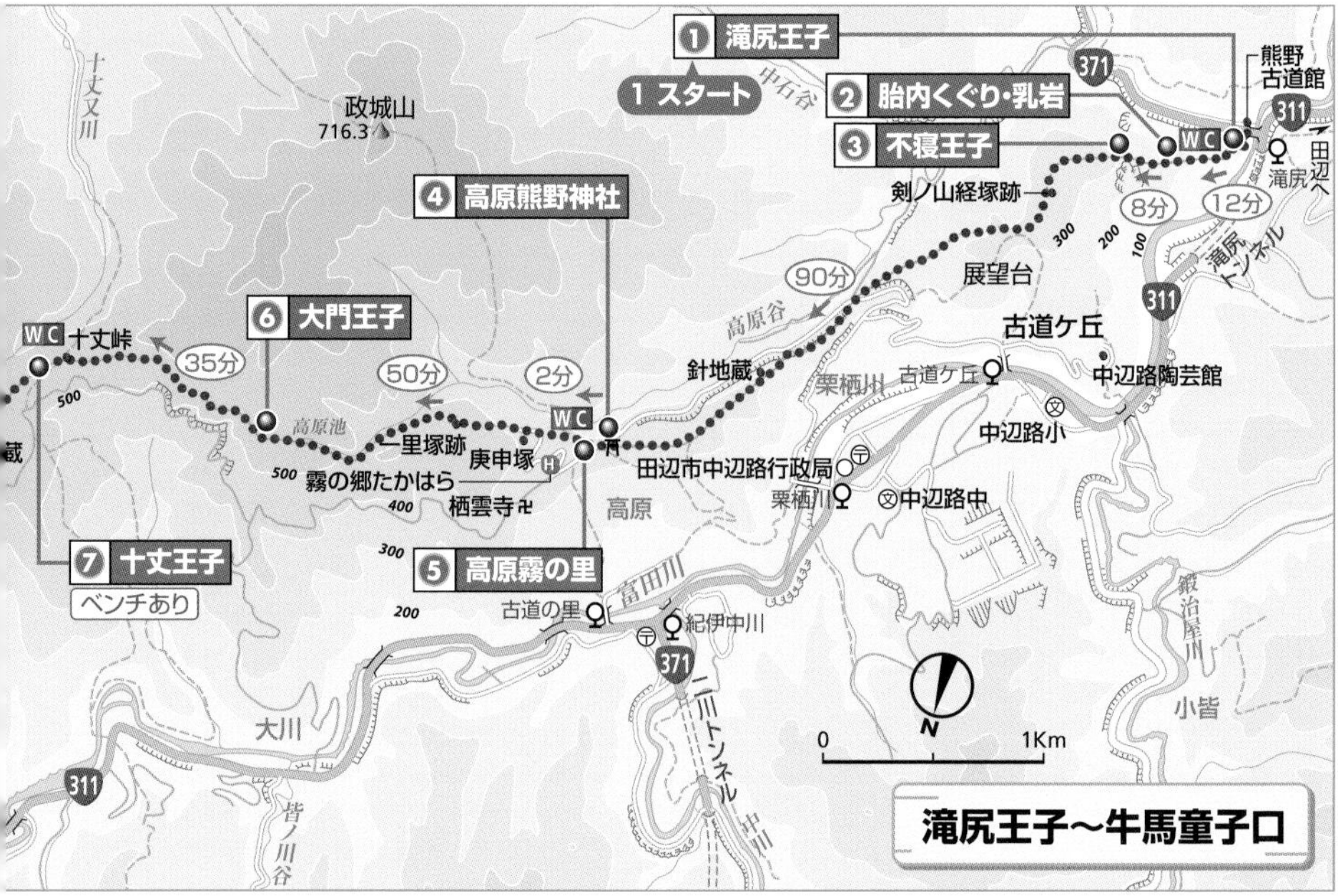

◀不寝王子の碑。中世の記録にその名はなく、存在は不確かという

▲剣ノ山経塚跡の先にある展望台からはすばらしい眺望が開ける

◀古木に包まれ、優雅な朱塗りの社殿が立つ高原熊野神社

春日造檜皮葺きの社殿は簡素ながら気品を湛えるが、比較的新しいので王子社には入っていない。とはいえ15世紀初頭の建造とされ、現存する中辺路の建造物で最も古いという。この神社からすぐの所にあるのが**❺高原霧の里**。休憩所やトイレなどを完備し、食事休憩にも最適。広い駐車場のベンチからは果無《はてなし》山脈が遠望できる。

この先は人家のない山道が続くので、初心者はここで終えてもいい。徒歩約30分で国道311号の栗栖川《くりすがわ》バス停へ下りられ、その案内標識が駐車場脇に出ている。また当地に2軒ある宿に泊まり、翌朝から一気に継桜王子付近まで歩くのも一手だ。

さて、ひと休みしてから牛馬童子口バス停へ向けて出発。案内標識に沿って高原の集落の急斜面を登る。途中、前は旅籠だった民家を何軒も見るが、庚申塚を過ぎるあたりから山道になり、いよいよ本格的な山道林間コースだ。

高原池の横を過ぎ、坂を登り詰めた所が**❻大門《だいもん》王子**。この王子も中世にはなく、その後できたものという。かつて熊野本宮大社の大鳥居や簡易宿泊所があったことからの名というが、今はない。

少々のアップダウンを繰り返しながら進

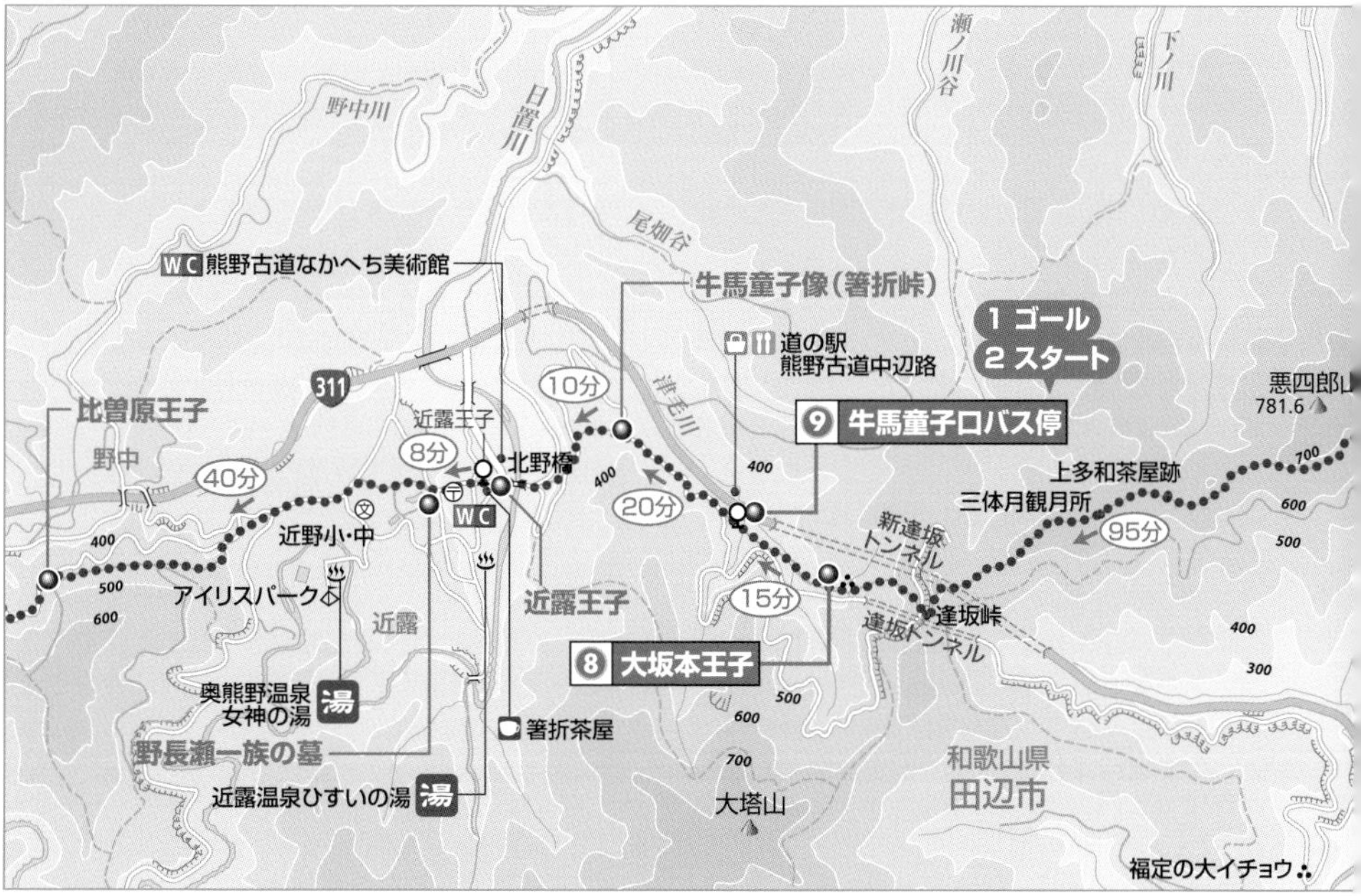

◀高原の集落を出てしばらくすると古道らしい山道になる

▶高原霧の里の駐車場からは山里の風景を手前に果無山脈が遠望できる

▲高原霧の里の無料休憩所。ジュースなどの自動販売機、トイレもある

む。古びた休憩所があり、その20mほど先が❼**十丈《じゅうじょう》王子**。中世には重點《じゅうてん》王子と書いたがのちに草書字体が似ている重照と書き誤って伝わり、さらに訛ったとする説がある。十丈王子には一段低い所に水洗ではないがトイレもある。この先、牛馬童子口までトイレはないので見逃さないように。

十丈王子を出て短い登り坂を上がると小判地蔵に出合う。150年ほど昔、小判をくわえた行き倒れの道者があり「これで弔いをしてくれ」の意だろうと憐れんだ里人が葬り、石地蔵を建立した。古道沿いにはこの種の地蔵や墓、塚などが多く、旅の困難や里人の道者愛護の心が偲ばれる。

また5分ほど行くと、伝説に怪力無双だったという悪四郎《あくしろう》の屋敷跡がある。名だけは十丈の四郎と伝わるが時代も伝記も不明。「悪」は「悪い」の意ではなく、抜群の能力を表す。巨体で力持ち、知恵が回り、悪戯好き。地元の人気者だったらしく、その名を冠したのが傍らにそびえる標高782mの悪四郎山だ。このルートは悪四郎山の肩を巻いていくため、中辺路で一番高所を通る道となっている。

植林された杉木立の間の道を進み、九十九折れの急坂を登った所が上多和《うえたわ》茶屋

伝説 Column

中辺路の各地に残る三体月伝説

その昔、近露の里に熊野三山を巡る修験者が来て、11月23日に高尾山の頂上で月の出を見て法力を得たと里人に語り、「皆も毎年二十三夜に月を拝むとよい。三体の月が出るだろう」と告げた。里人がそのとおりにすると、東の方角から出た月の左右にも月が現れ三体月となった。

以来、近露の里では旧暦11月23日に餅を供え、念仏を唱えながら月の出を待つようになったという。

三体月そのものは「幻日」と同じような、厳寒期の水蒸気または細かな氷の粒による自然現象らしい。この地方は昔から畑作が多く、月を畑の神とし、芋餅などを供えて祀った。それと「熊野権現の最初は、大斎原で一位の木に3つの月がかかっているのを猟師が見て祀った」との伝承が融合して生まれたのかもしれない。三体月伝説は上多和、悪四郎山、槙山などにもあり、旧暦のこの日には田辺市の中辺路町と本宮町で「三体月観月会」が行われる。

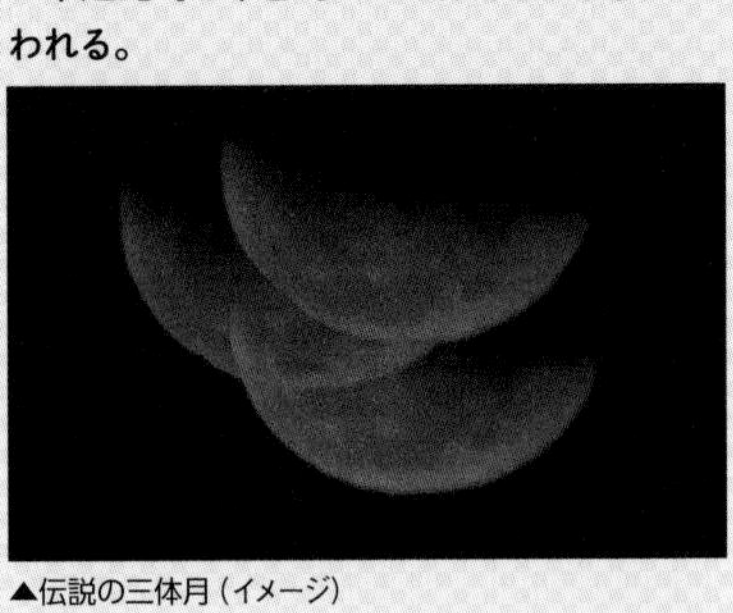

▲伝説の三体月（イメージ）

◀命がけで熊野を目指した人が少なかったことを物語る小判地蔵

▲杉林の縁にある十丈王子。江戸時代には付近に数戸の家があったという

▲山中にある大門王子には朱塗りの小さな社殿が立つ

跡。江戸期から明治ごろまで茶屋が営業していたらしい。ここから長く緩やかな下りの道が三体月伝説の地の先まで1㎞ほど続く。林道を過ぎて急峻な石畳の道を谷底まで下ると、❽**大坂本《おおさかもと》王子**に着く。名は逢坂峠のふもとにある王子という意味だ。

谷沿いの道を下り、幾度も谷川に架けられた丸太組の橋を渡り、最後に石階段を下りれば国道311号に合流。❾**牛馬童子口バス停**に出る。本コースはここでゴールとしたが、数軒の宿がある近露《ちかつゆ》までは約30分の道程なので、近露まで歩いてもよい。

買う

道の駅《みちのえき》 熊野古道中辺路《くまのこどうなかへち》

中辺路の特産品が揃う 国道311号沿いの道の駅

国道311号沿い、牛馬童子口バス停前にある道の駅。花笠をイメージした外観の物産販売所では、地元産のヨモギを使った草餅3個360円や山菜味噌、オリジナル菓子などを販売。梅うどん620円などを味わえる喫茶軽食コーナーもある。

☎0739-65-0671
㊟和歌山県田辺市中辺路町近露2474-1
㊡8時30分～17時 ㊡12～2月の木曜、元日

◀コース終盤では谷川に架けられた丸太組の橋を幾つも渡る

▶大坂本王子跡に残る石造の笠塔婆は鎌倉時代後期のものといわれる

▼ゴールの牛馬童子口バス停。バス停前には道の駅がある

▲道沿いにこの低い石垣が現れればゴールは間近だ

▶大坂本王子の碑。大坂(逢坂峠)の麓にあることからこの名がついたらしい

中辺路 2

人気の名所をたどる快適コース!!

牛《ぎゅう》馬《ば》童《どう》子《じ》口《ぐち》から継《つぎ》桜《ざくら》王《おう》子《じ》へ

▲並べた牛馬に乗る形の牛馬童子像（左）。花山法皇の熊野参詣の旅姿を写したものという

アクセス

【行き】天王寺駅からJR紀勢本線特急で約2時間、紀伊田辺駅下車、明光バスまたは龍神バスで約1時間、牛馬童子口バス停下車。

【帰り】野中一方杉バス停から明光バスまたは龍神バスで約1時間15分、紀伊田辺駅下車、往路を戻る。

問合せ

中辺路町観光協会 ☎0739-64-1470

熊野本宮観光協会 ☎0735-42-0735

歩行時間 約2時間

歩行距離 約6.5km

歩行レベル 初級 体力★★★ 技術★★★

1. 牛馬童子口バス停 → 0.8km 20分
2. 牛馬童子像（箸折峠） → 0.5km 10分
3. 近露王子 → 0.5km 8分
4. 野長瀬一族の墓 → 2.2km 40分
5. 比曽原王子 → 1.2km 20分
6. 継桜王子 → 0.1km 2分
7. 野中の清水 → 1.2km 20分
8. 野中一方杉バス停

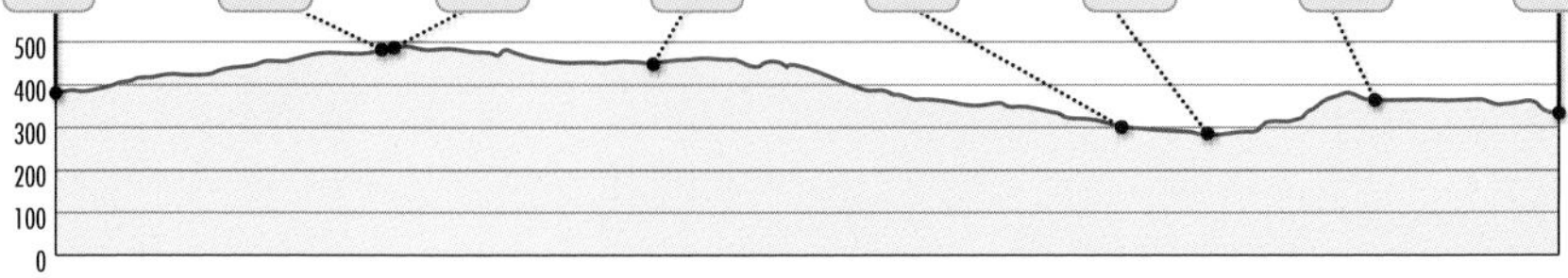

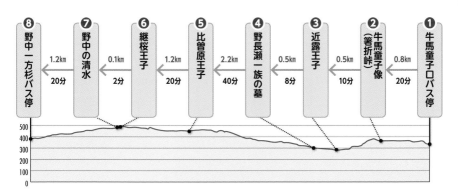

◀正面から見た牛馬童子・役行者像。後方には両像を見守るかのように不動明王像などが立つ

◀宝篋印塔・牛馬童子像などがこの小丘の上にある

◀道の駅から国道越しに見るコース入口。牛馬童子へは右へ進む

田辺方面と熊野本宮大社を結ぶ主要国道が国道311号で、❶**牛馬童子口バス停**はそのほぼ中間に位置する。バスを降りると国道の北側、「道の駅 熊野古道中辺路」の向かい側にコース入口がある。石の階段を左へ上がれば、前ページのコースでたどってきた滝尻王子方面、右に上がると牛馬童子像方面へのコースだ。

右にコースをとり、標識に従って進む。いったん旧国道を越え、一里塚跡の碑を過ぎるとすぐ花山《かざん》法皇の伝説が残る❷**牛馬童子像**（**箸折峠**《はしおりとうげ》）に着く。20分ほどで歩いて来られる道とあってか、道の駅に車を停めて往復する人も多い。

箸折峠の林の中、小丘上に盛り上がった所に花山法皇が熊野御幸の際に経典と法衣を埋めたという宝篋印塔が立ち、牛馬童子像はその背後にひっそり佇んでいる。

明治時代に造られたこの牛馬童子像は、牛と馬にまたがる僧服の姿で、熊野に参詣した際の、花山法皇の旅姿を模したものだといわれている。高さ約50㎝。小さく愛らしい姿で、今や中辺路のシンボル的な存在となっている。牛馬童子像と並ぶ道者像は「役行者《えんのぎょうじゃ》」といわれ、これもかわいい造形。また牛馬童子像のやや後方には「地蔵と不

▶コース途中の一里塚跡。塚には松が植え継がれ、箸折峠にも昭和42年に枯死するまで老松があった

Column

熊野詣の古来の中継点・近露

日置《ひき》川沿いに開けた近露《ちかつゆ》の里は、田辺と本宮のほぼ中間点に位置し、熊野参詣道の要衝だった。平安時代から熊野詣の宿泊地として、上皇らの仮御所や供奉者の宿所が設けられ、近世になってからも旅籠が軒を連ねたという。その当時には遠く及ばないものの、近露には現在も数軒の旅館や民宿、また温泉施設などもあり、古道歩きの中継点となっている。

◀日置川左岸に開けた小盆地、近露

コースアドバイス

高低差が少なく、初心者でも楽しめる

距離が短く高低差が少ないので、初心者にも安心なコース。スタートして間もない牛馬童子、近露の里、そしてゴール間近の継桜王子付近にみどころが集中している。コースのほとんどは旧国道の舗装路のため、古道感にはやや欠けるが、初心者にとっては山道よりかえって歩きやすいかもしれない。視界が開けたところも多く、快適ハイキングコースに古道歩きのよさがプラスされた感がある。

◀熊野古道なかへち美術館への入口を示すモニュメント

▶近露の北野橋。下の日置川はかつて王子社参拝時の水垢離の場だった

◀箸折峠と近露の間には近年整備された短い石畳道がある

動明王」と思われる小像も立つ。

中世末に建てられた宝篋印塔の方が文化財としての価値は高いというが、人気面では牛馬童子に敵わない。

箸折峠から近露《ちかつゆ》へは石畳の道を下りて行く。広い舗装道路となった旧国道へ出て日《ひ》置《き》川に架かる北野橋を渡る。目を引かれるのは、橋のたもとに立つモニュメントと「熊野古道なかへち美術館」（P28参照）の看板。そのまま直進すればすぐ近露王子、右折し200mほど行けば美術館だ。

❸**近露王子**はそこここに句碑、歌碑が立ち、それらを読み味わうのも楽しい。

この王子は古くから知られ、11世紀の参詣者の日記などにも記録されている。日置川で禊ぎを済ませた後に奉幣するのが通例で、13世紀、藤原定家が随行した後鳥羽院の場合は、王子社参拝の後、歌会を行っている。滝尻王子に次いでの歌会であり、この地が重要視されていたことを物語る。今では所在不明だが、日置川沿いに後鳥羽院の仮御所も設けられたらしい。

中辺路参詣道の要衝・近露の里は江戸期には宿場町としてにぎわった。現在も数軒の旅館や民宿があり、主な利用客は古道ウォーキングの人だという。

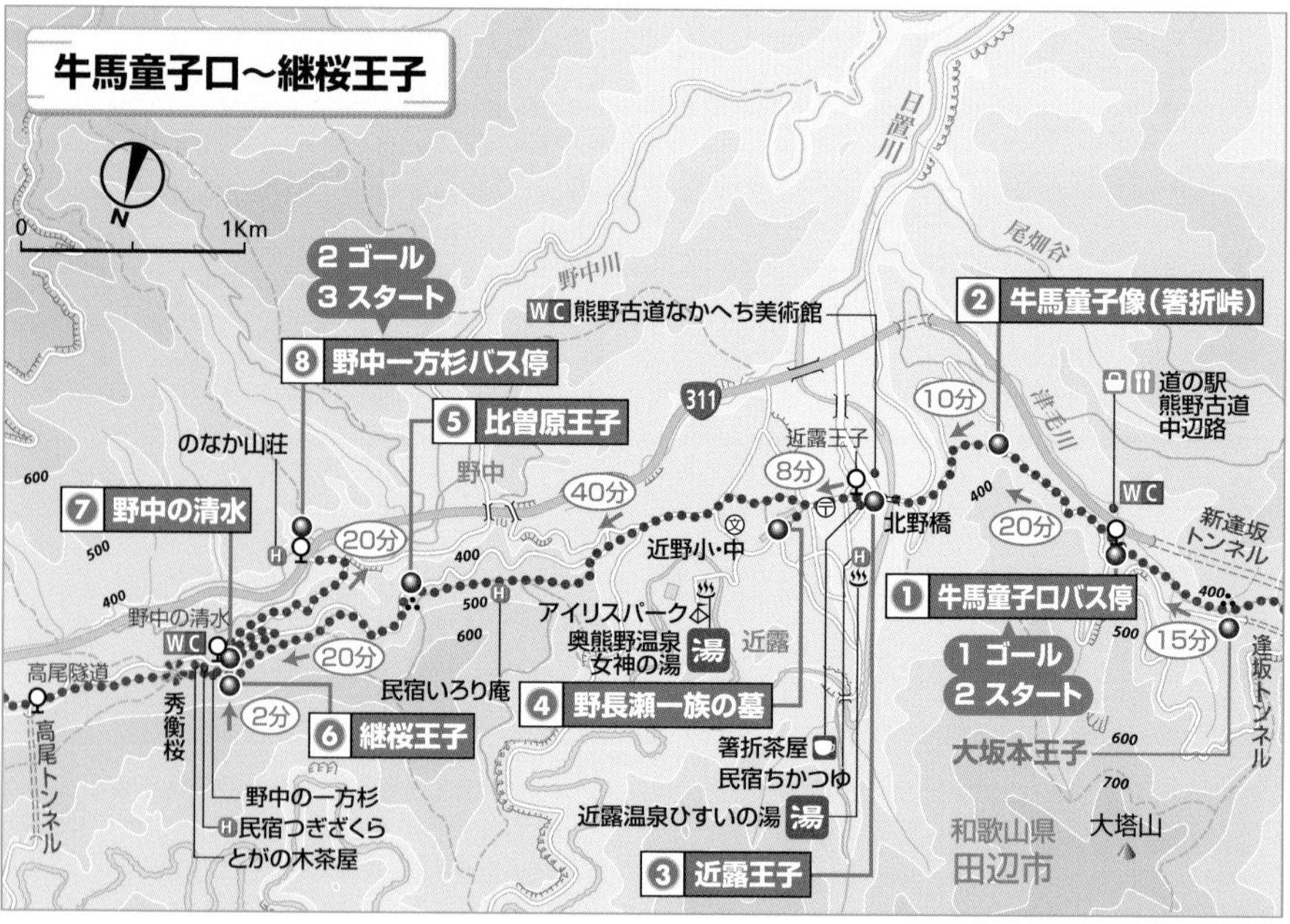

▲野長瀬（横矢）一族の墓所。数多い五輪塔は近在で発掘後散在していたのを集めたもの

◀かつてはこの道沿いに宿屋が並んでいた

▲熊野九十九王子で最も古いものの一つ、近露王子の跡

集落を貫く旧国道を歩いて行くと、左に枝垂桜の大木が見える。春には華やかな彩りを添えるだろう。この桜、野長瀬《のながせ》家19代当主が京都・祇園の枝垂桜の苗木を取り寄せたもので樹齢280年。そこからすぐの❹**野長瀬一族の墓**は、集落のはずれに位置しており、墓石の宝篋院塔6基に加え、五輪塔が50基余り密集しているのに驚かされる。

野長瀬一族は『太平記』にもその名が残る豪族。大塔宮護良親王《おおとうのみやもりよししんのう》一行32名が奈良・奥吉野の十津川へ行く途中、鎌倉方の軍勢

カフェ

箸折茶屋《はしおりちゃや》

無料で足湯も楽しめる一服茶屋

近露王子に隣接する茶屋。名物の具沢山の釜飯630円(1時間前までに電話で要予約)や、卵かけごはん400円(写真)などを味わえる。

店頭には近露温泉を引いた無料の足湯が設けられており、足を温めながら、コーヒー300円などで一服することもできる。

☎0739-65-0033
㊟和歌山県田辺市中辺路町近露907-2
㊐7時〜15時30分(足湯は11〜16時)　㊡月曜

伝説 Column

花山法皇にまつわる地名伝説

花山法皇が熊野御幸の途次に箸折峠で休憩された。食事の際、供奉の者が箸を忘れたか箸が折れたかして、路傍の草木を折り取って供した。その草木はシダともカヤともいう。法皇は折った軸の赤い部分を露が伝うのを見て「これは血か、露か」と尋ねられた。以来このあたりを「近露」とよぶようになり、また「箸折峠」と名付けたと伝える。史実でも花山法皇は熊野詣に出ており、那智山で足掛け3年1000日の修行をしたという記録も残る。

牛馬童子像の傍らに立つ宝篋印塔が、経典と法皇の法衣を埋納した所とされるのも根拠のないことではない。法皇は永観2年(984)、17歳で天皇に即位。藤原氏の専横を抑えて政治改革を行なったが、藤原兼家らの陰謀により、在位2年足らずで出家・譲位させられた。以後、仏道と文学に打ち込むしかなくなった人である。その法皇の熊野への旅には、わずかな供が従っただけという。箸折峠に残る伝説はどこか物悲しく、胸を打つ。

▲箸折峠に立つ花山法皇ゆかりの宝篋印塔

◀野中伝馬所跡。江戸期には官公用物資・書状、一般物資などを運搬する駅継施設があった

▶比曽原王子碑。藤原定家などもこの王子社に参拝した

◀楠山坂の登り口。ここからしばらくは峠越えの急な地道が続く

500余騎に襲われ、あわやのところへ野長瀬六郎・七郎兄弟の兵が横から矢を入れて救った。その功で宮から横矢の姓を賜ったという。

さらに舗装道路を行き、楠山坂という小峠を越える。再び車道に合流、以後ずっと舗道を歩くが車はほとんど通らない。ほぼ平坦で視界も開けており、快適なウォーキングが楽しめるだろう。

道路を外れ、山道を少し下りた所が**❺比《ひ》曽《そ》原《はら》王子**。この王子も中世にはなかったが後鳥羽院のころは参拝の記録が残り、今は石碑だけが立つ。江戸期の宝永年間あたりまで、近くに名木「手枕松」があったともいう。幹が這うような姿だったのだろうか。

比曽原王子から継桜《つぎざくら》王子まであとひと息。一里塚跡を過ぎて伝馬所跡すぐの所に**❻継桜王子**がある。境内に「野中《のなか》の一方杉《いっぽうすぎ》」、周辺に「とがの木茶屋」「秀衡桜《ひでひらさくら》」「野中の清水」など名所旧跡が集中。王子社参拝後に、ゆっくり訪ねてみたい。

一方杉は枝が片側だけに出ていることからの名だ。胸高径2～3mに達する大木が9本あり、枝のない側はウロと化している。この見事な大木群は明治の神社合祀令のとき、その費用捻出のため、伐採されそうに

▶奥州の豪族・藤原秀衡にまつわる伝説を宿す秀衡桜。明治に枯れた前代山桜の切株や句碑2基もある

◀野中の一方杉。日陰側が枯れ反対側の枝だけが残った。枝は南東、那智の方角を指す

▼一方杉の社殿側。ウロと化し、幹上部にはムササビが棲んでいるとか

Column

熊野古道なかへち美術館

主に地元ゆかりの画家の作品を展示するほか、現代作家の紹介にも力を入れている。展示室を囲む回廊やロビーは全面ガラス張りで、館内から中辺路の美しい景色を眺められる。

☎0739-65-0390 ㊕入館260円（特別展は別途）㊋10～17時（入館は～16時30分）㊡月曜（祝日の場合は翌日）、祝日の翌日（土・日曜を除く）、展示替え期間。

▲斬新なデザインの建物が目を引く

▶継桜王子の社殿は野中の氏神・若一権現社でもあり、変遷を経て本来の旧地に復している

▶継桜王子社は鎌倉前期からその存在が知られ、巨木の野中の一方杉とともに星霜を重ねてきた

なった。しかし田辺に住み、終生在野だった博物学の巨人・南方熊楠《みなかたくまぐす》の反対でかろうじて残った。

秀衡桜は滝尻王子近くの「胎内くぐり・乳岩」（P20コース①参照）に登場した藤原秀衡の伝説と関係する名木である。元々は現位置より100mほど西にあったらしい。オリジナルの木から確実なだけでも3回は植え替わっており、今の木は山桜だという。

❼野中の清水は、一方杉の10mほど下方から湧き出す清冽な水を湛えている。継桜王子社の前から急坂を下りた所にあるが、この道は足がすくむほどの急傾斜。秀衡桜の前に車用と思われる下り道があるのでそちらを使わせてもらってもよい。

古来多くの旅人の喉を潤してきたこの清水は、クセがなく飲みやすい甘露である。地元では、ほかが渇水のときにも水が枯れることはないと言い伝えられており、今も近在の人などに水汲み場として利用されている。

そこから九十九折れの車道を道なりに下り、国道へ出れば、本コースのゴール**❽野中一方杉バス停**である。

◀茅葺き屋根が風情豊かな「とがの木茶屋」。かつては名物の茶がゆなどを味わえたが、現在は営業していない

▶野中の清水は道端の崖下から湧き出る名水。この地に遊んだ服部嵐雪の句碑なども立つ

Column

伝説に彩られた秀衡桜

本誌コース①の「胎内くぐり・乳岩」（P20参照）で紹介したように、奥州の豪族・藤原秀衡は、滝尻王子近くの岩屋に生まれたばかりの赤ん坊を置き去りにしてきた。その秀衡は、子の無事を祈って、野中で手折りにした桜の杖を地にさし「参詣の帰途この杖に花が咲いていたなら無事まちがいなし」と立願した。本宮での参拝を済ませた帰り道に見ると花が香しく咲き、乳岩の子も無事育っていたという。

継桜ははじめ続桜や接桜と書いた。その名が出る最も古い参詣日記『中右記《ちゅうゆうき》』では「続桜は根元がヒノキで非常に珍しい」という趣旨の漢文になっている。秀衡の時代より前から有名だったらしい。まず野中に珍しい継桜の木があって、それが秀衡に結び付けられて伝説化したものと考えられている。

中辺路屈指の難路をたどる!!

継桜王子《つぎざくらおうじ》から発心門王子《ほっしんもんおうじ》へ

▲かつて地元の産土神でもあった湯川王子社。社殿は昭和58年の再建である

アクセス

【行き】天王寺駅からJR紀勢本線特急で約2時間、紀伊田辺駅下車、明光バスまたは龍神バスで約1時間15分、野中一方杉バス停下車。
【帰り】発心門王子バス停から龍神バスで17分、本宮大社前バス停下車（バスを乗り継ぎ、紀伊田辺駅までさらに約1時間35分～2時間10分）。

問合せ

中辺路町観光協会 ☎0739-64-1470
熊野本宮観光協会 ☎0735-42-0735

歩行時間 約5時間15分
歩行距離 約15.7㎞
歩行レベル 上級 体力★★★ 技術★★★

1 野中一方杉バス停 → 1.3㎞ 30分 → 2 継桜王子 → 1.0㎞ 15分 → 3 中川王子 → 2.1㎞ 30分 → 4 小広王子 → 0.7㎞ 15分 → 5 熊瀬川王子 → 5.1㎞ 115分 → 6 蛇形地蔵 → 0.4㎞ 7分 → 7 湯川王子 → 4.3㎞ 85分 → 8 猪鼻王子 → 0.8㎞ 15分 → 9 発心門王子

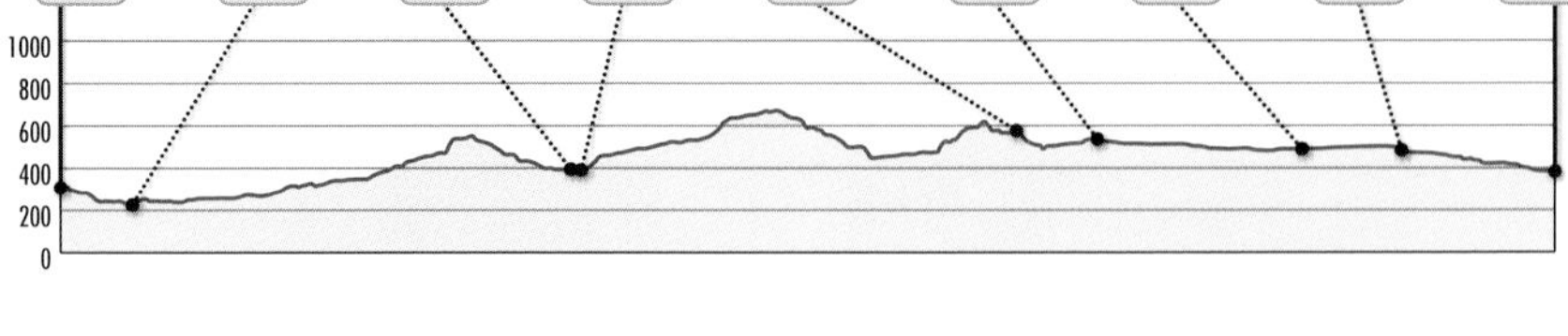

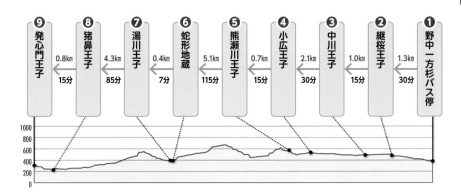

▼岩上峠へのルート閉鎖の標識。平成23年の台風の影響という。すぐそばに迂回路の図と順路が掲示されている

▶民家の庭先にある「安倍晴明の腰掛け石」。晴明が験力を発揮したとの伝承をもつ

▲秀衡桜では虚子句碑の近くにその愛娘・星野立子の句碑も立つ

❶**野中一方杉《のなかいっぽうすぎ》バス停**から継桜《つぎさくら》までは九十九折れの車道をゆっくり登って30分程度。「野中の清水」で喉を潤し❷**継桜王子**に参拝。一方向にしか枝がないので「野中の一方杉」の名がついた大木群や「とがの木茶屋」、王子名の由来という秀衡《ひでひら》伝説の桜などを見る。秀衡桜の下には高浜虚子・星野立子親子の句碑も立つ。なお、ここから約4㎞先の熊瀬川《くませがわ》王子までトイレがない。

発心門へ向けて歩き出してほどなく道路際に「安倍晴明《あべのせいめい》の腰掛け石」が現われる。花山《かざん》法皇の熊野参詣の際、法皇が病にかかったのを京から晴明が来て治したが、その途次、この石に腰掛けていると山が崩れかけた。それを晴明が験力で止めたとの伝説をもつ石だ。

旧高尾トンネル入口を過ぎると、道路左に一段高い所へ上がる道がある。それを少し登れば❸**中川王子**だ。この王子、古くは「中ノ河」とよばれ、位置も今とは少し違ったという。江戸期に現在の位置に落ち着き、今の石碑も紀州藩が立てたものだ。

再び道路を進む。新高尾トンネル入口付近の句碑や休憩所を過ぎると、道路脇に❹**小広《こびろ》王子**があり、上部の欠けた石碑が斜面を少し登った所に立つ。

Column

中辺路の派生ルート・赤木越

赤木越は、本コース終盤の船玉神社付近から湯の峰温泉（P50参照）へ続く約6㎞の山道。本来は三越峠から分岐していたが、今その区間は通行不能となっている。発心門王子を経て本宮大社へ至る道筋が、熊野御幸にも使われたメインルートだったのに対し、赤木越は近世によく利用された中辺路の派生ルート。この道をたどり、湯の峰温泉で「湯垢離」をとってから、大日越（P46参照）で本宮へ向かう人も少なくなかった。今、船玉神社側から歩くと、まず赤木峠入口から林の中の急坂を登り「献上茶屋跡」に至る。ここから尾根道の古道になり快適に歩ける。さらに一遍上人ゆかりの「なべわり地蔵」、「柿原茶屋跡」などを経て、地獄坂とよばれる急坂を下り、湯の峰温泉に到着。約2時間の道のりだ。

▶三越峠からの下り。木立の間の地道は歩きやすく、急坂には段も切られている

コースアドバイス

古道の醍醐味を味わえるが基礎体力と装備は必須

3つの大きな峠越えを含む中辺路屈指の難路。距離が長く、人家や車道から離れた山中の古道部分が多くを占めるので、基礎体力と装備は不可欠だ。もっとも、山中に点在する王子社に加え、道も景色も変化に富み、古道歩きの醍醐味を味わえるコースでもある。なお、終点の発心門王子発の最終バスは16時23分（12～3月は14時48分。令和3年7月現在）と早いので要注意。早朝出発を心掛けたい。

▼昔は関所や茶店があった三越峠。広場になっており休憩所もある

▲蛇形地蔵を祀る祠。名は地蔵の光背石板の模様に由来する

◀迂回路の山腹を巻く道の、最高地点付近からの眺望

ルートを進んできれいなトイレや休憩所がある所までできたら熊瀬川王子は間近だ。王子へは舗装道路を外れ、林の中を下って行く。以後道のりは発心門王子まで4時間ほど本格的な山道が続く。

谷川を渡り、路傍に子安地蔵を見つつ進むとやがて林の中の❺**熊瀬川王子**に着く。

この王子から急な登りとなり、草鞋《わらじ》峠を越えると九十九折れの下り。江戸期にはそれを降り切った所に1軒の茶屋があった。茶屋から見て草鞋峠への登りが女坂《めさか》、岩上峠へのより険しい登りが男坂《おさか》。「女と男の間を取り持つ」との洒落から「仲人茶屋」とよばれたとか。

しかし令和3年7月現在、仲人茶屋跡から男坂〜岩上峠へ続くルートは閉鎖されている。それが本来の熊野古道だが、平成23年の台風被害により通行できなくなっており、迂回ルートが設定されている。先ほどの草鞋峠から女坂を下っていったん林道へ出た所に、ルート閉鎖・迂回指示の標識が出ており、それに従って進む。

迂回路は谷川沿いに林道を下り、谷川を渡り、笠塔峰の北側山腹を巻くようにつけられている。本来のコースとは蛇形《じゃがた》地蔵付近で合流し、そこまで迂回指示標識から約

◀近年の再建になる発心門王子の社殿。この王子から先は本宮大社の神域とされた

▶猪鼻王子碑の近くに立つ、苔むした地蔵

▲船玉神社。熊野詣にも利用された熊野川水運の水夫などが尊崇した。右隣は玉姫稲荷

4km、1時間30分。よく整備され、標識類に過不足なく安心して歩ける。

❻蛇形地蔵は、その光背石に蛇皮の鱗状模様があることからの名。明治以前は本来のコース沿いの岩神王子付近で行路病死者を弔っていたという。岩神王子への道は難路で知られ、平安末期の『中右記』の「飢えた盲目の参詣者へ食物を分け与えた」との記述も有名だ。

蛇形地蔵のすぐ先の谷川手前に本来のコースとの合流点があり、谷川を渡って**❼湯川王子**に至る。社殿は中世に紀南の豪族だった湯川氏ゆかりの人々が再建した。簡素ながら厳かな雰囲気だ。そして三越《みこし》峠への急坂を登り、峠でひと休み。峠からの下り道では、昭和40年ごろに廃村となった道ノ川集落跡の石垣などを見る。

音無川に沿う道を下り、赤木越《あかぎごえ》分岐や船玉神社を経て、かつて女院が禊をしたという**❽猪鼻《いのはな》王子**に着く。三越峠からここまで長いが林道部分もあって軽快に歩ける。

本宮への最後の急登となる「たっくん坂」を登り切れば、本宮の神域への入口とされた**❾発心門王子**だ。さらに舗装路を約300m進んだ先の発心門休憩所横に発心門王子バス停がある。

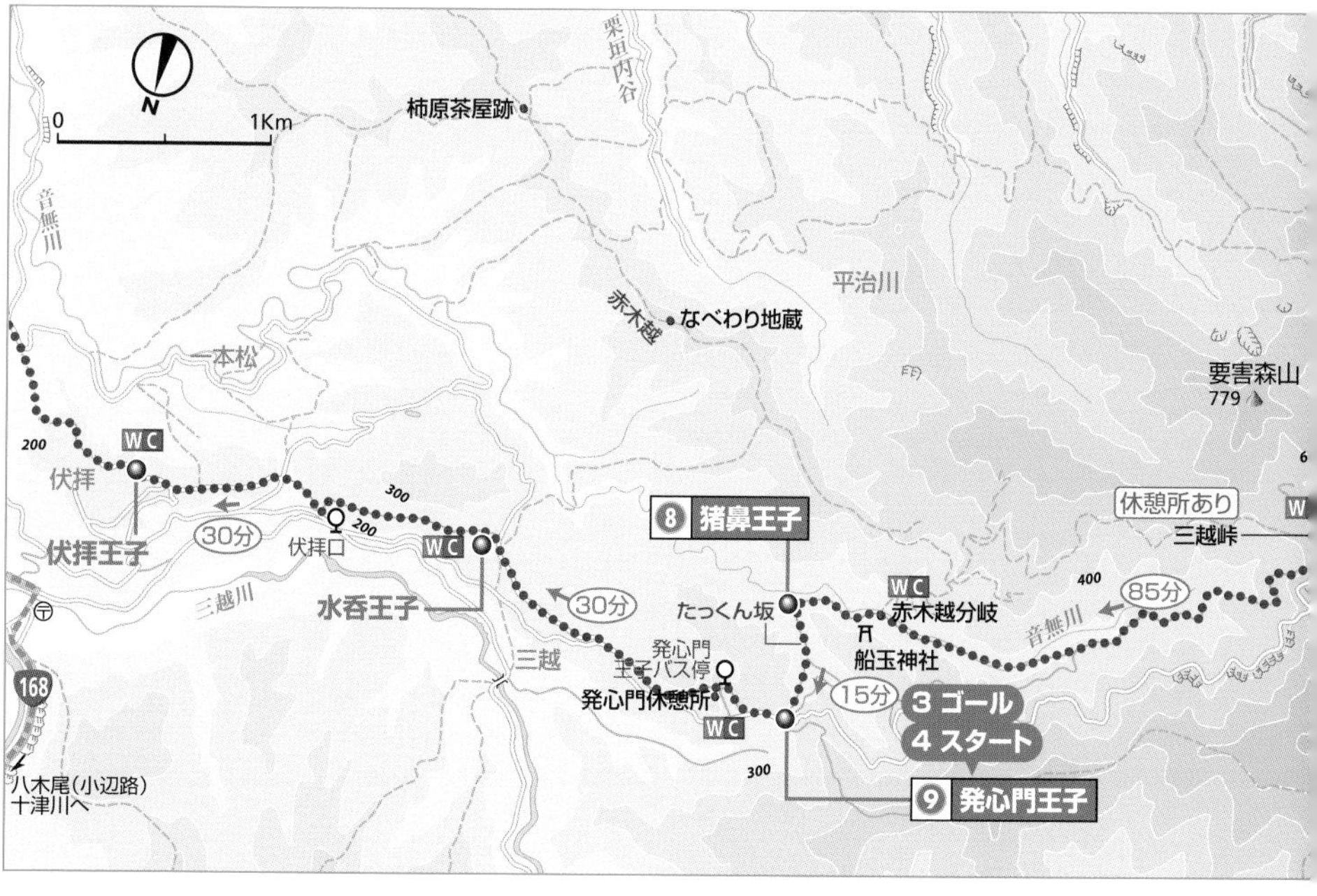

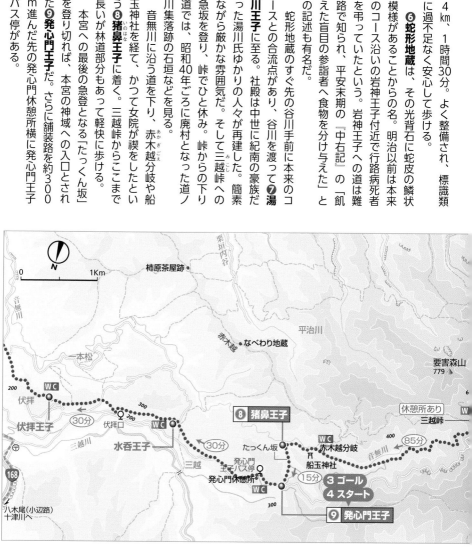

Column

熊野九十九《くじゅうく》王子

熊野権現の御子神を祀る参詣途上の社

修行の道、信仰の道であった熊野古道を特徴づけているのが熊野九十九王子。古道ウォーキングの際にも「○○王子」をよく見聞きする。はたして王子とは何だったのだろうか。

▲熊野本宮大社の手前にある祓殿王子。本宮参詣前に心身を浄める場だった

主に皇族や貴族の熊野詣には、先達とよばれる修験者が同行し、参詣途上にもさまざまな宗教儀礼が行われた。その中心が熊野九十九王子への参詣だ。九十九王子とは参詣道沿いにあった、熊野権現の御子神を祀る拝所の総称。九十九は実数ではなく多数あることの比喩だが、最盛期にはそれに近い数があった。

熊野権現の御子神は参詣者を守護するもので、各王子では奉幣や、般若心経などを読む経供養が先達の指導により行われた。また神楽など芸能の奉納や、和歌会を催すこともあった。神仏に楽しんでもらうためのものだが、険路を歩き続ける貴人にとっても一時の慰めになったに違いない。ただ王子社で儀式を行うのは往路だけで、帰路には基本的に立ち寄りもしなかった。

王子はどの参詣道にもあったのではなく、中世までの公式参詣ルートである紀伊路～中辺路沿いに限られる。1番目は紀伊路が始まる現在の大阪・天満橋付近にあった窪津王子。以後、参詣道沿いに続き、最後の王子は熊野那智大社の参道・大門坂に鎮座する多富気《たぶけ》王子だった。

また王子の中にも格があり、最も格式高いものを「五体《ごたい》王子」という。どれを五体王子とするかは史料によって異なるが、一般的には藤白《ふじしろ》王子、切目《きりめ》王子、稲葉根《いなばね》王子、滝尻《たきじり》王子、発心門《ほっしんもん》王子とされる。五体王子は五所王子とよばれる神々を祀るとされ、いずれも熊野三山の主神の御子神または眷《けん》属《ぞく》神として三山に祀られていることから、三山から勧請されたものらしい。

なお大辺路にも王子と名の付く神社はあるが、成立年代や事情が異なるため通常「熊野九十九王子」には含まれない。

王子は少なくとも11世紀には存在し、12世紀に入って急速に数を増やしていったことが文献からわかる。天仁2年（1109）

▲海南市の藤白神社は五体王子の一つだった藤白王子の面影を今に残す

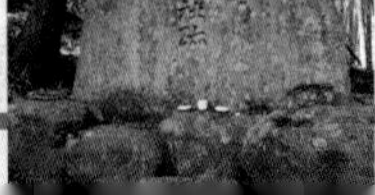
▶最後の王子、多富気王子。現在は石碑だけが立つ

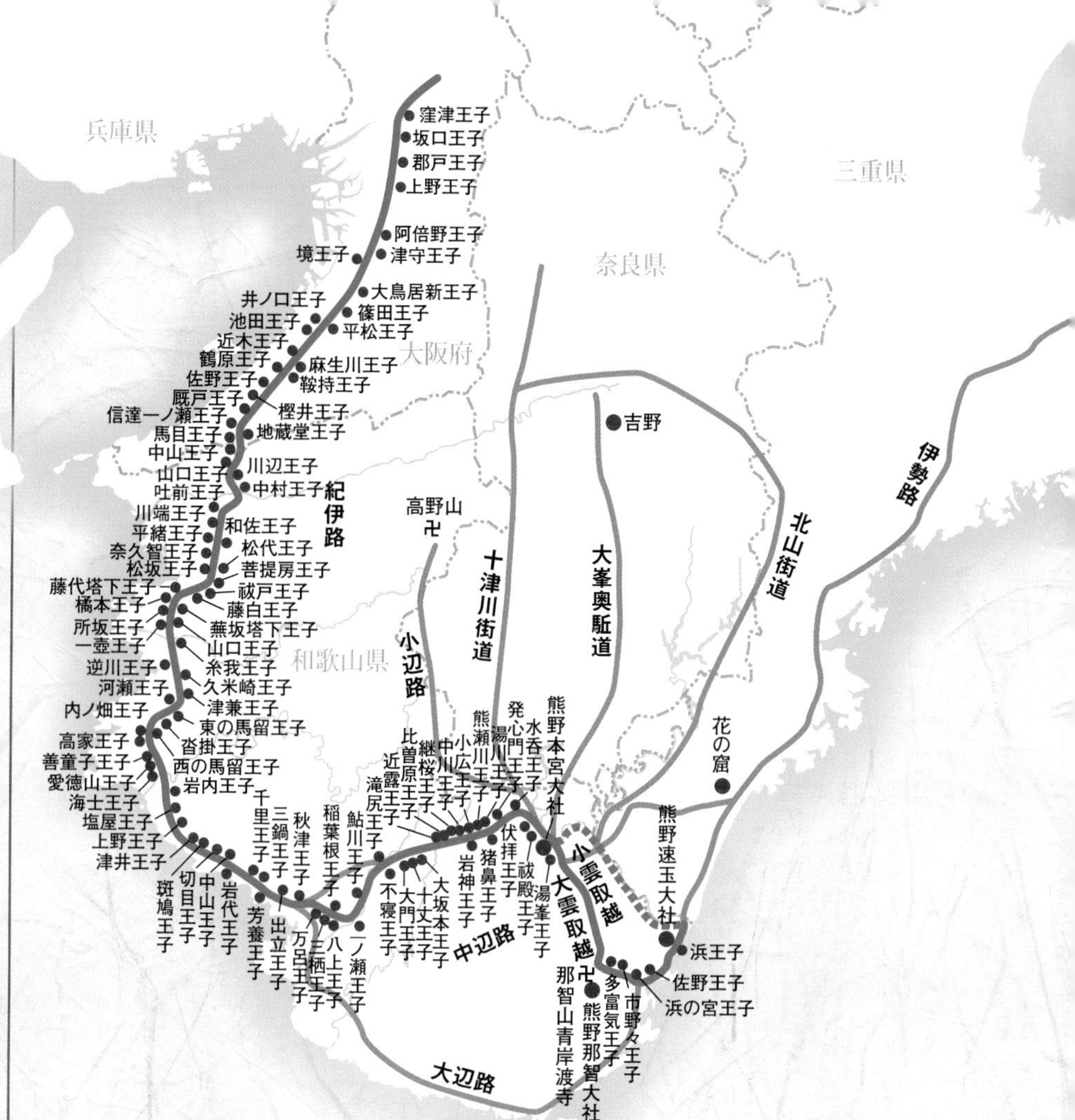

の藤原宗忠の日記『中右記《ちゅうゆうき》』には少なくとも25の王子が記され、なかには「新王子」と注記されたものもある。また承元4年（1210）の『修明門院熊野御幸記』には文献上最多の86の王子が見え、そのころが王子の最盛期だったようだ。

皇族や貴族の熊野詣ブームと軌を一にしており、その参詣をリードした熊野の修験者が王子を創出したと考えられている。彼らは、もともと沿道住民が祀る在地の大小さまざまな神祠を「王子」とし、それらに祈りを捧げてゆく〝修験道式〟の参詣スタイルをつくったのである。王子という名も修験道の思想に基づくといわれる。ただ、どの神祠を王子とするかは先達により異なっていたようで、参詣記によって数にばらつきがあるのもそのためという。

鎌倉時代に熊野御幸が終わると、王子社の多くは衰退し、明治の神社合祀令では王子の大半が近隣の神社に合祀された。そのため、藤白神社（藤白王子）のように現在も大きな神社として存続しているのは稀で、大半は小さな祠だったり、石碑が立つだけの「王子跡」となっている。しかしそれもまた信仰路らしい道しるべであり、往時の参詣を思い起こさせてくれる。

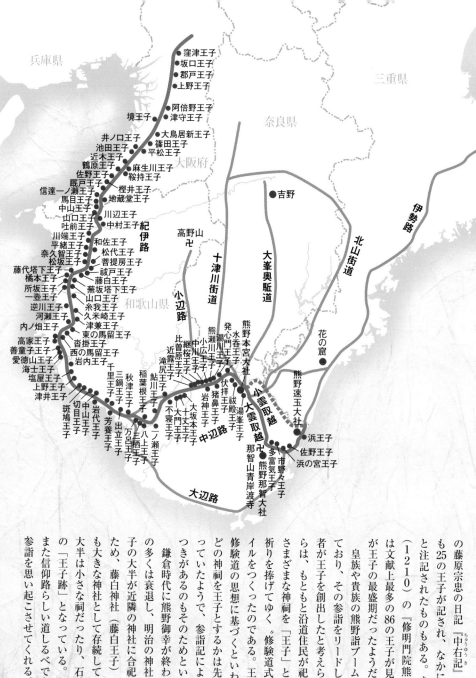

人気随一、中辺路のハイライトコース

発《ほっ》心《しん》門《もん》王《おう》子《じ》から伏《ふし》拝《おがみ》王《おう》子《じ》を経て熊野本宮大社へ

▲このコースの道沿いには石仏が多い。写真は「道休禅門地蔵」

アクセス

【行き】 天王寺駅からJR紀勢本線特急で約2時間、紀伊田辺駅下車、明光バスまたは龍神バスで約1時間35分～2時間10分、本宮大社前下車、龍神バス発心門王子行きに乗り換え15分、終点下車、徒歩5分。※龍神バスは田辺から発心門王子に直通する便もある。

【帰り】 本宮大社前バス停から明光バスまたは龍神バスで約1時間35分～2時間10分、紀伊田辺駅下車。

問合せ

熊野本宮観光協会　☎0735-42-0735

歩行時間 **約2時間**

歩行距離 **約7.0km**

歩行レベル **初級** 体力★★★ 技術★★★

1. 発心門王子 → 1.7km 30分
2. 水呑王子 → 1.9km 30分
3. 伏拝王子 → 1.2km 20分
4. 三軒茶屋跡 → 1.9km 35分
5. 祓殿王子 → 0.2km 3分
6. 熊野本宮大社 → 0.1km 1分
7. 本宮大社前バス停

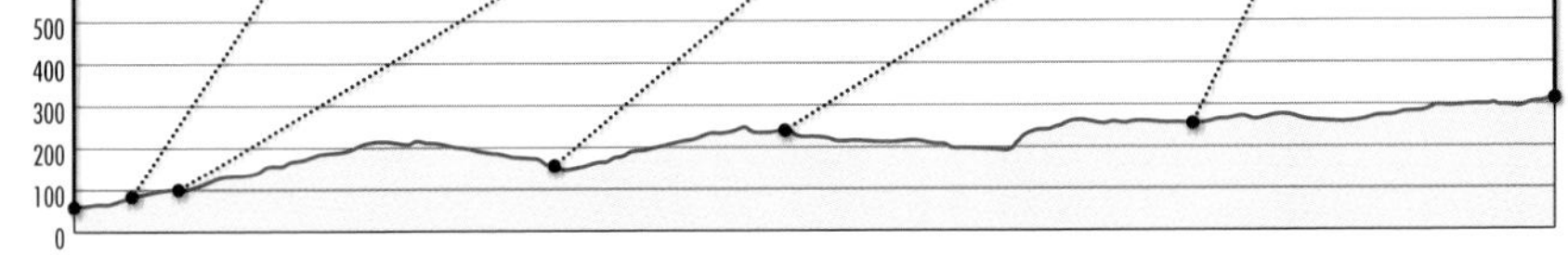

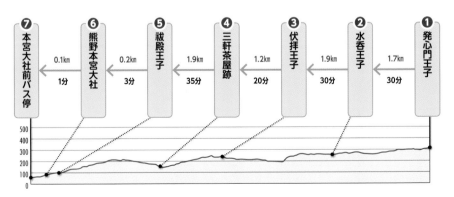

▲舗装路が木立に差しかかると子安地蔵に出合う。隣は河野翁彰徳碑

▼発心門王子バス停の横にある広い休憩所とトイレ

▲スタート地点の発心門王子。社殿や定家歌碑なども立つ

熊野古道ウォーキングで最も人気のあるのが本コース。本宮の神域の入口とされた発心門《ほっしんもん》王子から熊野本宮大社を目指す。

発心門王子バス停は、発心門休憩所の横にある。熊野本宮大社へはここから東へ進むのだが、本コースの起点とした**❶発心門王子**は逆方向へ約300m行った先にあるので注意。バス停前にある案内地図を確認のうえ、まずこの王子に参ろう。

発心門王子は格式高い五体王子の一つ。12世紀ごろまで通常の王子社だったが、王子名の由来にもなった大鳥居が立ち、「発心門」つまり「悟りの心を開く入口」とされていた。かつて熊野詣の旅人は発心門王子から本宮の神域に入ると認識し、発心門を潜ることに大きな意義を見出していたという。13世紀ごろから格別の崇敬を受けるようになり、社殿や宿泊施設もあったようだ。明治以降に寂れ、小さな鳥居だけになっていたが近年に再建整備された。

参拝後は発心門王子バス停（発心門休憩所）方面へ戻り、熊野本宮大社へ向けて道なりに進んで行こう。

古道ルートはバス道とほぼ並進する、集落の間を縫う舗装路の旧道。棚田が広がる里を過ぎ、路傍に石仏が立つ森を抜け、緩

Column

発心門での藤原定家の感動

歌人の藤原定家は13世紀初め、40歳のときに後鳥羽上皇の熊野御幸に供奉し「先駆け」を務めた。各王子における儀式執行、食事・宿舎の手配などを行なう総務的役職だが、夜遅い歌会にも出た。病弱の身につらかっただろう。発心門到着は都を出てから10日目。旧知の尼の南無房の庵に泊まった。久々の尋常の宿舎、尼の親切、本宮目前の安堵感などで感動し、「入りがたき み法の門はけふすぎぬ 今より六つの道にかへすな」という歌を柱に書き付けた。仏法の門を潜ったからにはもう引き返さないという、決意と感激を歌ったものだ。

▲発心門王子に立つ定家の歌碑

▶祓殿王子への下りは本コースのハイライト。平安期の道幅の古道が数百m続く

コースアドバイス

距離短く、みどころ多い古道ウォークの入門コース

約7㎞の道筋はおおむね道幅の広い緩やかな下り。初心者にも容易に歩けるうえ、みどころが多く、景色は変化に富み、古道感もたっぷり。最適の入門コースであり、自らの足で熊野本宮に到達する感動も味わえるハイライトコースだ。ほかのコースほどの重装備も不要だが、気候のいいシーズンは人も多く、可能なら平日に歩きたい。健脚派は継桜王子から通しで約22㎞を1日で歩いてもいい。

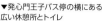

◀コース沿いには無人販売スタンドも多く、名産の茶葉も売られている

▶水呑王子の石碑と地蔵。右の地蔵は腰痛地蔵とよばれ、腰痛に効くという

◀カラスの道標。三本足の八咫烏（やたがらす）は熊野神の使い

い坂を下りると❷水呑《みずのみ》王子がある。古来湧水のあった場所で旅人の喉を潤してきた。王子碑の隣に2体の地蔵が並び、向かって右は腰痛地蔵の名で知られる。腰のところで上下に割れており、その間に賽銭を入れて祈ると腰痛に効くのだとか。

水呑王子から先は、古道らしい林の中の地道となる。その途中で、「道休禅門《どうきゅうぜんもん》地蔵」とよばれる石仏に出合う。昔このあたりで行き倒れた巡礼者を供養したもので、今も地元の人が大切に守っている。

林を抜けると、伏拝《ふしおがみ》集落。左手に果無《はてなし》山脈の雄大な景観が望める。このあたりは昔から茶の栽培が盛んで「音無茶」とよばれ、この地の茶粥にも使われるという。その茶畑に囲まれ、道から石段を登った所に❸**伏拝王子**がある。山並の間、かすかに本宮大社旧社地の大斎原《おおゆのはら》（P44参照）を見ることができる。昔、熊野参詣の人々は長い旅路の末、ここで初めて聖地を目にし、感激のあまり「伏し拝んだ」のが王子名の由来と伝える。またこの王子には和泉式部にまつわる伝説もあって「和泉式部供養塔」が立つ。

伏拝王子を過ぎると本宮大社の手前まで山道が続く。多少は坂の上り下りもあるが

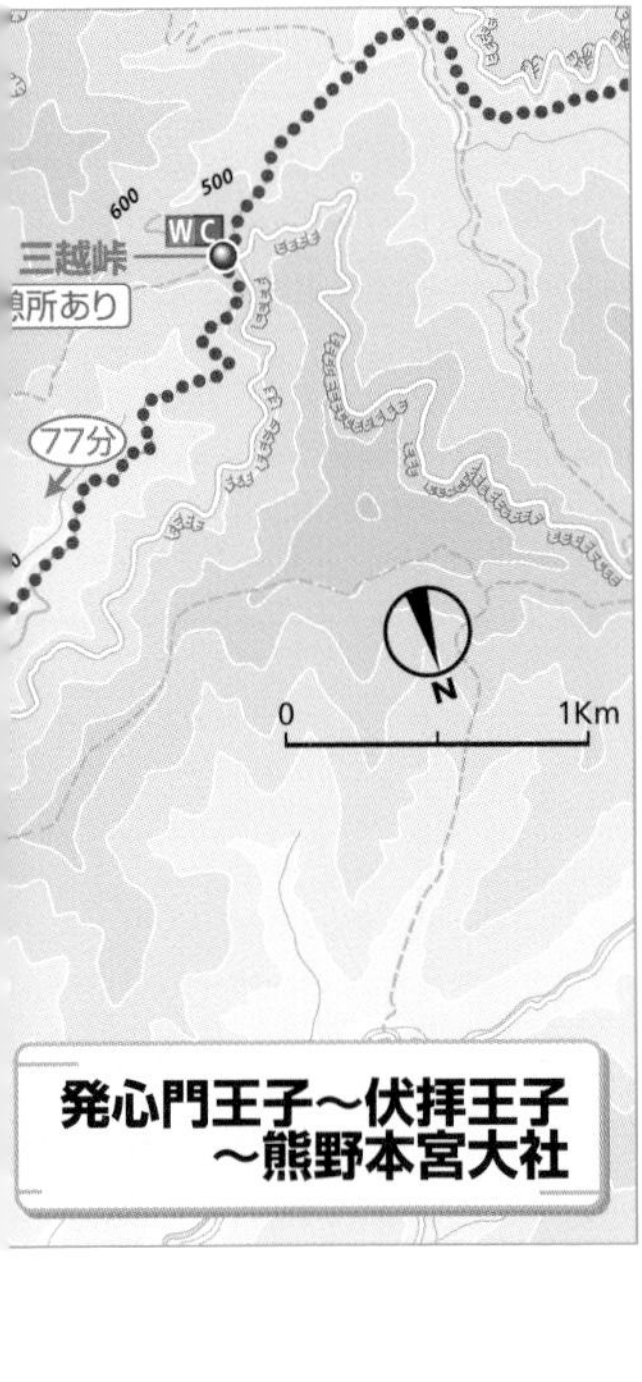

伝説 Column 伏拝王子での和泉式部

恋歌の名手と謳われた和泉式部が熊野詣の途次、伏拝王子の近くまで来て月の障りとなった。不浄の身では本宮に参拝できないとあきらめ、「晴れやらぬ 身のうき雲のたなびきて 月のさわりとなるぞかなしき」の歌を詠んだ。そして一行が参拝を済ませ再び戻ってくるのを待つべく、伏拝に泊まったところ、熊野の神が夢に現われて、「もとよりも 塵にまじはる神なれば 月のさわりも何かくるしき」という歌を返してきた。差しつかえないから参拝せよという、この夢告のおかげで彼女も本宮に参拝できたという。名高い女流歌人の伝説に託し、熊野神の寛容さをPRするこの話は、早くから全国に広められた。実際、熊野神は「浄不浄を嫌わず、信不信を問わず」といって、当時の信仰の山の多くが女人禁制だったのに女性も大歓迎。血の穢れも気にしない大らかな神だった。

▲伏拝王子に残る和泉式部供養塔

▼道端に咲く花も楽しみ。写真はアサマリンドウ

▲伏拝王子にある石祠。この前から本宮大社旧社地の大斎原が遠望できる

▲伏拝集落からは里山越しに、峰々を連ねる果無山脈を遠望できる

傾斜は緩く、路面がしっかりしていて歩きやすい。

途中に「南無大悲観世音菩薩」の供養碑が立ち、地元にはこの碑にまつわる伝承がある。昔、この道近くの集落に妖怪が出て苦しめていたのを、通りがかった高名な僧が法力で封じ込め、その傍らに碑を立てた。それがこの供養碑だという。

さらに進み、舗装路上に架かる橋を渡れば**❹三軒茶屋跡**。ここは高野山へ向かう小辺路と中辺路の分岐点で、昔は3軒の茶屋が営業していた。本宮参拝の後、高野山

カフェ

伏拝茶屋《ふしおがみちゃや》

地元の人たちが営む一服茶屋
温泉コーヒーなどでひと休みを

伏拝王子の前で地元の人たちが運営している茶屋。まろやかな味わいの温泉コーヒー200円、地元栽培のシソで手作りされるシソジュース200円などでひと息つける。無料休憩所を兼ねているので、持参のお弁当を広げるのも可。休憩ポイントにおすすめ。

㊟和歌山県田辺市本宮町伏拝
㊋9時30分～16時　㊡営業は4～11月の土・日曜、祝日のみ(変動あり)

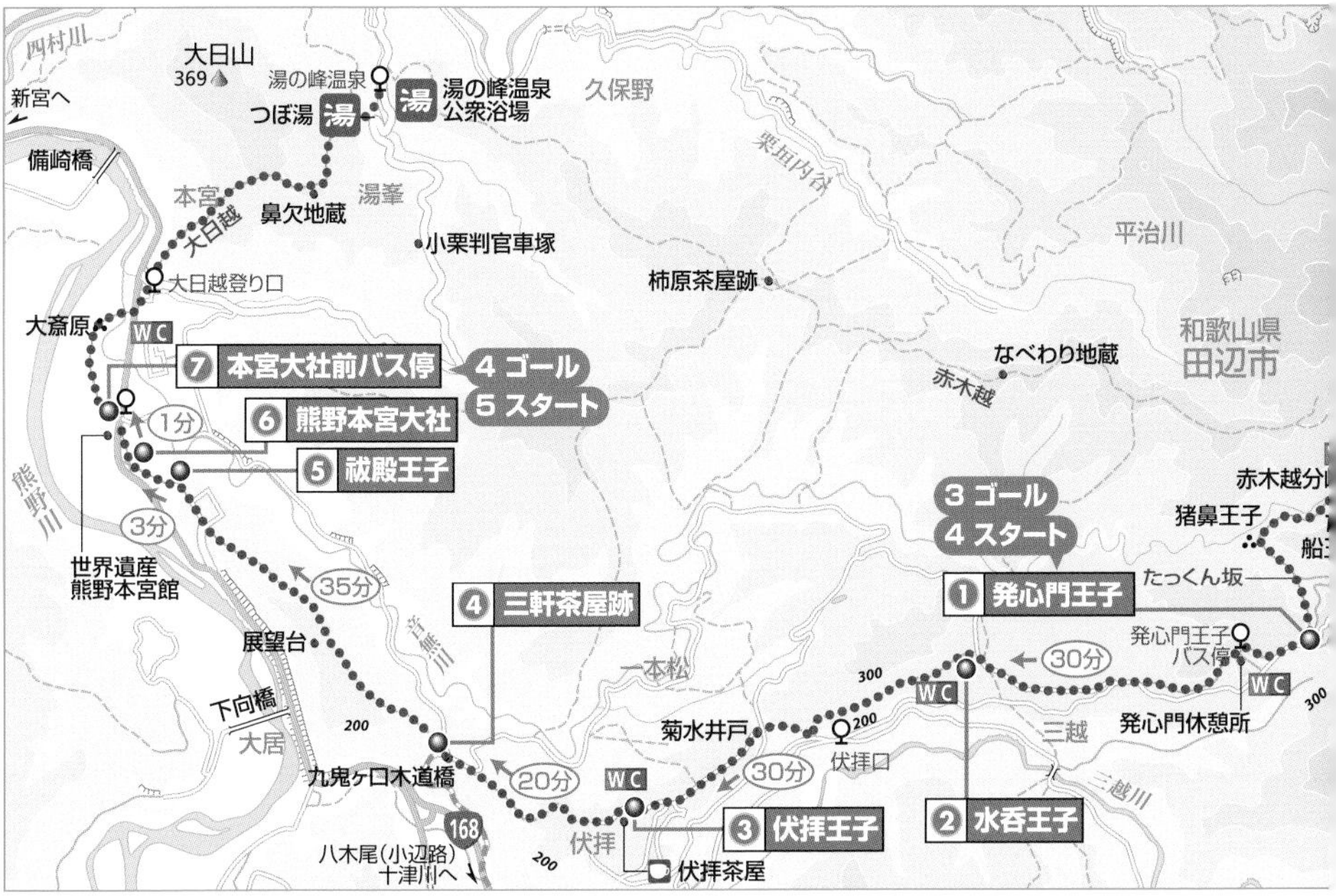

◀三軒茶屋跡。往時を再現した建物が休憩所になっている

▶三軒茶屋跡に残る「右かうや　十九り半　左きみい寺 三十一り半」の道標

◀舗装路上に架かるこの橋を渡ると三軒茶屋跡

へ向かう参詣者も多かったというから、茶屋もさぞ賑わっていたのだろう。現在この場所には「右かうや 左きみい寺」と刻まれた石の道標が残るほか、付近にあった九鬼ヶ口関所の門が模式的に復元されている。茶屋はないが、休憩所が整備されており、ひと息つける。本宮大社まではあと2㎞の道のりだ。

茶屋跡を出ると上り下りを繰り返しながら、全体としてはところどころ古い石畳の残る林の中の道を下って行く。道が広くなり、3人くらいが並んで通れるようになれば、それは江戸初期に平安期そのままの道幅で整備された道。往時の古道の姿が偲ばれる。手輿に乗った上皇、女院、貴族らもこの道を揺られながら下ったことだろう。

途中「ちょっとより道」の標識に出合う。近年に設けられた展望台への分岐だ。やや急な階段道を登るが、距離は短く10分もかからない。展望台からは、重畳する大塔山系の山並をはじめ、大斎原の大鳥居を見ることもできるので、天気がよければおすすめだ。展望台からは分岐地点まで引き返してもよく、そのまま急な下り道を行って元の道に合流してもよい。

古道の雰囲気を味わいながらさらに進む

▲祓殿王子跡は木陰に石造小祠が立つ

▲「ちょっとより道展望台」へと通じる急な登り階段

◀展望台からの眺め。右下方に本宮大社旧社地・大斎原の大鳥居が見える

Column

民宿大村屋の熊野古道弁当

古道ウォーキングの途中、どこで何を食べるかは重要な問題だ。そこでおすすめしたいのは、川湯温泉の民宿大村屋の熊野古道弁当1100円。趣向をこらした4種のおにぎりが竹皮に包まれており、弁当箱の中には地元食材でていねいに手作りされたおかずがぎっしり。本宮周辺なら配達もしてくれる。前日までに要予約。

☎0735-42-1066

▲弁当の内容は季節によって変わる

◀熊野本宮大社の拝殿。本殿はこの背後に並んでいる

▶熊野本宮大社の裏鳥居。これを潜ればいよいよ境内である

が、やがて林を出て舗装路となり、そこに「熊野参詣道」の説明板が立つ。左へ進み階段を下りて行くと、戸建住宅の間の広い舗装路に出る。ゴールは間近だ。やがて遠くに熊野本宮大社の杜が見えてくる。

本宮大社への最後の王子社となる❺**祓殿《はらいど》王子**は、大社と近接する大樹の陰にあり、石造の小祠が祀られている。この王子は、長かった道中の汚れ穢れを払い、身を浄めて本宮大社に参拝するための禊場。昔の参詣者は皆、禊を済ませてから大社へ向かったという。本宮大社の裏入口の鳥居をくぐり、静謐感漂う境内を進んで❻**熊野本宮大社**の社殿に到着する。

拝殿の横にある神門を潜れば、荘厳な檜皮《ひわだ》葺き屋根の本殿が立ち並んでいる。本殿は第1殿から第4殿まであり、参拝の順が決まっている。牛王宝印《ごおうほういん》授与所前の説明板の記載に従おう。

社殿から長い石段を下り、表入口の大鳥居を潜って出る。広い国道168号を横断すればすぐ❼**本宮大社前バス停**。ウォーキング後に宿泊したい湯の峰・川湯・渡瀬温泉へは、ここからバスで10～20分ほどだ。また時間があれば、バス停前にある「世界遺産 熊野本宮館」も見学を。

▲拝殿から長い石階段を下り、この表大鳥居から出てくる

▲本宮大社境内にある「八咫烏ポスト」。通常の郵便ポストと同様に投函できる

◀本宮大社前バス停。背後の大きな建物が「世界遺産 熊野本宮館」

Column

世界遺産 熊野本宮館

世界遺産「紀伊山地の霊場と参詣道」や熊野の観光・地域情報を発信する拠点施設。関連資料の展示コーナー、図書コーナーなどがあり、世界遺産に関するビデオ上映も行っている。館内に熊野本宮観光協会や和歌山県世界遺産センターもあるので、熊野古道などに関する情報を直接聞くこともできる。**☎0735-42-0751、入館無料、9～17時、無休。**

▲古道ウォーキングの前後に立ち寄りたい

現世の浄土と仰がれた熊野の中心聖地

熊野本宮大社《くまのほんぐうたいしゃ》

熊野速玉大社、熊野那智大社と並ぶ熊野三山の一つで、全国に3000社以上あるという熊野神社の総本社。古くは「熊野にいらっしゃる神」の意味の熊野坐神社と称した。

▲神門の正面に立つ証誠殿。主祭神の家都美御子大神を祀る

▲熊野本宮大社の牛玉宝印

☎0735-42-0009
㊟和歌山県田辺市本宮町本宮1110
㊌天王寺駅からJR紀勢本線特急で約2時間、紀伊田辺駅下車、明光バスまたは龍神バスで約1時間35分～2時間10分、本宮大社前下車すぐ
㊕境内自由(宝物殿拝観300円)
㊋6～19時(社務所などは8～17時、宝物殿は9～16時)
Ⓟ20台

紀伊山地の奥深く、熊野川沿いの高台に鎮座する。本来は約500m南の熊野川の中洲・大斎原《おおゆのはら》にあったが、明治22年（1889）大水害に遭い、2年後に現在地に遷された。主祭神は家都美御子大神《けつみみこのおおかみ》。素戔嗚尊《すさのおのみこと》と同体とされ、木の神、食の神などと崇められる。この神を含め速玉・那智大社と同じ12柱の神々「熊野十二所権現」を祀る。

社殿の創建は崇神天皇の時代とされ、『熊野権現御垂迹《ごすいじゃく》縁起』では、大斎原のイチイの木に3体の月となって降臨した熊野権現を祀ったのを始まりとする。平安時代には神仏習合思想を背景に、熊野三山として速玉・那智大社と一体化。当時の皇族や貴族に始まる熊野詣はやがて武士・庶民へも広まり、三山は「日本第一大霊験所」と仰がれた。なかでも

▲3棟4殿からなる本殿は国重要文化財に指定されている

熊野本宮大社例大祭

4月13～15日

本宮大社の例大祭は、神職や稚児らが湯の峰温泉で沐浴潔斎する13日の「湯登神事《ゆのぼり》」に始まる。14日は摂社・末社の例祭などがあり、15日午前中には本殿祭が厳かに、午後には最大のみどころである渡御祭が盛大に行われる。神輿を中心とする華やかな渡御行列が大社から旧社地の大斎原へ練り歩き、大斎原では五穀豊穣を願うお田植え神事などが奉納される。

◀4月の例大祭で大斎原での神事を終えて本社に還御する神職、稚児、氏子らの一行。熊野路の春を象徴するのどかな光景だ

▲例大祭のフィナーレを飾る渡御祭では神輿の行列が参道の石段を下りて旧社地の大斎原へ向かう

本宮の本地仏は極楽浄土に導く阿弥陀如来とされたことから、特別の信仰を集め、本宮だけの参詣で済ます熊野詣も少なくなかった。

　鳥居を潜り、158段の参道石段を上ると神門が立ち、その奥に3棟4殿からなる本殿が東西横一列に厳かに並び立つ。主祭神は神門の正面に立つ第3殿（証誠殿《しょうじょうでん》）に祀られ、左の合殿の第1・2殿に那智と速玉の主祭神、右の第4殿に天照大神を祀る。これら3棟の本殿は、明治の大水害で流出を免れて現社地に遷されたもの。19世紀初頭の建築ながら、社殿の形式や配置は平安期の参詣者の日記や鎌倉期に描かれた絵画と合致し、国の重要文化財に指定されている。

▲本宮大社の原点・大斎原。明治の洪水被害により社殿は遷座したが、永遠の聖地として今なお特別な信仰を集めている

Column

大斎原《おおゆのはら》

熊野川のほとりの森に包まれた永遠の聖地

熊野川のほとりに広がる熊野本宮大社の旧社地。熊野三山の神々が降臨した聖地とされ、いにしえの熊野参詣者が長い旅路の末にたどり着いたのはここだった。

▲江戸中～後期ごろの制作と伝わる『熊野本宮并諸末社圖繪』(本宮大社宝物殿収蔵)。往時の境内の様子がよくわかる貴重な資料だ

◀小さな石祠に中四社と下四社、境内摂末社の神々が祀られ、今も祭祀が行われる

熊野本宮大社の石段を下り、国道を渡ると、田園風景の中に一直線に参道が延びている。その先の巨大な鳥居の木立の奥に熊野本宮大社の旧社地・大斎原がある。

かつては熊野川と音無川、岩田川の3つの川に囲まれた中洲で、約1万1千坪ものこの神域に5棟12社の本殿が立ち並び、楼門がそびえ、神楽殿、能舞台、摂末社などが軒を連ねていたという。だが明治22年(1889)の大水害でほとんどが流されてしまう。流出を免れた上四社の建物が明治24年に約500m離れた高台の現社地に遷された。

現在では小さな2つの石祠に、社殿が倒壊した中四社・下四社と境内摂末社に鎮座していた神々がそれぞれ祀られているのみだが、周囲には厳かな空気が流れ、ここがただの旧跡ではないことを物語っている。『熊野権現御垂迹縁起』によると、熊野の

☎0735-42-0009
(熊野本宮大社)
住 和歌山県田辺市本宮町本宮
交 本宮大社前バス停から徒歩5分
料 境内自由
時 境内自由
P 10台

神は唐（中国）から九州、四国、淡路島を経て新宮の神倉山に降臨したのち、大斎原のイチイの木の梢に3体の月になってこの地に現れたといい、これを見つけた猟師が木の下に3つの社殿を造って祀ったのが始まりとされている。

平安時代になると上皇や貴族たちが極楽浄土を求めて熊野参詣に訪れる。中洲に渡る橋がなかったので人々は音無川をずぶ濡れになって歩いて渡り、神域に入った。これを濡藁沓《ぬれわらうつ》の入堂といい、聖地に臨む前の最後の禊を川の水で行ったという。

大斎原は時宗《じしゅう》の開祖・一遍上人が悟りを得て、開宗した地としても知られる。証誠殿に100日間お籠もりになり、熊野権現から神勅を受けたという。かつて社殿が立ち並んだ基壇に向かい合う形で、南無阿弥陀仏と刻まれた神勅六字名号碑が立つ。

▲昭和46年に時宗寺院により建立された「一遍上人神勅六字名号碑」

ひと山越えれば古来の湯垢離場!!

本宮から大日越《だいにちごえ》で湯の峰へ

▲大日越の本格的山道。苔むす石の階段道に往年の面影を見る

アクセス

【行き】 天王寺駅からJR紀勢本線特急で約2時間、紀伊田辺駅下車、明光バスまたは龍神バスで約1時間35分～2時間10分、本宮大社前バス停下車。

【帰り】 湯の峰温泉バス停から龍神バスで約1時間45分、紀伊田辺駅下車、往路を戻る。

問合せ

熊野本宮観光協会　☎0735-42-0735

歩行時間 約1時間10分

歩行距離 約3.2km

歩行レベル 初級　体力★★★　技術★★★

❶ 本宮大社前バス停 → 0.6km 8分 → ❷ 大斎原 → 1.1km 25分 → ❸ 月見ヶ丘神社 → 0.4km 10分 → ❹ 鼻欠地蔵 → 0.9km 20分 → ❺ 湯峯王子 → 0.2km 5分 → ❻ 湯の峰温泉（湯の峰温泉バス停）

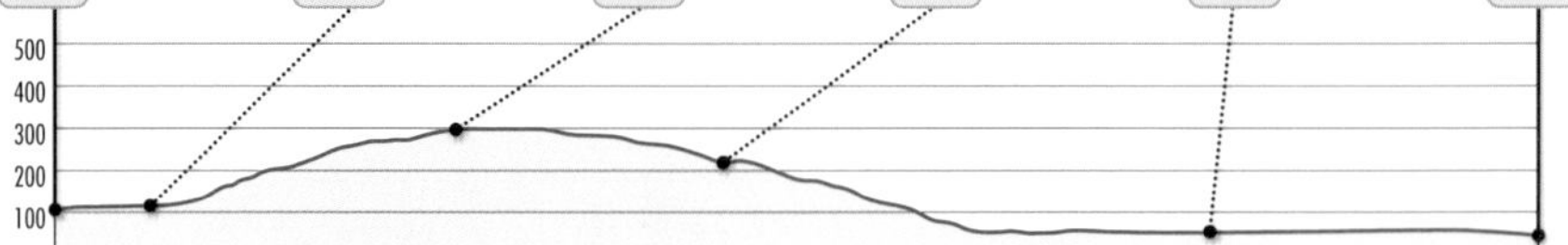

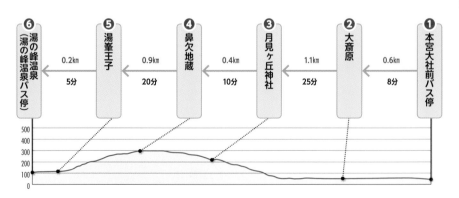

◀大斎原の入口。明治22年の洪水被害まで、この広い境内に本宮現社殿の3倍規模という巨大な社殿群があった

▶本宮大社主祭神の母にあたる伊邪那美命を祀る産田社

◀国道168号歩道にある順路入口には古道案内標識や石碑が立つ

大日越は熊野本宮大社と湯の峰温泉の間にそびえる大日山を越える古道。湯の峰温泉は古来、熊野詣の疲れを癒やす場、また湯で身を浄める湯垢離《ゆごり》場であり、この道も古くから利用されてきた。

❶本宮大社前バス停から国道168号へ出ると、道路の向かいが熊野本宮大社。道を渡らず歩道を南へ進むと案内標識があり「是日本第一本宮大斎原《おおゆのはら》」の石標が立っている。その角から細い路地に入る。路地は短く、出口の分かれ道の左の少し先に産田社があり、右の遠くに本宮大社旧社地・大斎原の大鳥居が見える。この鳥居は高さ33・9m、幅42m。日本一の大鳥居とされる。また産田社は、本宮大社の主祭神素戔嗚尊《すさのおのみこと》の母神・伊邪那美命《いざなみのみこと》の荒御魂を祀る社。本宮大社の参拝後に参るのが順序という。

田んぼの中の真っすぐな道を大鳥居目指して歩く。近くまで行って見上げればその巨大さは圧倒されんばかり。この巨大な鳥居を潜れば**❷大斎原**の聖域。木立の中の参道を進むと一段高くなった敷地があり、広大な芝地の奥に2基の石祠が祀られている。また少し離れて「一遍上人神勅名号碑」が立つ。

一遍には『一遍上人絵伝』などにも描か

Column

湯登神事(熊野本宮大社例大祭)

熊野本宮大社の例大祭(4月13～15日)で最初に行われるのが湯登神事《ゆのぼりしんじ》。神職や祭りの奉仕者らが湯の峰温泉で心身を浄めるものだ。13日朝、父親に肩車された稚児(2、3歳の男子)や神職らの一行は、本宮大社から湯の峰温泉へと向かう。稚児には神が宿るため、地面に降ろしてはならないとされている。温泉で潔斎し、温泉粥の昼食をとった後は、湯峯王子で「八撥神事《やさばきしんじ》」が行われる。太鼓や笛の音に合わせ、稚児が体を回転させて舞うもので、この間に神が稚児に憑依するという。その後一行は大日越を歩いて帰るのだが、稚児はここでも肩車されたまま。父親たちは汗びっしょりになって峠を越えて行く。さらに月見ヶ丘神社でも八撥神事が行われ、本宮大社旧社地の大斎原へと戻る。

▶月見ヶ丘神社までは急な登り。それを過ぎると写真のような平坦な山道となり、快適に歩ける

コースアドバイス

古道を楽しみ、温泉でほっこり

距離は短いが、本宮側からの大日越はかなり急な階段状の上りが続く。道筋はよく整備されており、石階段や江戸期の石畳道、山の地道と変化に富んだ古道歩きを楽しめる。またルートを逆にたどれば、急な登りをクリアできる。どちらにしても、本コースでは湯の峰温泉での宿泊を組み込みたい。また歩き慣れている人は、コース④から通して湯の峰温泉まで行くのもいい。

◀月見ヶ丘神社。中央は熊野石仏（大日如来）を納める大日堂、右手前に石造の小祠が立つ

▶国道168号Y字路を右折した先にある大日越の登り口

◀大斎原入口の脇に立つ神勅名号碑。熊野と縁深い一遍の真筆という

れた伝承がある。一遍は遊行して南無阿弥陀仏の札を配り歩いたが、その意義に疑問をもち本宮に参籠した。すると夢に熊野神が現れ「浄不浄・信不信を問わず札を配るべし」と告げ、一遍の迷いを断ち切ったという。一遍を開祖とする時宗《じしゅう》ではこれを「熊野成道」とよび、布教に活用した。熊野神の神徳は時宗聖によっても広められたのだ。本宮大社主祭神の本地仏が阿弥陀であることと関連付けた伝承とされる。

大斎原を出て順路を進み、昔は裾を濡らし徒歩で渡ることが禊になった音無川を小橋で越える。階段を上がり国道168号に出ると鳥居や「日本第一熊野本宮 旧社地」の石碑があり、国道からの大斎原への出入口となっている。右手は駐車場とトイレ。この先、湯の峰温泉までトイレ設備はない。

国道を南下し岩田橋を渡った所、「世界遺産熊野古道 大日越」の道路標識があるY字路で右折。このとき、交差点の斜め向かいに手摺り付きの長い石階段が見えるが、それは熊野古道ではない。右折した道を少し進むと手摺りのない低い石階段があり、それが目指す大日越の登り口だ。

民家の間の細道を通り、林の中に入る。いよいよ本格的な山道である。石で仕切っ

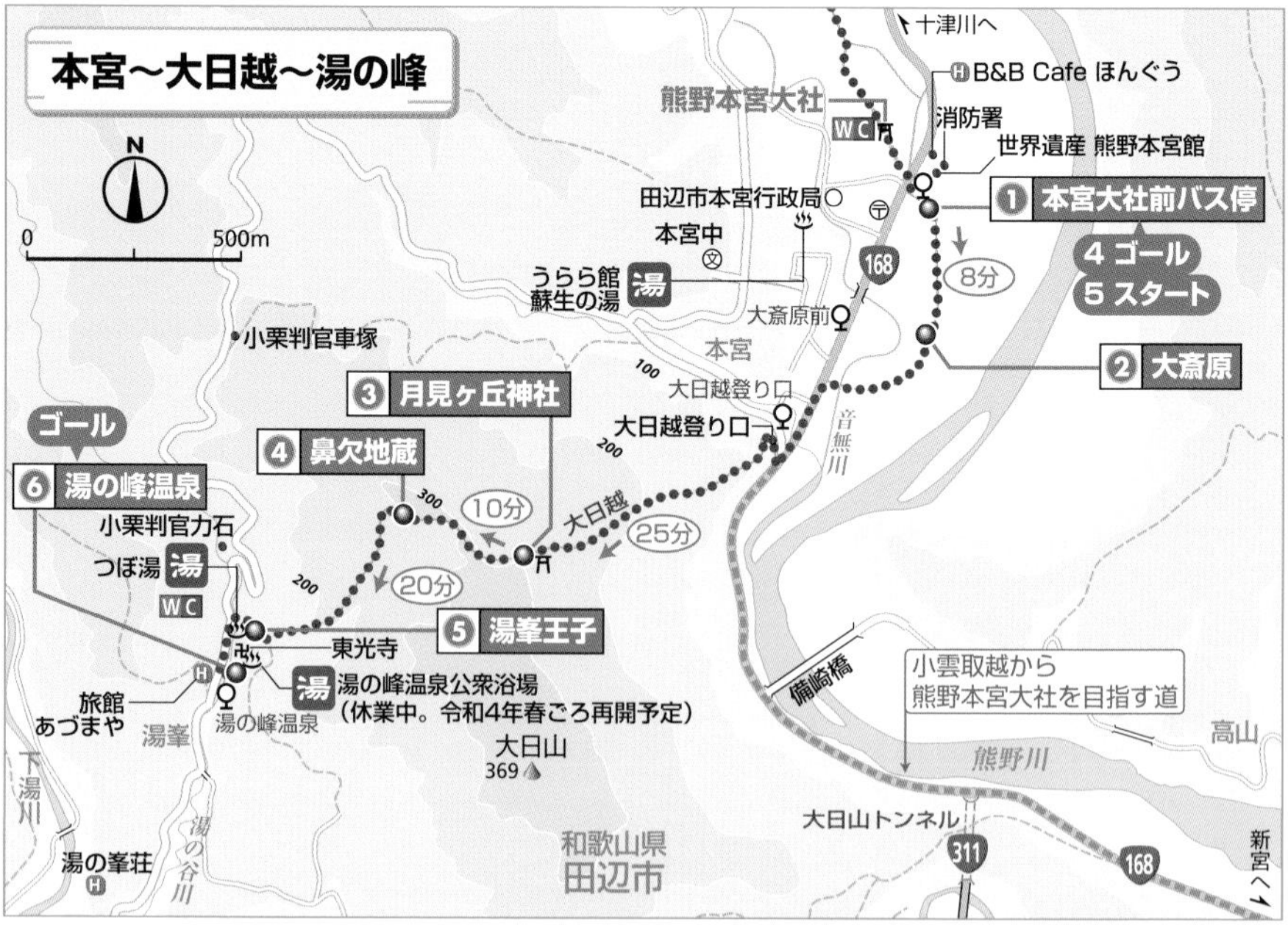

▶湯峯王子は温泉やその薬効を信仰の起源とするという

◀岩肌に刻まれ中央部のすり減った階段

▶伝説をまとう鼻欠地蔵は岩盤に直接彫り込まれたレリーフ。向かって右がそれという

た階段や石畳の道は江戸期に参詣者の急増を受けて整備されたものとされ、かなり急だがゆっくり登って古道感を味わおう。

やがて熊野本宮大社の社外末社の❸**月見ヶ丘神社**に到着。本宮の例大祭に先立つ湯《ゆ》登神事《のぼりしんじ》で舞を奉納する所だ。大日堂には室町期の作とされる熊野石仏が祀られるが普段は非公開で見られない。神社を過ぎると道は平坦。かすかに「興国三年」と読める銘の入った名号板碑があり、その傍らの岩肌に彫られているのが名高い❹**鼻欠《はなかけ》地蔵**。そこから先はなだらかな下りになる。

❺**湯峯《ゆのみね》王子**は温泉が信仰の起源の社。元は「湯の華化石薬師」を本尊とする東光寺に隣接していたが明治の大火で消失、現在地に移転した。古道を進むと湯の谷川に架かる石橋「壷湯橋」に出る。ここが湯の峰側登り口だ。橋の脇には小栗判官伝説に彩られた「つぼ湯」がある。石橋を渡り左折、温泉街を眺めつつ❻**湯の峰温泉（湯の峰温泉バス停）**まで歩く。

バス停から小橋を渡ると東光寺、その横に湯の峰温泉公衆浴場がある（建替え中。令和4年春ごろ再開予定）。また、みやげ店で生卵を入手し、小橋すぐ下の源泉「湯筒」で温泉卵をつくるのも楽しい。

▲清流・湯の谷川沿いに続く湯の峰温泉街

▲湯の峰温泉側の古道出入口にある石橋「壷湯橋」

◀つぼ湯の前の河床にある源泉「湯筒」からは約90度の湯が湧く

Column

鼻欠地蔵

昔、ある大工棟梁が湯の峰で仕事をしたときのこと。棟梁は宿所の本宮から弟子とともに大日越で通い、峠の地蔵前で一服するのを常とした。その折、弟子は棟梁の仕事の完成を祈って、棟梁の弁当から少し取ってこっそり地蔵に供えた。やがてそれに気付いた棟梁は弟子の盗み食いと思い込み、懲らしめとばかり、大工道具の「ちょうな」を弟子の鼻に振り下ろす。弟子は泣き、多量の出血に「やりすぎたか」と引き起こすと、削いだはずの鼻が不思議なことに無事だった。その日以来、峠の地蔵の鼻は削いだように欠けていて、鼻欠地蔵、鼻削げ地蔵などとよばれ、いっそう信仰されたという。地蔵菩薩が信者に代わって苦難を受ける「身代わり地蔵」の伝説だ。大工棟梁を左甚五郎とするバージョンも存在する。

「甦りの聖地」熊野に湧く、3つの温泉で旅の疲れを癒やす

熊野本宮温泉郷《くまのほんぐうおんせんきょう》

【ゆのみねおんせん】湯の峰温泉

湯の谷川に沿って旅館や民宿が立ち並ぶ風情ある温泉地。古来、熊野詣の湯垢離場《ゆごりば》として、また貴人らが長旅の疲れを癒やした温泉として親しまれてきた。公衆浴場の「つぼ湯」は、小栗《おぐり》判官《はんがん》の蘇生伝説の舞台といわれ、その湯船は熊野参詣道の一部として世界遺産にも登録されている。湯の花でできた薬師如来像を祀る東光寺などのみどころもある。

▲湯の谷川沿いの静かな温泉地。90度の熱湯がわき出る源泉「湯筒」では、卵や野菜を茹でて楽しむことができる

問合せ

熊野本宮観光協会 ☎0735-42-0735

アクセス

●田辺方面から
紀伊田辺駅から龍神バス本宮大社方面行きで湯の峰温泉へ1時間40分、渡瀬温泉へ1時間45分、川湯温泉へ1時間45分

●新宮方面から
新宮駅から熊野御坊南海バス川湯・渡瀬・湯の峰温泉経由本宮大社前行きで川湯温泉・渡瀬温泉へ約1時間、湯の峰温泉へ1時間10分　※奈良交通バスも運行

●熊野本宮大社から
本宮大社前バス停から熊野御坊南海バス新宮駅行きで湯の峰温泉へ10分、渡瀬温泉へ15分、川湯温泉へ20分　※奈良交通バス、龍神バスも運行

◀熊野本宮大社に向かう大日越の登り口の傍らにある

▲湯の色は日によって変わることから「七色の湯」ともよばれる

つぼ湯

小栗判官蘇生の伝説で知られ、1日に色が7回も変わるという神秘の湯。川原に設けられた小屋の中に、自然岩盤の窪みを利用した湯船があり、その底から温泉が湧いている。2人も入ればいっぱいの小さな湯船だが、熊野詣の湯垢離場として世界遺産にも登録。受付をすれば30分交代で貸切入浴できる。混雑時には番号札を受け取って、順番を待つ。入浴料780円（公衆浴場建替え期間中は400円）。6時〜21時30分。問合せは湯の峰温泉公衆浴場へ。

湯の峰温泉公衆浴場

☎0735-42-0074

湯の峰の温泉街の中心に立つ公衆浴場。90℃近い源泉に水を加えて冷ました一般湯と、源泉に加水することなく時間をかけて適温にして入るくすり湯がある。温泉汲み場もあり10ℓ100円で持ち帰ることもできる。

料入浴一般湯260円、くすり湯390円、つぼ湯780円（公衆浴場の入浴料を含む）時6〜22時（つぼ湯、貸切風呂は〜21時30分）休無休（メンテナンス休業あり）
※湯の峰温泉公衆浴場（一般湯、くすり湯）は建替え工事のため休業しており、令和4年春ごろに再オープンの予定。工事期間もつぼ湯・温泉汲み場は営業している。

▲新しい公衆浴場の完成予想図

Column

小栗判官伝説

中世以来、小栗判官の伝説はさまざまに語られてきたが、そのひとつでは次のようになる。今から600年前、常陸国の城主の息子であった小栗判官は戦乱の中で照手《てるて》姫《ひめ》に救われるが、盗賊に毒を盛られて瀕死の病を負う。多くの人の情けを得て熊野に詣で、湯の峰温泉の薬効によって全快した。その小栗が浸かったのがつぼ湯とされる。湯の峰温泉には、小栗が湯治の間に体力の快復を試すために持ち上げたという「力石」、小栗が運ばれた土車を埋めたとされる「車塚」などの史跡もある。

▲小栗判官が持ち上げたという力石

カフェ
ゆのむねちゃや
湯胸茶屋

東光寺の境内にある茶店で、時間待ちや入浴後の休憩に立ち寄るのに便利。コーヒー400円は湯の峰温泉の湯で入れたまろやかな味わいを楽しめる。梅の実を漬け込んで作った自家製うめジュース500円も人気がある。

☎0735-42-0256
時8時〜17時30分　休不定休

▶温泉で入れたコーヒーはまろやかな味わい

湯の峰温泉の宿

旅館あづまや ☎0735-42-0012

江戸時代創業の老舗旅館。肌触りのいい槇の木を使った槇風呂で、自家源泉の湯に浸かることができる。浴室には高温の温泉蒸気でミストサウナを楽しめる温泉むしぶろも備えている。食事は美熊野牛の温泉しゃぶしゃぶや温泉粥など自慢の料理が味わえる。

㊟和歌山県田辺市本宮町湯峯122 ㊕1泊2食付1万6650円～ ㊋IN13時／OUT10時

▲吹き抜けの空間が心地よい槇風呂は24時に男女入れ替え制

▶朝食には温泉の湯を使って炊き上げた、名物の特製温泉粥を

▲文人や著名人にも愛されてきた湯の峰温泉を代表する宿

湯の峯荘 ☎0735-42-1111

温泉街から少し離れた高台にある宿。木造建築の家族風呂や、里山の風景を眼下に望む庭園風の露天風呂などで、湯の峰の名湯をかけ流しで楽しめる。温泉しゃぶしゃぶや温泉湯どうふ、温泉粥など源泉を使った料理が自慢で、地元産の食材にもこだわっている。

㊟和歌山県田辺市本宮町下湯川437 ㊕1泊2食付1万4450円～ ㊋IN15時／OUT10時

◀客室は落ち着いた雰囲気の和室 ▲かけ流しの温泉で一晩中入浴ができる

▶歴史を感じさせる和建築が目を引く温泉宿

▼客室と廊下は障子のみで仕切られている

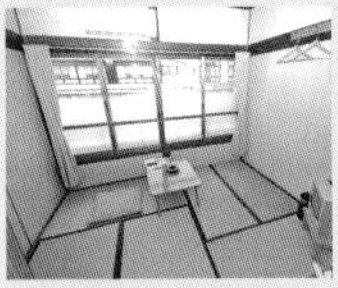

民宿くらや

☎0735-42-0148

客室数4室のこぢんまりとした宿。客室は全て2階にあり、窓から湯の峰の温泉街の景色が望め、癒やされる。風呂・トイレは共同だが、風呂は別棟にあり、檜の浴槽で100％源泉かけ流しの湯を堪能できる。前日の夜までに予約をすれば、朝食に温泉粥を用意してくれる。

㊟和歌山県田辺市本宮町湯峯99 ㊕1泊2食付8650円～ ㊋IN15時／OUT9時30分 ㊡不定休

◀夕食は昔から湯の峰で食されてきた料理が並ぶ

川湯温泉
【かわゆおんせん】

熊野川の支流、大塔川の川底から湯が湧き出ている温泉地。川原を掘ると70度以上の源泉が湧出し、川の水を混ぜて自分好みの温度に調整しながら入ることができる。

夏は川原を掘って露天風呂作りができ、川遊びをしながら温泉を楽しむことができるとあって、家族連れに人気がある。

そして、なんといっても名物は冬に出現する仙人風呂。大塔川の一部を堰き止め、川そのものが広大な混浴露天風呂となる野趣満点の温泉だ。水着や旅館が用意する湯あみ着を着て入浴することができる。仙人風呂は12～2月の期間限定（6時30分～22時、変更あり）。期間中は無休だが、増水時や荒天時の入浴は不可となる場合もある。

▲大塔川のほとりに温泉旅館や民宿が並び立つ

▶川原を掘れば温泉が出るので、夏は川遊びしながら川べりにマイ露天風呂を作って楽しむ人たちでにぎわう

▲川湯の冬の風物詩として知られる野趣あふれる露天の仙人風呂（入浴無料）

川湯温泉公衆浴場

☎なし

川湯温泉の旅館が立ち並ぶ大塔川沿いにあり、外湯としても親しまれている。男女別の浴室それぞれにタイル張りの浴槽がひとつあり、温泉の湯がかけ流しで注がれている。仙人風呂や川遊びの帰りに利用するのもおすすめ。

料 入浴250円 時 6時30分～19時30分受付 休 火曜

▶地元の人たちも足しげく通う

▲大塔川の流れに面した公衆浴場

食べる 喫茶こぶち

大塔川のほとりに立つ喫茶店で、地元の清流でとれた天然の鮎を食べさせてくれる定食が人気(令和3年7月現在、定食はしておらず、パック詰めの鮎の塩焼き1尾600円、甘露煮5～6尾500円、めはり寿司500円などを販売)。

☎0735-42-0432

時 11～14時、17時30分～20時 休 不定休

▶天然にこだわった鮎を塩焼きや甘露煮に。持ち帰りのほか、店内で食べることもできる

川湯温泉の宿

富士屋　☎0735-42-0007

川湯温泉の老舗旅館。大塔川の流れが目の前にあり、川原を掘っての露天風呂作りや川遊びにも便利な宿。モダンなインテリアに包まれた露天風呂付き客室も人気がある。予約をすれば翌朝に熊野古道へ送ってくれるサービスも。

住和歌山県田辺市本宮町川湯1452 料1泊2食付1万6500円～(露天風呂付き客室は2万5300円～) 時IN15時／OUT10時

▲川のせせらぎが聞こえてくる半露天風呂は45分交代、3300円で貸切入浴できる。チェックイン時に予約を

◀露天風呂付き客室の「熊野モダンルーム」は3室限定

▲川湯温泉の歴史とともに歩んできた老舗

山水館 川湯みどりや　☎0735-42-1011

大塔川の清流に面した大浴場と川原の専用露天風呂で川湯温泉の湯を満喫できる宿。隣接するグループ旅館の川湯まつや(**☎0735-42-1004**、素泊まり4500円～)に宿泊しても、こちらの大浴場や露天風呂を利用できる。翌朝は熊野古道発心門王子や熊野本宮大社など本宮町内各所への無料送迎サービスがあり、熊野古道歩きに利用できる。

住和歌山県田辺市本宮町川湯13 料1泊2食付1万6500円～ 時IN15時／OUT10時

▲川原に設えた露天風呂は湯浴み着を着て入浴できる

▶大塔川上流の緑豊かなロケーションも人気の宿だ

亀屋旅館　☎0735-42-0002

昭和初期に建てられた日本情緒が漂う和風建築の温泉旅館。オリジナルの薬膳料理が自慢で、備長炭入りの雑穀お釜ご飯や豆乳鍋など、季節の素材30～40種をバランスよく使った料理は女性に人気。内湯の木造の湯船で川湯温泉の湯を楽しめる。

住和歌山県田辺市本宮町川湯1434 料1泊2食付1万4450円～ 時IN15時／OUT10時

▶昭和初期の建物は国の登録有形文化財

▲彩りも美しい薬膳料理に身も心も癒やされる

【わたぜおんせん】
渡瀬温泉

熊野川の支流、四村《よむら》川の広い谷間にある温泉。川の両岸にホテルと日帰り入浴施設があり、熊野の豊かな自然と温泉リゾートを楽しむことができる。なかでもわたらせ温泉は、豊富な湯量を誇り、広大な露天風呂が自慢。川湯温泉や湯の峰温泉とはまた違った温泉を楽しむことができる。日帰り入浴もできる。

わたらせ温泉大露天風呂
☎0735-42-1185

男女別の浴室の奥に露天風呂の浴槽が4～5つも連なる広大さが魅力の日帰り入浴施設。貸切露天風呂も4ヵ所あり、10人以上が一度に入浴できる広さを誇る。アマゴ酒2000円を湯に浮かべて味わうこともできる。

▶庭園風の広大な露天風呂で渡瀬温泉の湯を存分に楽しめる

▼併設の茶店では温泉粥などが味わえる

料入浴900円、貸切露天風呂は1時間1人1600円 時6時～21時30分（貸切露天風呂は8～19時） 休無休

渡瀬温泉センター おとなしの郷
☎0735-42-1777

渡瀬温泉の湯で健康増進ができる多目的温泉保養館。男女別の浴室に、全身浴や気泡浴、寝湯などさまざまな浴槽が備えられている。キャンプ場やコテージなどアウトドアフィールドも併設されていて、宿泊者は無料で入浴施設を利用できる。

料入浴620円 時13～21時（最終受付は20時30分） 休木曜（祝日の場合は翌日）

▶目的や体調に合わせ、多彩な浴槽で入浴を

わたらせ温泉ホテルささゆり
☎0735-42-1185

ロビーの天井が高く、ゆったりとした空間でリゾート気分を満喫できる温泉ホテル。併設のわたらせ温泉大露天風呂を無料で利用できるほか、大浴場や貸切露天風呂も館内に備えている。客室はツインベッドと和室がある和洋室が中心。

住和歌山県田辺市本宮町渡瀬45-1 料1泊2食付2万4350円～ 時IN14時／OUT11時

▶館内の貸切露天風呂も無料で利用できる（23時30分～翌6時は入浴不可）

熊野御幸の上皇たちもたどった舟下りを体験!!

「川の参詣道」を行く熊野川舟下りで熊野速玉《はやたま》大社へ

▲舟には船頭のほか語り部ガイドも同乗。舟には船外機もついているが、熟練の船頭が巧みな棹さばきで導いてくれる

所要時間 約1時間30分

航行距離 約16km

申込み

熊野川舟下り

●運航は完全予約制。乗船日の前日17時までに電話で予約する。予約が3人以上あれば出航(12～2月は6人以上の団体に限り運航の相談に応じるが、川の状況などによっては受けられない場合もある)。出航時間は10時、14時30分。乗船料4300円。雨天時も運航するが、雨量や水量次第で中止。

●熊野川川舟センターへはバス停本宮大社前から熊野御坊南海バスで48分、道の駅熊野川下車。または新宮駅から熊野御坊南海バスで29分、道の駅熊野川下車。

●受付は出航30分前までに。車で熊野川川舟センターへ来た人は下船後、センターまで送ってもらえる。

問合せ

熊野川川舟センター ☎0735-44-0987

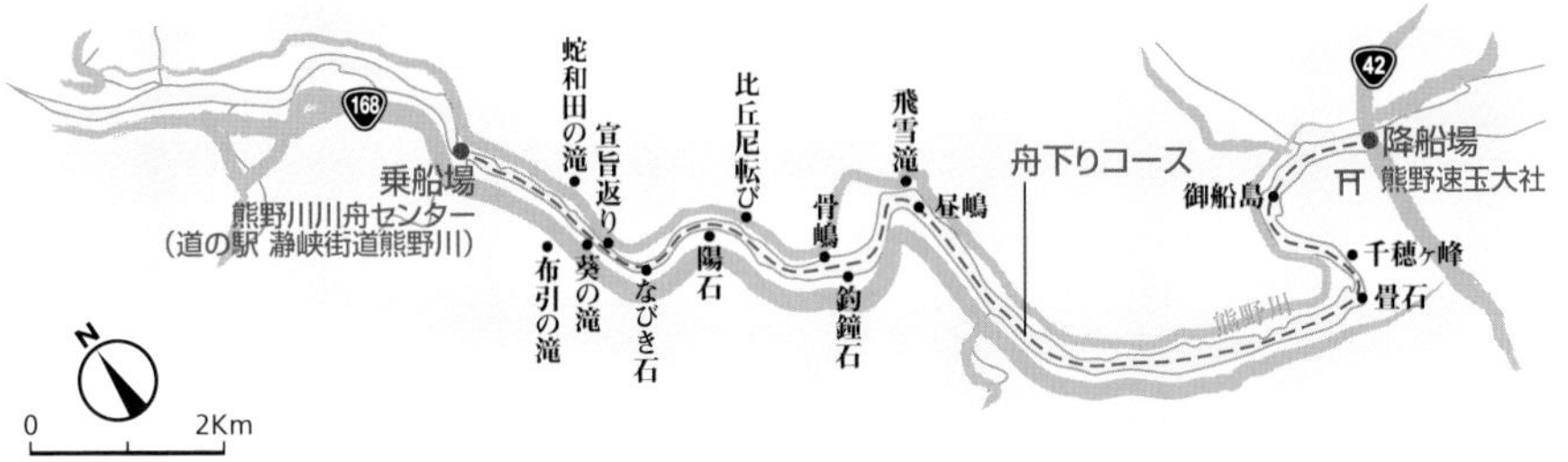

「川の参詣道」熊野川舟下りで熊野速玉大社へ

▲「道の駅 瀞峡街道熊野川」下の川原から新宮の「権現川原」までの16㎞を1時間30分で下る

▲川中島の昼嶋。天照大神と熊野権現が一緒に昼ごはんを食べた島と伝わる

◀川に落ちそうなほど迫り出した釣鐘石。この石が落ちれば世が滅びるとも伝えられている

中辺路をたどってきた昔の参詣者は本宮大社に参拝後、熊野川を舟で下り、河口付近に鎮座する新宮の速玉大社に向かった。新宮から那智へ詣でた後も新宮へ戻り、熊野川を舟で遡上するのが一般的だった。

古来、神が往来する川として神聖視されてきた熊野川は、熊野詣の交通の大動脈でもあったのだ。そのため平成16年に熊野三山や参詣道が世界遺産に登録された際、本宮〜新宮の熊野川は世界でも類のない「川の参詣道」として遺産に含まれた。その翌年には長い間途絶えていた熊野川の舟下りが、行政や地元の人々の手によって復活。以来、「川の参詣道」の歴史を偲び、船上から熊野の自然美を楽しめる舟下りは人気を集めている。

昔の川舟は本宮〜新宮の九里八丁（約37㎞）を約4時間で下り、上りはその倍ほどかかったという。熊野川川舟センターが運航する現在の舟下りは、水量の関係から本宮からは下れず、下流の国道168号沿いの「道の駅 瀞峡《どろきょう》街道熊野川」下の川原から出発。速玉大社近くの河川敷「権現《ごんげん》川原《がわら》」まで16㎞を約1時間30分で下る。舟には語り部（ガイド）が同乗し、川沿いの旧跡や滝などのみどころを案内する。

川の両側は柱状節理の断崖になっており、出船後すぐ右手に布引《ぬのびき》の滝が見え、蛇和田《じゃわだ》の滝、葵《あおい》の滝と続く。さらに「宣旨《せんじ》返り」や「比丘尼《びくに》転び」といわれる川沿いの古道の難所を眺め、川に落ちかかったような釣《つり》鐘石《がねいし》に差し掛かる。

このほか川沿いの奇岩・巨石にはそれぞれ名前が付いており、熊野権現にまつわる由来が語られる。13世紀初頭、本宮から新宮へ下った藤原定家は「川程に種々の石等あり、或いは権現の御雑物と称す」と記録しており、「御雑物」とは熊野神の持ち物、造った物の意味と考えられている。

大きな川中島の昼嶋《ひるしま》は、天照大神と熊野権現が囲碁に興じ、昼食を食べた島と伝わる。島の上では柱状節理の正方形の割れ目が碁盤目状に見えることから、微笑ましい伝承が生まれたのだろう。

さらに山麓に速玉大社が鎮座する霊峰・千穂ヶ峰《ちほがみね》を望み、大社の例大祭「御船祭《みふね》」で神霊が渡御する御船島を周回。終着点の権現川原に着岸する。山中の古道とはまた違う、熊野の歴史と自然にふれられる川下り。晴れた日はもちろん爽快、山にもやがかかった雨天時の景色もまた熊野らしくて楽しめる。

▶コース終盤に見る川中島の御船島は、速玉大社の例大祭「御船祭」の舞台として知られる

▶柱状節理の岩壁、畳石(たたみいし)。畳を斜めに立て掛けたように見えることから、この名でよばれている

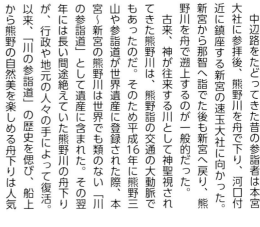

熊野権現を象徴するナギの大樹が枝を広げる聖地

熊野速玉大社《くまのはやたまたいしゃ》

神倉山の巨岩に降臨した熊野の神々を、熊野川の河口のほとりの宮に遷したとされる古社。境内に枝を広げる樹齢1000年というナギがその歴史を見守ってきた。

▲全国熊野神社の総本宮との額が掲げられた神門を潜って拝殿へ

熊野川が海に注ぐ河口の地に鎮座する。熊野三山の一つに数えられ、平安時代には熊野川上流にある熊野本宮大社から「川の参詣道」（熊野川）を経て、上皇や女院、貴族が参詣に訪れた。もともとは現在の境内地の南にある神倉山山腹の巨岩、ゴトビキ岩に天降った熊野三所権現を祀ったのが始まりとされる。景行天皇の時代に真新しい宮を造営して遷座し、神倉山の「元宮《もとみや》」に対して「新宮《しんぐう》」と称したと伝えられ、これがのちに町の名前にもなった。

現在の丹塗りが美しい社殿は昭和28年（1953）に、鎌倉時代の『熊野曼荼羅』に描かれた様子をもとに再建されたもの。第1殿の結宮には熊野夫須美大神《くまのふすみのおおかみ》を、第2殿の速玉宮には主祭神の熊野速玉大神《くまのはやたまのおおかみ》を祀り、合

▲熊野速玉大社の牛玉宝印

☎0735-22-2533
㊟和歌山県新宮市新宮1
㊚天王寺駅からJR紀勢本線特急で約4時間、新宮駅下車、徒歩20分
㊕境内自由(神宝館拝観500円)
㊓5時30分～17時(季節により変動あり、神宝館は9～16時)
Ⓟ30台

▲現在の社殿は、明治16年（1883）に花火が原因で焼失ののち昭和28年に再建されたもの

わせて12柱の神々を祀ることから新宮十二社大権現として崇敬を集めてきた。代々の朝廷は神宝類を寄進して国家の安泰を祈願。中世以降、皇室や将軍家、大名家から奉納された古神宝類の数々は１２００点以上あり、「彩絵檜扇」をはじめ一括して国宝に指定、神宝館でその一部を展示公開している。

　神宝館前の参道にそびえる樹齢１０００年のナギの大樹は平重盛のお手植えと伝えられ、天然記念物に指定。ナギは凪に通じることから、道中や家内の安全を守る熊野権現の象徴として信仰され、ナギの実を使って神職が手作りするなぎ人形は、縁結びや夫婦円満の縁起物として参詣者に喜ばれている。

◀熊野の神々が降臨したという神倉神社のご神体「ゴトビキ岩」

お燈《とう》まつり

2月6日

熊野速玉大社の元宮である神倉神社の例大祭。毎年2月6日の夜、潔斎精進をして白装束に身を包み、腰に荒縄を締めた男たちが、ご神体であるゴトビキ岩の前に集結。ご神火を移した燃え盛る松明を手に、山上から女たちが待つ山麓へと、急峻な538段もの石段の参道を駆け下る。その勇壮な様子は「山は火の滝、下り竜」と新宮節にも歌われている。

▲上り子とよばれる男たちが松明を手に山を下る（当日は女人禁制）

熊野灘の眺めに癒やされる古道歩きの入門コース!!

熊野速玉《はやたま》大社から王子《おうじ》ケ《が》浜《はま》を経て高野坂《こうやざか》へ

▲高野坂から見た熊野灘と王子ヶ浜。昔の巡礼者もこの美景に慰められたことだろう

アクセス

【行き】天王寺駅からJR紀勢本線特急で約4時間、新宮駅下車、徒歩20分。
【帰り】三輪崎駅からJR紀勢本線で6分、新宮駅下車、往路を戻る。

問合せ

新宮市商工観光課 ☎0735-23-3333
新宮市観光協会 ☎0735-22-2840

歩行時間 約1時間50分
歩行距離 約6.5km
歩行レベル 初級 体力★★★ 技術★★★

❶熊野速玉大社 → 0.8km 10分 → ❷新宮城跡 → 0.6km 10分 → ❸阿須賀神社 → 1.3km 20分 → ❹浜王子（王子神社） → 1.8km 30分 → ❺高野坂登り口 → 1.1km 20分 → ❻金光稲荷神社 → 0.4km 10分 → ❼高野坂降り口 → 0.5km 7分 → ❽三輪崎駅

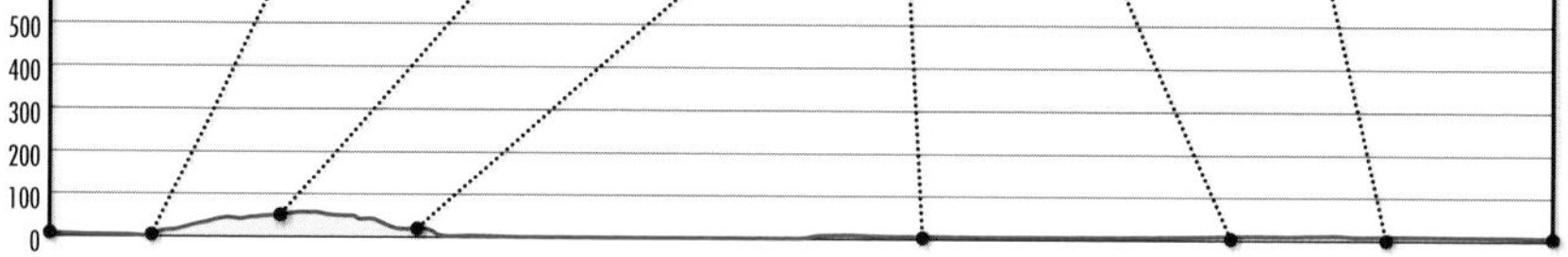

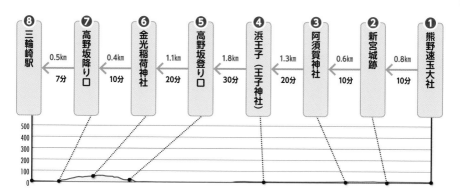

◀紀州徳川家の家老で新宮領主・水野氏の居城だった新宮城跡への入口

▶熊野速玉大社の朱塗りの社殿は昭和28年の再建

◀熊野速玉大社の鳥居。速玉大社は新宮（にいみや）ともよばれ、それが市名の由来

昔の巡礼者は熊野本宮大社から熊野川を舟で下り、熊野速玉大社に参拝。その後、熊野灘沿いに那智へ向かった。それまでの暗い山中から一転、陽光きらめく南の海に心躍ったことだろう。本コースはその第一歩、速玉大社から王子ヶ浜を経て、往時の面影を残す高野坂を歩く。坂といっても標高差は50mほどで初心者も楽楽。熊野灘の眺めが美しいルートだ。

JR新宮駅から徒歩20分、また「熊野川舟下り（P56参照）」を利用すれば下船後すぐで❶**熊野速玉大社**に着く。神門を潜ると、緑の木々を背景に鮮やかな朱塗りの社殿が立ち並んでいる。境内には樹齢1000年というナギの巨樹もそびえ、神宝館では国宝の古神宝類が公開されている。時間があれば、境内南の神倉山中腹にある元宮、神倉神社も訪ねたい。入口の鳥居までは大社から徒歩約15分。さらに急峻な538段の石段を上ると、熊野権現が降臨したというゴトビキ岩がある。

大社の鳥居を出て真っ直ぐ行けば、❷**新宮城跡**への入口がある。ここから徒歩10分ほどの丹鶴《たんかく》山上に本丸があった新宮城は、紀州徳川家の家老・水野氏の居城として寛永10年（1633）に完成。現在は石垣だ

▶熊野灘に臨む王子ヶ浜。本コースでは約30分間、この美しい砂礫海岸を歩くことになる

Column

川原町と川原家横丁

速玉大社門前の観光施設「川原家《かわらや》横丁」には、川原家を再現したみやげや軽食の店が立ち並んでいる。川原家は江戸～昭和初期、熊野川河口の権現川原（川原町）に見られた簡易住宅。釘を1本も使っておらず、川の増水時には手早く解体して保管場所へ移し、水が引けば元に戻して組み立てた。流出の危険がある川原に町並みが形成されたのは、ここが熊野川水運の拠点だったため。多数の人や物が行き交う川原には宿屋、鍛冶屋、飲食店、銭湯などなんでもあり、明治末～昭和の最盛期には300軒以上の川原家が軒を連ねたという。

▲5店が並ぶ川原家横丁

コース アドバイス

快適な入門コース 新宮観光と組み合わせて

距離は短く風光明媚。最適な入門コースといえる。短時間で終わるので、その前後に一般観光を楽しむといい。新宮駅周辺に中国から渡来した徐福(P168参照)ゆかりの徐福公園や、国天然記念物の浮島の森、速玉大社門前に文豪の居宅を移した佐藤春夫記念館などがある。なお本コースは中世以前の参詣ルート。近世の熊野街道は速玉大社から現国道42号沿いに進み、高野坂登り口に至る。

▲浜王子からすぐで王子ヶ浜の防風林。ここを抜けて浜に出る

◀浜王子（王子神社）。古代の王子社としての記録はなく、文献上の初見は文明5年（1473）

▶新宮最古の神社ともいわれる阿須賀神社。境内には新宮市立歴史民俗資料館もある

けを残して公園化され、桜名所としても知られている。

さらに進むと、正面に小高い蓬莱《ほうらい》山が見えてくる。古代より神の降臨する山とされ、その南麓に熊野信仰と関わりが深い❸**阿須《あす》賀《か》神社**が鎮座する。主祭神は事解男命《ことさかのおのみこと》だが熊野三山の神も祀り、平安時代から「阿須賀王子」とされていた。また平安末期の古文書に、熊野権現は神倉山に降臨したのち阿須賀へ遷ったと記されている。

❹**浜王子《はまおうじ》（王子神社）**は阿須賀神社から住宅街を東南に進んだ所にある。祭神は神武天皇の兄の稲飯命《いないいのみこと》と三毛入野命《みけいりぬのみこと》。2人は神武東征の際、荒れる熊野の海に身を投じて海神の怒りを鎮めたという。古来、海の神を祀っていた宮が、のちに王子社となったと考えられている。

住宅の間を通って防風林を抜けると、熊野川河口の南に延びる砂礫海岸の王子ヶ浜に出る。はじめ堤防上の歩道を歩き、途中から浜に降りる。足が沈んでやや歩きにくいが、広大な海浜のウォーキングは開放感たっぷりだ。浜の南に突き出た岩山の磯は御手洗《みたらい》海岸といい、昔の参詣者が海水で身を清めた所とされる。その手前でJR紀勢本線のガードを潜れば❺**高野坂登り口**。

▶高野坂登り口には「熊野古道高野坂」の石標や説明板が立つ

◀王子ヶ浜の南端からJR紀勢本線のこのガードを潜れば高野坂登り口 ※大雨後などはガード下が浸水している場合がある

▶開放感たっぷりの王子ヶ浜は、アカウミガメの産卵地としても知られている

高野坂は海沿いの高台を越えて行く延長約1・5kmのルート。自然林に包まれた石畳が残る坂道を10分ほど登れば、「御手洗の念仏碑」といわれる3基の石碑が立つ。ここから王子ヶ浜や熊野灘が見渡せる。

この先はほぼ平坦となり、江戸初期のものという「孫八地蔵」を見て、**❻金光稲荷《こんこういなり》神社**の鳥居を過ぎれば、少し開けた場所に出る。左手の枝道を行けば日本遺産の鯨山《くじらやま》見《み》跡、真っ直ぐ行けば石畳が残る緩やかな下り坂となって**❼高野坂降り口**に着く。さらに道標に従って**❽三輪崎《みわさき》駅**へ向かおう。

買う 香梅堂《こうばいどう》

和三盆糖の菓子をおやつやおみやげに

新宮出身の文豪・佐藤春夫も贔屓にした明治元年(1868)創業の和菓子店。代表銘菓の鈴焼1袋20粒入り325円～は、熊野三山の鈴をイメージした、ひと口サイズのかわいいカステラ菓子。和三盆糖の上品な甘さが身上で、世代を問わず人気。

☎0735-22-3132
住 和歌山県新宮市大橋通3-3-4
時 8～21時(日曜は8時30分～17時) 休 不定休

▲江戸中期に建てられた御手洗の念仏碑。この前から王子ヶ浜や熊野灘が見渡せる

▶ところどころに石畳が残る高野坂。自然林の中に続く気持ちのいい古道だ

▲日本遺産の鯨山見跡。かつて沖を回遊する鯨をここで見張っていた

▼高野坂の中ほどに立つ石仏。由来はわからないが「孫八地蔵」とよばれている

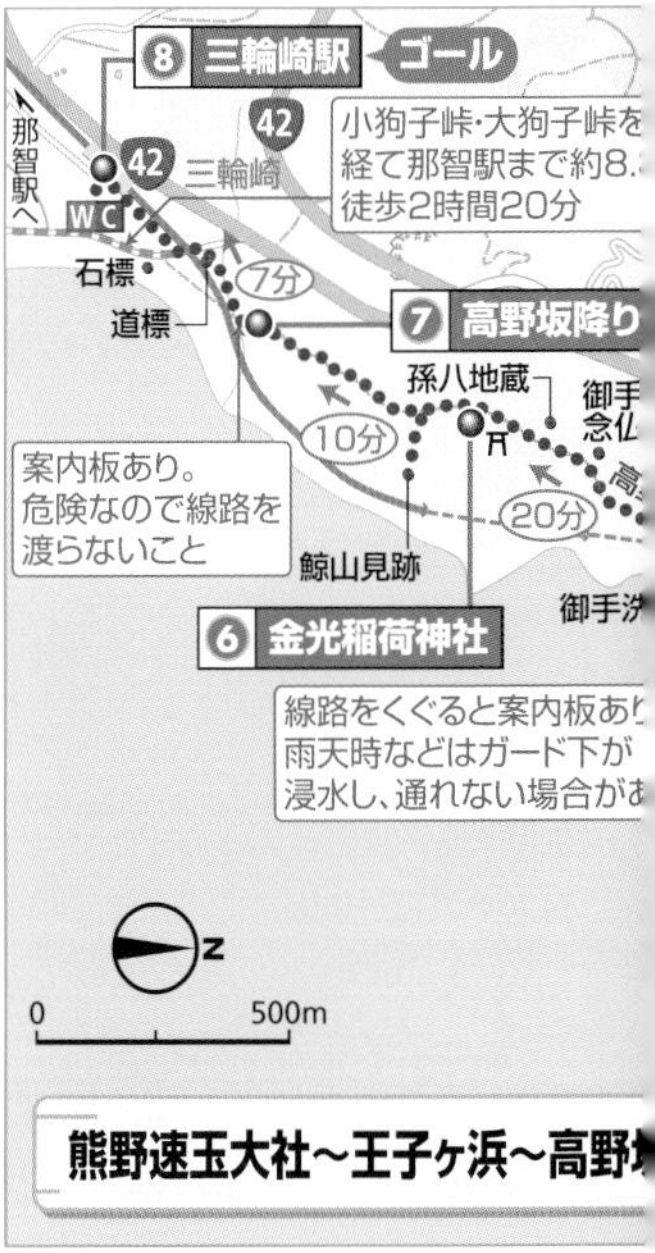

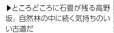

中辺路 8

那智《なち》駅から熊野那智大社・那智山青岸渡寺《せいがんとじ》へ

最後の聖地・那智山へ続く石畳の大門坂が圧巻!!

▲巨杉の中に続く大門坂。最後の聖地に向かうにふさわしい堂々たる参詣道だ

アクセス

【行き】天王寺からJR紀勢本線特急で約3時間40分、紀伊勝浦駅下車、同線普通列車で4分、那智駅下車。※紀伊勝浦駅から那智駅へは熊野御坊南海バスも利用可能。

【帰り】那智の滝前バス停から熊野御坊南海バスで24分、紀伊勝浦駅下車、往路を戻る。

問合せ

那智勝浦町観光案内所 ☎0735-52-5311

歩行時間 約2時間15分

歩行距離 約7.4km

歩行レベル 中級 体力★★★ 技術★★★

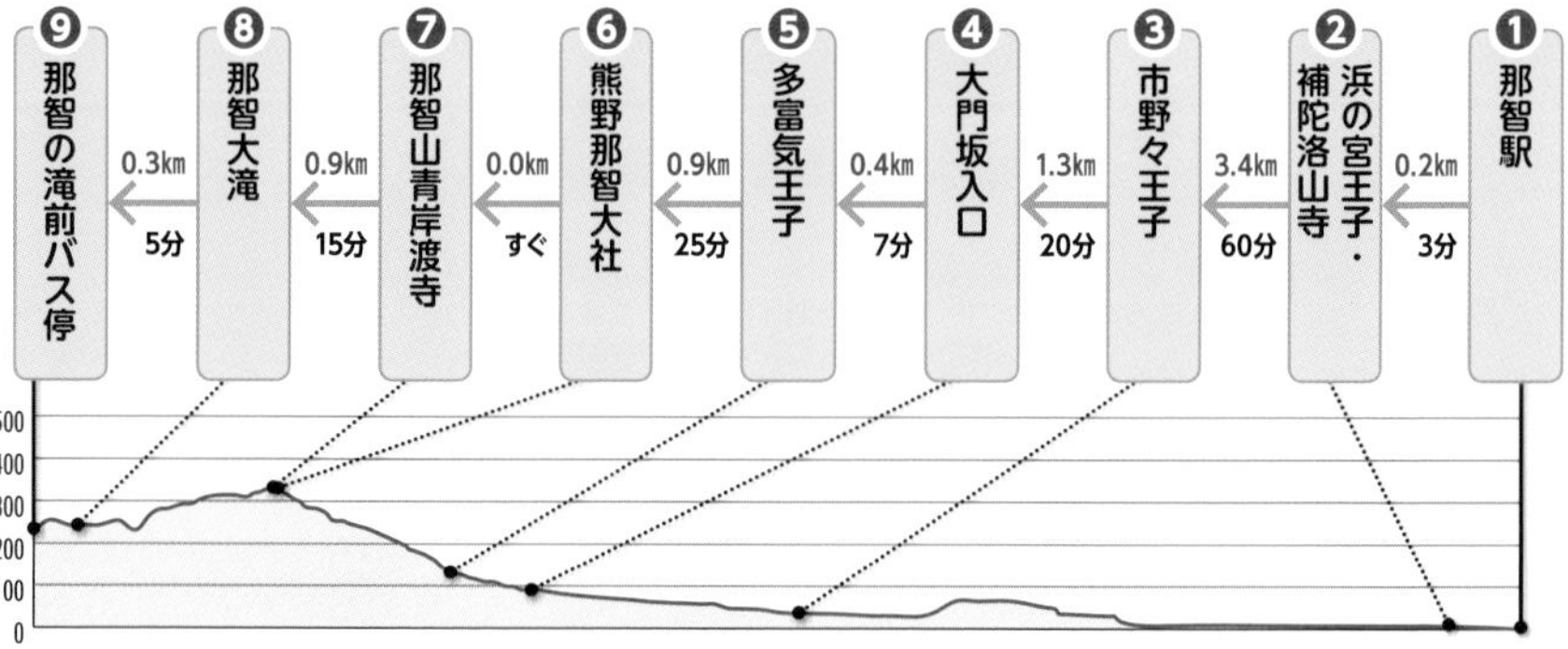

▲杉や竹に覆われた山中に続く「曼荼羅のみち」

◀補陀落渡海の拠点となった補陀洛山寺。復元された渡海船が境内に展示されている

▶渚宮ともよばれた浜の宮王子。鳥居脇には推定樹齢800年のクスノキがそびえている

熊野の玄関口・田辺に発した熊野古道中辺路は熊野本宮大社、熊野速玉大社を経て、三山巡礼の最終目的地、那智山中腹に立つ熊野那智大社に至る。本コースはまさにそのクライマックス部分。往時の面影を色濃く残す大門坂《だいもんざか》が圧巻だ。

社殿風駅舎の❶**那智駅**を出て国道42号を渡ると、❷**浜の宮王子**（熊野三所大神社《おおみわ》）と世界遺産の❷**補陀洛山寺**《ふだらくさんじ》が並んでいる。本来両者は一体のものであり、神仏習合の名残を見る。また駐車場脇には中辺路と大辺路の分岐点を示す「振分石《ふりわけいし》」とよばれる17世紀中ごろ建立の板碑が立つ。

浜の宮王子は藤原宗忠の日記『中右記《ちゅうゆうき》』天仁2年（1109）条に名が見え、那智山参詣前に海水で身を浄める潮垢離《しおごり》を行った所。補陀洛山寺は補陀落渡海《ふだらくとかい》（P75参照）の住僧を出した寺として知られる。これは南海の彼方にあると信じられていた観音浄土「補陀落浄土」を目指し、那智の浜から船出した一種の捨身行。平安～江戸時代に20回ほど行われたと伝わり、寺の裏山に渡海上人たちの墓がある。

寺を後に那智川沿いの道を進むこと20分、「熊野古道 曼荼羅のみち」の石標の立つ分岐を右に入る。ほどなく山道となり、緩や

▶那智山青岸渡寺の境内からは三重塔の向こうに那智大滝を見ることができる

Column

熊野那智 世界遺産情報センター

JR那智駅舎に併設された那智駅交流センター内にある。熊野御幸の出発地・京都から那智までの道のり、熊野那智大社や那智山青岸渡寺、補陀落渡海などについて解説パネルやジオラマ模型で紹介。那智の扇祭りの映像などを見ることもできるので、ウォーキング前に立ち寄りたい。☎0735-52-9201、入場無料、9～17時、月曜休（祝日の場合は翌日）。

◀右が那智駅、左が交流センター。センター内には日帰り温泉もある

コースアドバイス

路線バスを活用して、大門坂から歩いてもいい

本コースのハイライト、大門坂へは起点から約5km。この間を省略するなら、コースに並行する県道を走る熊野御坊南海バスを活用しよう。このバスは紀伊勝浦駅から那智駅を経由して那智山へ向かう。紀伊勝浦駅から一気に大門坂最寄りの大門坂バス停まで行って、そこから歩き始めてもよく、また補陀洛山寺など那智駅周辺のみどころを訪ねてから大門坂バス停まで乗車するという手もある。

◀熊野那智大社・那智山青岸渡寺の参道石段。みやげ物店が並んでいる

▶多富気王子。社殿は明治10年(1877)に熊野那智大社境内に移され、現在は石碑が立つのみ

◀大門坂入口の夫婦杉。この前には平安衣装の貸出も行う大門坂茶屋がある

かな坂を登って山中を抜けると「ふだらく霊園」に出る。坂道を下り、集落の中の旧道を進む。『中右記』に「一野王子社」と記された❸**市野々王子**《いちのの》を過ぎ、県道との合流点の❹**大門坂入口**から大門坂へ。那智の聖域と俗界を分けるという振ヶ瀬橋《ふりがせばし》を渡れば、推定樹齢800年の「夫婦杉」に迎えられる。大門坂はここから始まる。

古来、数多の参詣者がたどった大門坂は全長約600m、標高差約100m。鬱蒼とした杉木立の中に、石畳の堂々たる階段道が続いている。少し登ると、熊野九十九《くじゅうく》王子の最後の王子社、❺**多富気王子**《たふけ》がある。神仏に「手向け」をした場所からの名ともいわれる。坂を登り切った所にはかつて仁王像を安置する楼門があったというが今はなく、那智山駐車場に出る。

安堵も束の間、那智大社へはさらに467段の石段を上らねばならない。那智黒石の硯などを売るみやげ店が並ぶ階段を一歩ずつ。やがて鳥居が見え、念願の❻**熊野那智大社**に到着する。標高約350m、那智山中腹に、朱塗りの鮮やかな社殿が立ち並ぶ境内には、平重盛《たいらのしげもり》の手植えと伝わる推定樹齢850年の大クスノキもそびえる。その脇の門を潜れば、西国三十三所観音霊

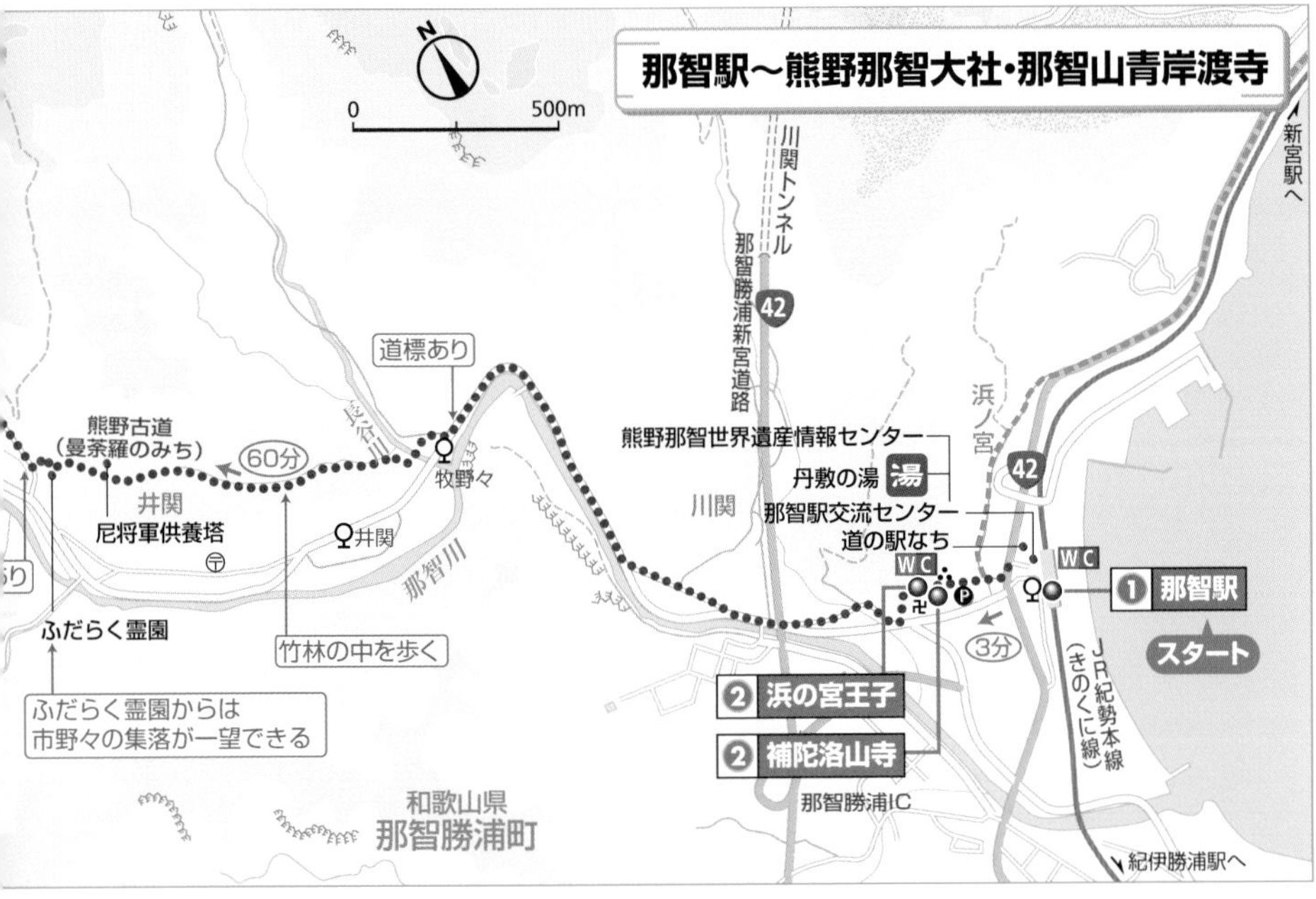

▶日本一の落差133mを誇る那智大滝は、飛瀧神社のご神体

◀如意輪観音像を祀る那智山青岸渡寺の本堂は、天正18年(1590)に豊臣秀吉が再建したもの

▶那智大滝への自然崇拝を祭祀の起源とする熊野那智大社

場一番札所の❼**那智山青岸渡寺**だ。今でこそ寺と神社に分かれているが、本来は一体の霊場。那智は熊野三山で唯一、神仏習合時代の姿を留める聖地である。

青岸渡寺の境内から那智大滝を遠望し、さらに急な石段を下って行くと、杉木立の間に❽**那智大滝**が見えてくる。滝の前には大滝をご神体とする那智大社の別宮・飛瀧《ひろう》神社があり、御滝拝所に入れば、間近に大滝を仰ぐことができる。聖なる大瀑布にパワーをいただいたら、石段を引き返し❾**那智の滝前バス停**から帰途に着く。

カフェ

Cafe codou《かふぇ こどう》

民家をリノベーションしたおしゃれなカフェ

大門坂近くの民家を改装したカフェ。木の温もりを感じながらくつろげる。バスクチーズケーキと紅茶など、日替わりの手作りケーキと飲み物を選べるケーキセットは700円。カレーライス700円やマグロポキ丼950円など、ランチメニューも充実している。

☎080-1411-3583
㊟和歌山県那智勝浦町市野々3009-5 ㊋11時30分～17時
㊡月・火曜(不定休あり)

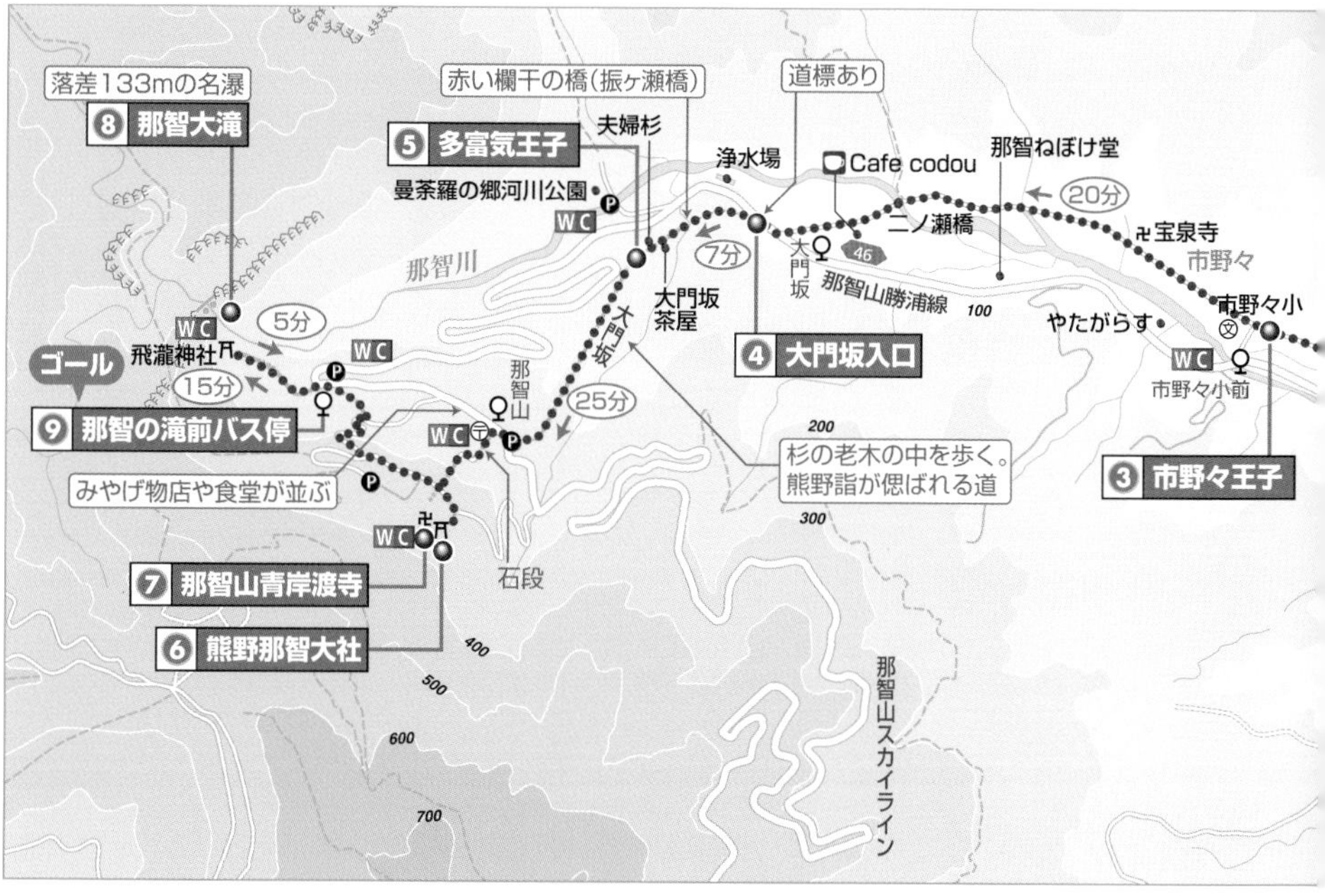

那智大滝を祭祀の源とする那智山中腹の聖地

熊野那智大社《くまのなちたいしゃ》

那智大滝を神と崇める原始の自然崇拝に信仰の起源をもつといわれる。熊野灘を望む境内に立つ熊野造の本殿には、熊野十二所権現に加えて那智大滝が神として祀られている。

▲神武天皇に見出されたとの伝説があり、飛瀧神社のご神体として祀られる那智大滝

▲熊野那智大社の牛玉宝印

☎0735-55-0321
㊟和歌山県那智勝浦町那智山1
㊋天王寺駅からJR紀勢本線特急で約3時間40分、紀伊勝浦駅下車、熊野御坊南海バス那智山行きで26分、終点下車、徒歩10分
㊕境内自由(宝物殿拝観300円)
㊐宝物殿8時30分～16時
Ⓟ30台(通行料800円)

那智原始林に包まれた高さ133mの断崖を一気に流れ落ちる那智大滝。那智大社はこの圧倒的な大瀑布に対する原始の自然崇拝に端を発するといわれる。また社伝によれば、神武天皇が東征の際、那智の海岸から那智山に光が輝くのを見て、滝を探り当て、神として祀ったという。のちの仁徳天皇5年(317)、熊野灘を望む現在地に新しい社殿を建て、神々を遷したと伝わる。

以後、熊野三山の一つとして熊野御幸の上皇や法皇らも参詣し、また平重盛や豊臣秀吉、徳川吉宗など時の実力者によって社殿の再興や改修が行われてきた。6棟からなる現在の朱塗りの本殿は、幕末期の再建とされ国の重要文化財に指定。第4殿に主祭神である熊野《くまの》夫須美大神《ふすみのおおかみ》を祀る。夫須美とは「結び」であり、

▲標高約350mの境内地に、本殿や拝殿、宝物殿などの社殿が立ち並ぶ

◀熊野造の本殿には熊野の神々とともに那智大滝が神として祀られている

万物を生成発展させる神と崇められる。この神を含め本宮、速玉大社と同じ12柱が祀られるが、那智大社では加えて那智大滝を神格化した「飛瀧《ひろう》権現」を祀ることから「十三所権現」ともよばれる。

本社境内から大滝入口の鳥居へ向かい、そこから鎌倉積みの石段を下りると、日本一の落差133mを誇る那智大滝の前に出る。ここには別宮の飛瀧神社があるが、大滝そのものをご神体とするため本殿はない。御滝拝所に入れば、聖なる大滝を間近で仰げ、滝のしぶきがふりかかる。また拝所入口では滝壺から引いた延命長寿のご神水が手水鉢に注がれ、神盃でいただくことができる。

那智の扇祭り

7月14日

熊野那智大社の例大祭で「那智の火祭」ともよばれ、国の重要無形民俗文化財に指定。祭神を遷した「扇神輿」が本社から那智大滝前の飛瀧神社に渡御。このとき参道石段で氏子たちが扇神輿を迎え、大松明で清める。昼でも暗い参道に炎が乱舞し、この年に一度の“里帰り”によって神々は霊力を新たにするという。また神輿渡御に先立つ午前中には、本社境内で那智田楽（ユネスコ無形文化遺産）などが奉納される。

▲燃え盛る大松明を担いだ氏子たちが参道を上り下りし、扇神輿を清める

西国三十三所観音霊場第一番札所の寺

那《な》智《ち》山《さん》青《せい》岸《がん》渡《と》寺《じ》

那智大滝から出現したという観音像を祀る庵に始まったとされる古刹。那智熊野権現を崇敬する神仏習合の一大修験道場として隆盛し、明治の神仏分離令を経て寺院となった。

▲那智熊野権現の霊場、修験の根本道場として隆盛し、現在では西国三十三所観音霊場第一番札所として多くの人が訪れる

西国三十三所観音霊場の一番札所として信仰を集める那智山青岸渡寺。今でこそ那智大社とは塀で隔てられているが、明治時代初期までは那智大社と一心同体で、熊野権現の「如意輪観音堂」だった。その由緒は古く、4世紀の仁徳天皇の時代にインドから那智に渡来した裸形《らぎょう》上人が、那智大滝で高さ8寸（約24㎝）の観音像を見出し、庵を結んで安置したのが始まりとされる。そして推古天皇の時代、生仏上人が入山して玉椿の大木に如意輪観音像を彫り、裸形上人の観音像を胸に納めて、祈願所として本堂を建立した。

のちに役行者が行を修めて、修験道の根本道場として隆盛し、平安時代中期から西国三十三所観音霊場の第一番札所として信仰を集めた。本宮や新宮と異なり、那智が今も神

☎0735-55-0001
㊟和歌山県那智勝浦町那智山8
㊋天王寺駅からJR紀勢本線特急で約3時間40分、紀伊勝浦駅下車、熊野御坊南海バス那智山行きで26分、終点下車、徒歩10分
㊕境内自由（三重塔拝観300円）
㊡三重塔9～16時最終受付
Ⓟ80台（通行料800円）

▲境内からは原生林に包まれて荘厳に流れ落ちる那智大滝と朱塗りが美しい三重塔が並ぶ絶景を眺めることができる

仏習合の遺風を強く残しているのは、こうした歴史があってのことだろう。

ご本尊は秘仏だが、お前立ちの如意輪観音像を拝観することができる。頬に手をあて、右膝を立て、左右の足裏を合わせる輪王座という独特の座り方をした優美なお姿。あらゆる願いを叶えてくれる「如意宝珠」を手にしている。

堂内には裸形上人の那智滝修行図や、役行者の像も安置され、ここが山岳修行の霊場だったことを伺い知ることができる。

境内の展望広場からは、雄大な那智大滝が望める。朱の三重塔と山の緑、そして滝の白いコントラストは絵を見るかのようだ。

◀熊野那智大社に隣接して立つ本堂は桃山時代の建築で、国重要文化財に指定されている

Column

豊臣秀吉が再建した本堂

那智山青岸渡寺の本堂は如意輪堂ともよばれ、現在の建物は天正18年（1590）、豊臣秀吉が再建したもの。桃山時代の建築様式を色濃く残す建物として、国の重要文化財に指定されている。堂内に吊り下げられている大鰐口も秀吉が寄進したもので、直径1.4m、重量450kgもある。表面には天正18年に建物を再興した趣旨と秀吉の名が刻まれている。

▲頭上の巨大な大鰐口には豊臣秀吉の名が刻まれている

Column

庶民への布教活動に用いられた聖地案内図

那智参詣曼荼羅《なちさんけいまんだら》を読み解く

那智山の全景の中に、さまざまな説話伝承を盛り込んだ那智参詣曼荼羅。中世、熊野比丘尼はこの絵画を携えて全国を行脚し、庶民に熊野信仰の普及と勧進を図った。

▲那智の浜に浮かぶ補陀落渡海船。赤い帽子を被った3人は平維盛の一行で、今まさに乗り込もうとしている

▶那智大滝に打たれる文覚上人。寒中のあまりの荒行で絶命しかけたところ、不動明王の使いの童子に助けられた場面を描いている

◀那智川に架かる二ノ瀬橋。右側には和泉式部が、橋の上には先達に導かれた白装束の夫婦が描かれている。川には禊をしている人がいる

中世、熊野詣が庶民に広まったのは、熊野三山の本願寺院（勧進元）に属した熊野比丘尼《びくに》とよばれる女性の布教活動によるところも大きい。その彼女らが布教・勧進に用いたのが『那智参詣曼荼羅』。縦横1.5mほどの紙面に泥絵具でカラフルに描かれた那智山案内図だ。霊場全景の中に、熊野信仰にまつわる説話伝承が時空を超えて盛り込まれたこの絵画を、比丘尼たちは絵解きして、人々の関心を誘ったのである。

左図画面の下が那智の浜で上が那智山。右下の大鳥居がそびえる所が那智山の入口で、浜の宮王子と補陀洛山寺《ふだらくさんじ》が立つ。ここは南海の彼方にあるという観音浄土・補陀《ふだ》落《らく》への出発地でもあり、目の前の浜にその渡海船が浮かんでいる。船に乗ろうとしているのは鳥居下にいる赤い帽子を被った3人。『平家物語』に入水のことが記された平維盛の一行という。

浜の宮の左の橋は那智川に架かる二ノ瀬橋。橋のたもとに華麗な姿で描かれている女性は平安中期の歌人・和泉式部だ。式部は熊野参詣を前に月の障りを覚えたが、熊野権現に参詣を許されたという伝承がある。現実に熊野は、女性や社会的弱者を含めあらゆる人々に開かれていたが、式部の伝承は比丘尼らによって広められ、女性の信者獲得に結びつけられた。

橋の上を見ると先達に導かれた白装束の夫婦が渡っている。庶民の象徴であろう夫婦は、この絵の各所に登場する。絵解きを見聞した人々は夫婦に自分たちの姿をだぶらせ、聖地への憧れを募らせたのだろう。

次の橋は聖域と俗界を分ける振ヶ瀬《ふりがせ》橋。橋を渡れば聖域で、杉木立の中に石段の大門坂が続いている。右手に熊野九十九王子の最後の王子である多富気《たふけ》王子があり、登り切った所に大門（仁王門）が立つ。大門を潜って右手に進むと奥之院を経て、那智大滝に至る。滝に打たれる荒行をしているのは平安末期～鎌倉初期の高僧、文覚《もんがく》上人。過酷な行で絶命しかけた上人を、不動明王に遣わされた2人の童子が救っている。

大滝の左の石段を上って行くと三重塔がそびえ、その左に本社の壮麗な社殿が立ち

▲那智参詣曼荼羅（正覚寺蔵）

並んでいる。瑞垣の奥に鎮まるのが本殿。南向きの5棟が横に並び、左端の下に合殿の八社殿が東向きに立つ。5棟は右から左に、那智大滝の神の滝宮、証誠殿《しょうじょうでん》（本宮の主神・家都美御子《けつみみこ》大神）、中御前（新宮の主神・速玉大神）、西御前（那智の主神・夫須美《ふすみ》大神）、若宮（天照大神）。八社殿には中・下の計8社の神々を祀る。この配置は今も変わらない。

本殿の下の大きな建物は拝殿で、その右の瓦葺きの建物は西国三十三所観音霊場第一番札所の如意輪堂。現在の那智山青岸渡寺《せいがんとじ》本堂である。まさに神仏習合であり、現在も那智大社と青岸渡寺は塀を隔てて隣接している。拝殿奥の斎庭《ゆにわ》に目をこらせば、貴人に交じって、あの白装束の夫婦がいる。貴賤を問わずだれにでも開かれていた熊野三山を象徴する描写といえようか。画面の左上は妙法山阿弥陀寺。女人高野といわれ、また死者の霊魂が詣でる寺とされてきた。「亡者の熊野詣」といい、人が死ぬと必ずこの山に詣で、鐘をひとつ撞くという。熊野には実にさまざまな信仰があった。

これほどの壮麗さはないにせよ、那智は基本的に今もこの曼荼羅に描かれたまま。図と見比べながら歩いてみるのも楽しい。

▲秘仏の木造千手観音立像（国重要文化財）を安置する本堂

補《ふ》陀《だ》洛《らく》山《さん》寺《じ》

補陀落渡海の歴史を伝える古刹

那智の浜近くにあり、補陀落渡海の拠点となったことで知られる世界遺産の古寺。補陀落渡海は南海の彼方にあると信じられた観音浄土・補陀落を目指し、那智の浜から小船で船出した一種の捨身行である（詳細はP75参照）。

寺の隣には熊野三所権現を祀る熊野三所大神《おおみわ》社（浜の宮王子）がある。明治時代以前、両者は一体のもので、那智権現の本地仏の千手観音を祀る千手堂が現在の補陀洛山寺にあたる。

寺伝によれば、那智山青岸渡寺と同じく仁徳天皇の時代（4世紀）に、裸形上人が開いたと伝わる。江戸時代まで那智七本願の一つとして隆盛。明治時代に神仏分離が行われた際、那智山の仏像仏具類がこの寺に移され、廃仏毀釈から守られた。

現在は天台宗に属し、正式には白華山補陀洛山寺という。本尊は木造千手観音立像（三貌十一面千手千眼観音立像）。平安時代後期の作で、国の重要文化財に指定されている。秘仏だが、1月27日、5月17日、7月10日の年3回開帳される。現在の本堂は平成2年の再建。

境内には渡海船の復元模型が展示され、渡海を遂げた僧たちの名を刻んだ平成4年建立の「補陀落渡海記念碑」がある。また寺の裏山には渡海上人の墓が立ち並んでおり、壮絶な捨身行として生きながら海に沈んだ僧たちを偲びたい。

☎0735-52-2523
住 和歌山県那智勝浦町浜ノ宮348
交 JR那智駅から徒歩3分
料 境内自由
時 本堂拝観は8時30分〜16時
P 20台

▶裏山には渡海上人の墓がある。「補陀洛山渡海宥照上人塔」のほか、祐尊、祐信、光林らの名があり、いずれも「勅賜補陀洛渡海○○上人」と記される

▼境内の補陀落渡海記念碑には25人の名が刻まれている

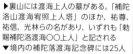

▲はるか南海の彼方の浄土を目指す補陀落渡海の出発点となった那智の浜

Column

補陀落渡海《ふだらくとかい》

南海の果てにある観音浄土への船出

かつて、南海の果てに観音菩薩の浄土・補陀落があるという信仰があった。補陀落とはサンスクリット語で観音浄土を意味する「ポタラカ」に由来する。そこでの往生を願って、わずかな食料と水を積んだ小船に閉じ込められ、沖に向かったのが補陀落渡海。自らの身を犠牲に人々の苦しみを救う捨身行で、実際には死出の旅だった。

補陀落渡海は高知の足摺岬や室戸岬などでも行われたが、最も知られるのが補陀洛山寺を拠点とし、那智の浜から船出するものだった。『熊野年代記』によれば、最初は貞観10年（868）の慶龍《けいりゅう》上人。この僧を含め平安時代に3回、室町・戦国時代に11回、最後の享保7年（1722）の宥照《ゆうしょう》上人を含め江戸時代に6回、合計20回の渡海が記録されている。その他の古文献にも渡海の記事があり、補陀洛山寺境内の渡海記念碑には25人の名前が刻まれている。その中には『平家物語』に入水往生の様子が描かれた平維盛の名もある。

補陀落渡海には独特の形の船が用いられた。船の上に屋形が取り付けられ、屋形の前後左右を4つの鳥居が囲んでいる。これは、死者は「発心門」「修行門」「菩薩門」「涅槃門」の4つの門を潜って浄土に往生するということに由来し、渡海船が葬送の船であることを示している。渡海僧が船内に入ると外から釘を打ち、曳船が引いて浜を離れる。2km沖の帆立島で帆を揚げ、さらに2km沖の綱切島で引き綱を切断。後は漂流するだけだった。

16世紀後半、補陀洛山寺の住職・金光坊《こんこうぼう》は途中で怖くなり、船板を破って脱出を図ったが、信者に見つかり海に沈められたという伝説もある。この事件後、生者の渡海は行われなくなり、補陀洛山寺の住職が亡くなった場合、補陀落渡海の作法で水葬を行うようになったという。

▲補陀洛山寺の境内に展示されている渡海船の復元模型。入母屋造の屋形の四方に鳥居が付けられている

▲険しい山中を行く中辺路最大の難所。写真は越前峠（標高870m）への登り

中辺路最大の難所、幽玄の古道を行く!!

那智山《なちさん》から大雲取越《おおぐもとりごえ》で小口《こぐち》の里へ

アクセス

【行き】 天王寺駅からJR紀勢本線特急で約3時間40分、紀伊勝浦駅下車、熊野御坊南海バス那智山行きで26分、終点下車。

【帰り】 小口バス停から熊野御坊南海バス神丸行きで12分、終点下車、同バス新宮駅行きで34分、終点下車（または小口から同バス志戸行きで16分、終点下車、同バス特急勝浦駅行きで32分、新宮駅下車）、JR紀勢本線特急で約4時間、天王寺駅下車。

問合せ

那智勝浦町観光案内所　☎0735-52-5311
新宮市商工観光課　☎0735-23-3333
新宮市観光協会　☎0735-22-2840

歩行時間　約5時間20分
歩行距離　約14.9km
歩行レベル　上級　体力★★★　技術★★★

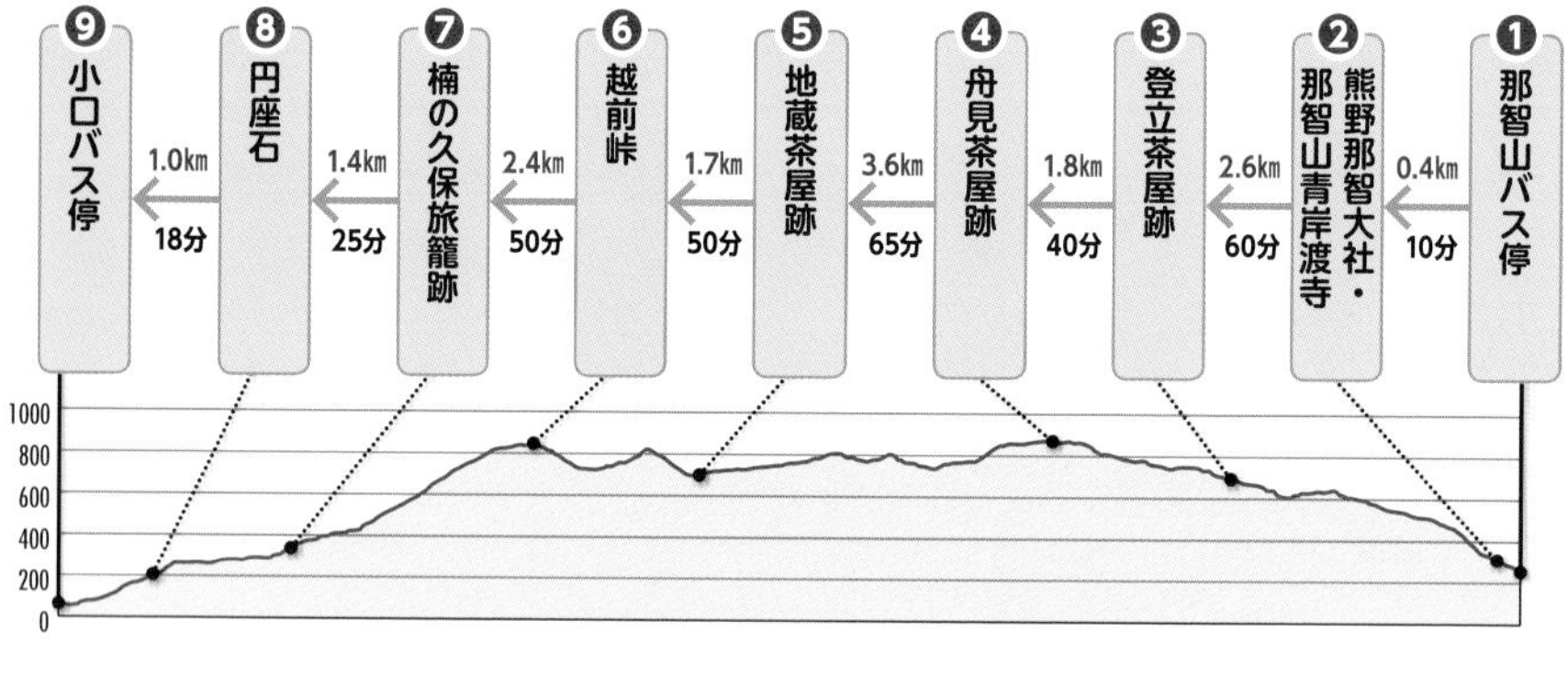

◀明るく開けた那智高原公園。トイレ、自動販売機などもある

▶青岸渡寺の鐘楼脇にある大雲取越の登り口。「熊野道」の石標が目印

◀熊野那智大社の朱塗りの鳥居。まず社前で道中安全を祈願していこう

那智山と本宮を結ぶ山岳ルート・大雲取越〜小雲取越《こぐもとりごえ》（コース⑩）は、中辺路最大の難所といわれ、標高差の大きい登下降が連続する。ここでは小口バス停を終点としたが、「小口自然の家」（P79参照）で宿泊し、翌日に小雲取越に挑む人が多い。

❶那智山バス停を降り、みやげ物店が軒を連ねる石段を上れば**❷熊野那智大社**の鳥居下に出る。お参りを済ませたら、隣接する**❷那智山青岸渡寺《せいがんとじ》**へ。鐘楼の右手が大雲取越の入口であり、「熊野道」の石標が立つ。登り口からは静かな石段が続く。阿弥陀寺への分岐を右にとり、しばらく進むと那智高原公園に出る。広場の縁に沿って坂を上ると駐車場があり、さらに進んで行くと再び林間の古道となる。

石畳の道は林道と並行しており、30分ほどで**❸登立《のぼりたて》茶屋跡**に着く。地元で「馬つなぎ」とよばれた茶屋で、西国三十三所名所図絵にも登場、苔むした石垣が残る。坂道と平坦道を繰り返しながら歩みを進めると、右に入った所に**❹舟見茶屋跡**がある。熊野灘や南紀勝浦温泉が一望でき、東屋もあってひと息入れるのにちょうどよい。舟見峠の下りは八丁坂とよばれ、急坂道は「亡者の出会い」として知られる。亡くなった人

▶このコースでは多くの石仏を見ることになる。写真は色川辻にある無縁地蔵。安政年間の銘が刻まれている

Column

ダルがとりつく「亡者の出会い」

舟見峠を過ぎた下り坂は「亡者の出会い」とよばれ、妖怪ダルが有名だ。山中で行き倒れた者の悪霊で、とりつかれると意識がぼんやりして歩けなくなるという。また空腹のときにつかれやすいが、米を一粒でも食べれば退散するので、昔の人は山中で弁当を食べるとき飯一粒でも残しておいたそうだ。明治時代にこの道を歩いた博物学者の南方熊楠もダルにつかれ、「精神茫然として足進まず」と書き残している。以来、握り飯と香の物を持って歩くようにしたという。道中に茶屋があったとはいえ、険しい上り下りが続く峠道。体力を激しく消耗し、空腹のあまり動けなくなって、命を落とした人もいたことだろう。ダルの伝説は、難所での遭難を防ぐための知恵として語り継がれてきたのかも知れない。

コースアドバイス

装備は充分に 時間配分にも注意して

距離が長く、アップダウンが激しく、最高所の越前峠は標高870m。スニーカーでは厳しく、少なくとも軽登山靴を履き、雨具は必携。コース上に売店や食堂はないため昼食の準備もお忘れなく。みどころを楽しみながら歩くには、なるべく早く青岸渡寺を出発したい。那智高原を除けば鬱蒼とした樹林帯が続き、日没の早い季節は特に注意が必要だ。小口での宿泊は小口自然の家と民宿がある。

◀地蔵茶屋跡。茶屋はもうないが石地蔵が小堂に祀られている

▶舟見峠からは「亡者の出会い」とよばれる八丁坂を下って行く

◀舟見茶屋跡からの眺望。しばし熊野灘の絶景を楽しみたい

が白装束で歩くのが見えるとも、ダルとよばれる妖怪がとりつくともいわれる。

坂を下り切ると安政年間の無縁地蔵を祀った小さな祠があり、色川辻《いろかわつじ》に出る。林道を左に20mほど進み、道標に従って右に入ると小川沿いの道となる。林道を横切っていったん下り、登り返すと再び林道と合流。そこからは舗装された林道の下りが20分ほど続く。途中の番号道標に「小口7・5㎞、那智7・0㎞」とあり、長い行程も半分まで来たことがわかる。下り切った❺**地蔵茶屋跡**には東屋とトイレがある。

石地蔵を祀る地蔵堂にお参りしたら、越前峠に向けて出発。苔に覆われた石畳の道は勾配を増し、石倉峠を越える（※令和3年7月現在、地蔵茶屋跡〜石倉峠は災害のため通行止め。迂回路あり。迂回路は通常ルートよりプラス約2㎞、プラス約30分）。峠からしばらく下り、突き当たった川沿いを進んで橋を渡ると、再び石畳の急登となり、❻**越前峠**に到着する。標高870m。中辺路の最高所だ。

ここからは胴切坂とよばれる難所。小口までの標高差800mをひたすら下る。最初は道も広く緩やかだが、やがて転げ落ちそうな石段となる。途中、❼**楠《くす》の久保旅籠《くぼはたご》**

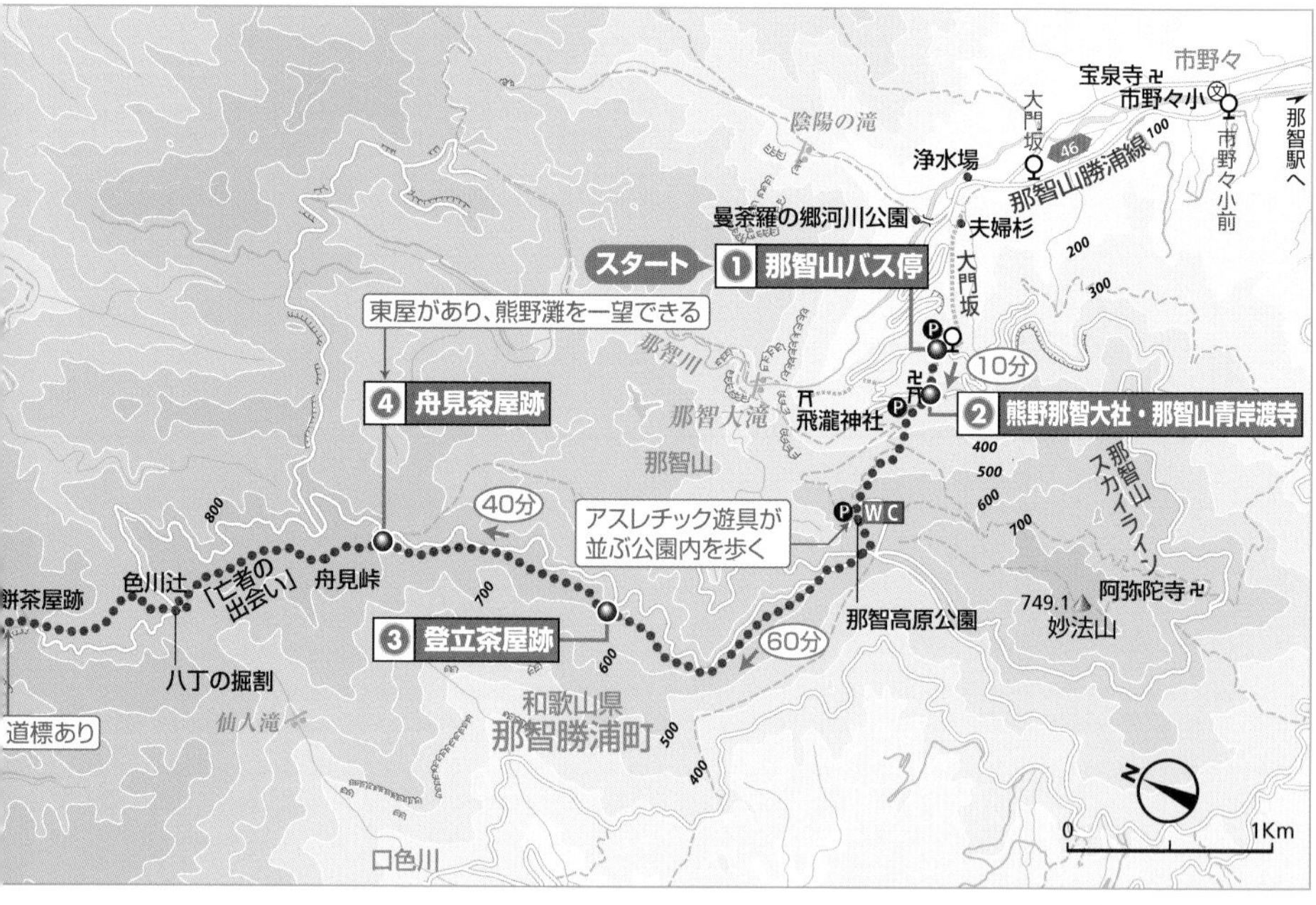

▲コース終盤にある円座石。苔や草に覆われて見えにくいが、上の方に梵字が刻まれている

▼地蔵茶屋跡から急坂を登って行くと石倉峠に達する

▶石倉峠付近。苔むした岩が点々と連なる幽玄の世界

跡を通る。江戸時代に10数軒の旅籠があり、大正時代にも「豆腐あります。風呂わいてます」を宣伝文句に営業する宿があったという。さらに下ると❽**円座石**《わろうだいし》とよばれる巨岩が現れる。「わろうだ」は円形の座布団の意味で、熊野の神々が集まり、談笑した場所とされる。石に刻まれた梵字は右から阿弥陀仏、薬師仏、観音仏を表し、本宮、新宮、那智の本地仏に重なる。

さらに下れば小口集落に出る。道なりに進んで行けば❾**小口バス停**。その先の橋を渡ると「小口自然の家」がある。

泊まる

小口自然の家《こぐちしぜんのいえ》

大雲取越・小雲取越の中間点にある緑と清流に囲まれた静かな宿

もと中学校の校舎を改装した宿泊施設。落ち着ける和室11室と広間などがあり、山越えの疲れを癒やすことができ、洗濯機も利用できる。屋外には多目的広場や、フリーサイトのキャンプ場(テント1張り1泊3200円)、炊事棟(20人未満の場合1人520円)がある。

☎0735-45-2434
㊟和歌山県新宮市熊野川町上長井398
㊕1泊2食付8000円～ ㊋IN15時／OUT9時

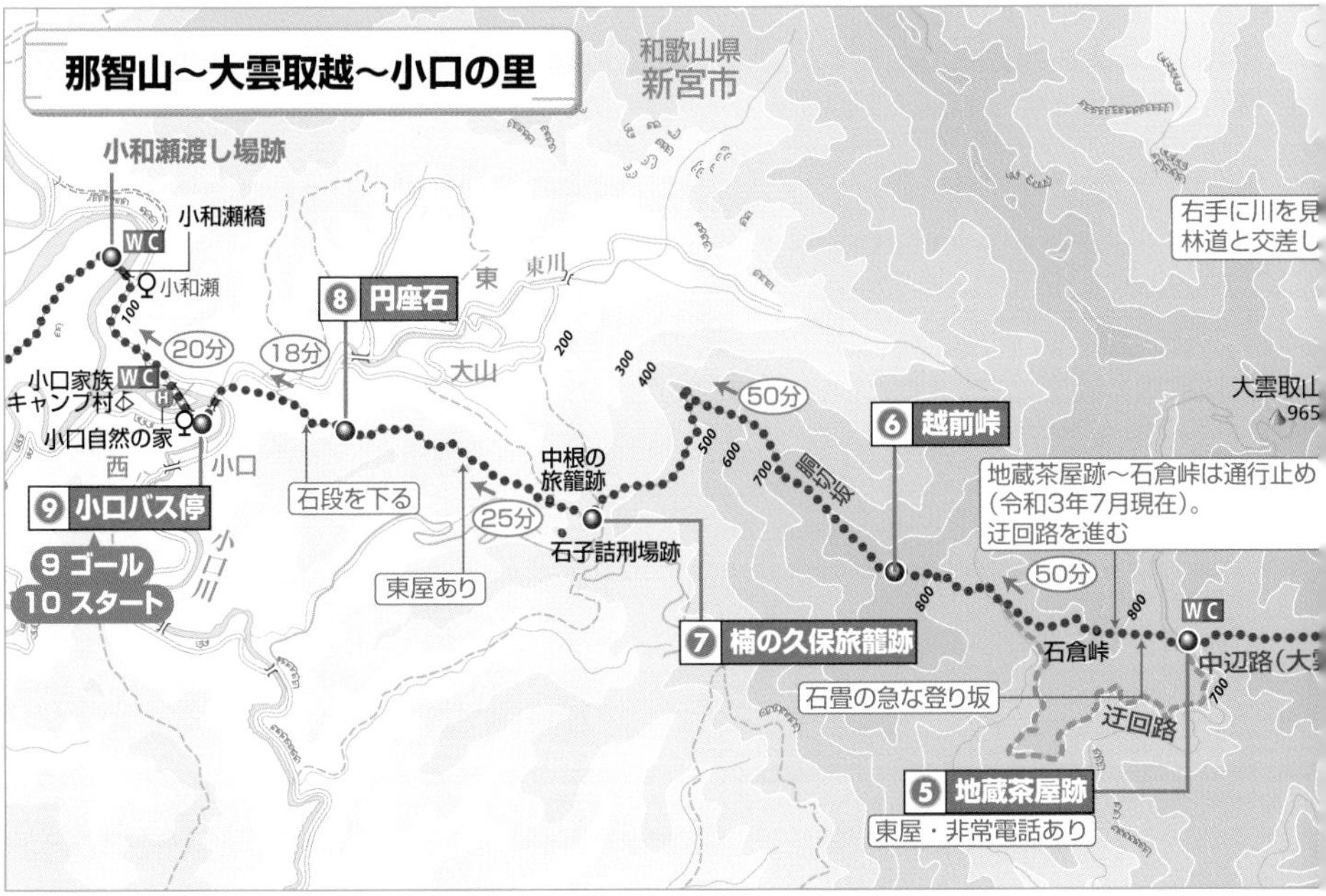

中辺路 10

小口《こぐち》の里から小雲取越《こぐもとりごえ》で本宮町の請川《うけがわ》へ

見事な眺望も楽しめる快適コース!!

▲眺望名所で知られる百間ぐら。熊野の山々を一望することができる

アクセス

【行き】 天王寺駅からJR紀勢本線特急で約4時間、新宮駅下車、熊野御坊南海バス本宮大社行きで34分、神丸バス停下車、同バス小口行きで12分、終点下車。

【帰り】 請川バス停から熊野御坊南海バス新宮駅行きで約1時間、終点下車、往路を戻る。※または請川バス停から路線バスで紀伊田辺駅へ。

問合せ

新宮市商工観光課 ☎0735-23-3333
新宮市観光協会 ☎0735-22-2840
熊野本宮観光協会 ☎0735-42-0735

歩行時間 約4時間25分
歩行距離 約13.0km
歩行レベル 中級 体力★★★ 技術★★★

① 小口バス停 → 1.0km 20分 → ② 小和瀬渡し場跡 → 2.4km 60分 → ③ 桜茶屋跡 → 0.5km 15分 → ④ 桜峠 → 1.6km 30分 → ⑤ 石堂茶屋跡 → 2.0km 45分 → ⑥ 百間ぐら → 1.7km 30分 → ⑦ 松畑茶屋跡 → 3.8km 65分 → ⑧ 請川バス停

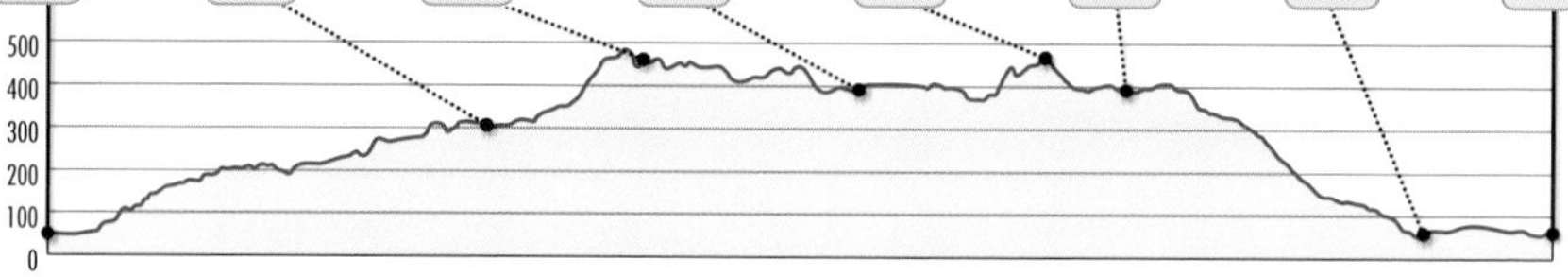

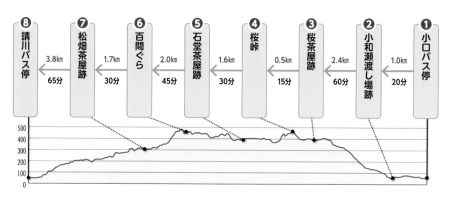

◀小和瀬渡し場跡。往時は水量などによって渡し賃が変わったという

▲小和瀬からの小雲取越の登り口。民家の脇の石段を上がり、山道に入る

▶その昔、村が栄えるようにとの願いで造立されたという尾切地蔵

小雲取越は大雲取越に続く山越えの道だ。ただ大雲取越よりアップダウンは少なく、桜峠を過ぎればほぼ緩やかな尾根道。眺望も楽しめる快適コースといえるだろう。

❶小口《こぐち》バス停から小和瀬《こわせ》渡し場跡を目指して出発。郵便局の前を過ぎると右に坂道があり、公民館の裏へ回り込んで小さな墓地を抜ける。石仏が祀られた林を下ると赤木川で、右に進むと**❷小和瀬渡し場跡**に出る。かつて渡し舟が運行し、巡礼者は銭を払って利用した。下流に堰があったため現在より水深が深く、歩いて渡るのは困難だったという。渡し賃は水の出方や深さによって上下した。今は小和瀬橋が架かり、脇に東屋とトイレがある。この先しばらく公衆トイレがないので済ませておこう。

小和瀬橋を渡ると、民家の脇から石段を上がって山道に入る。尾切《おぎり》地蔵を過ぎると急な石段の登りとなり、やがて右側に大きく視界が開ける。先ほど渡った赤木川も木の間越しに見渡せる。再び林に入って平坦道と登りを繰り返すと**❸桜茶屋跡**に着く。名前の由来は庭先に桜の大木があったことから。手前に見晴らしのいい東屋があり、正面に大雲取越が見渡せる。道行く旅人の姿を確認すると、茶屋の主人は急いで餅を

▶大雲取越に続く山越えの道のため小雲取越とよばれるが、大雲取越よりもかなり楽な道のり

Column

疲労困ぱい、藤原定家の雲取越

建仁元年（1201）、熊野三山の巡拝を終えた後鳥羽上皇の一行は雲取越で那智から本宮に向かった。雨の道中、しかも尋常な降り方ではなかったようで、付き従った藤原定家は、輿の中は海のごとくであったと嘆いている。道も険峻を極め、「心中夢の如し、いまだかくの事に遭わず」と記し、本宮に着いたときは「前後不覚」に陥った。現在なら大雲取越、小雲取越の中間点・小口集落で宿泊するのが一般的だが、後鳥羽上皇の一行は一気に本宮を目指したというから驚かされる。輿を担ぐ人は、さらに大変だったことだろう。石畳はあっても、道幅が狭かったり、谷が大きく切れ落ちる場所もある。そもそも雨の中、輿に乗るのは相当危険なはず。一行の難儀を想像しながら古道をたどるのもおもしろい。

コース アドバイス

小和瀬バス停から歩き始めるのも可

起点は小口バス停としたが、新宮駅方面からバスで来る場合、手前の小和瀬バス停で降りれば歩行時間を短縮できる。その場合、バス停の前が小和瀬渡し場跡となり、橋を渡って山道に上がる。石堂茶屋跡を過ぎると屋根のある休憩所がなく、雨の日はここで昼食を済ませる方がよい。百間ぐらへの登りは一部で道の細い所があり、通行に気をつけたい。なお請川から本宮大社へは約3.3㎞。

▶桜峠を過ぎると、雑木林の中の歩きやすい道となる

◀桜茶屋跡の休憩所からは正面に大雲取越が見渡せる

▶本コースはところどころで眺望が開け、快適な山歩きを楽しむことができる

ついたという。

❹**桜峠**は小雲取越の最高所で標高466m。峠を越えると雑木林の広がる快適な道となり、30分ほどで❺**石堂《いしどう》茶屋跡**に着く。江戸時代には2軒の茶店があって客を泊めた。茶屋跡の道端に立つのは「連理桜」の顕彰碑で、敷地の西側には茶店で働いた人々の墓石も残る。

しばらく進んで行くと右手に「賽《さい》の河原地蔵」が祀られている。無数の小石が積み上げられており、信仰の歴史を感じさせる。参詣途中に亡くなった巡礼者を供養する地蔵といわれ、またオオカミに襲われた子供の霊を慰めるためとも伝えられる。合流した林道を左に100mほど下るとトイレがある。

合流点に戻り、林道を横切って山道に入る。石畳の道を登って如法山の山腹を巻き、細い道を進むと❻**百間《ひゃっけん》ぐら**に出る。「ぐら」は高い崖の意味で、絶景ポイントとして知られている。果無《はてなし》山脈や大塔山系が正面に見渡せ、霧に煙る風景も神秘的だ。傍らには小さな石仏が祀られている。

ここを過ぎると尾根道から下り坂となり、伊勢路（本宮道《ほんぐうみち》）との分岐点がある。目的地の請川《うけがわ》までは残り4㎞ほど。歩きやすい

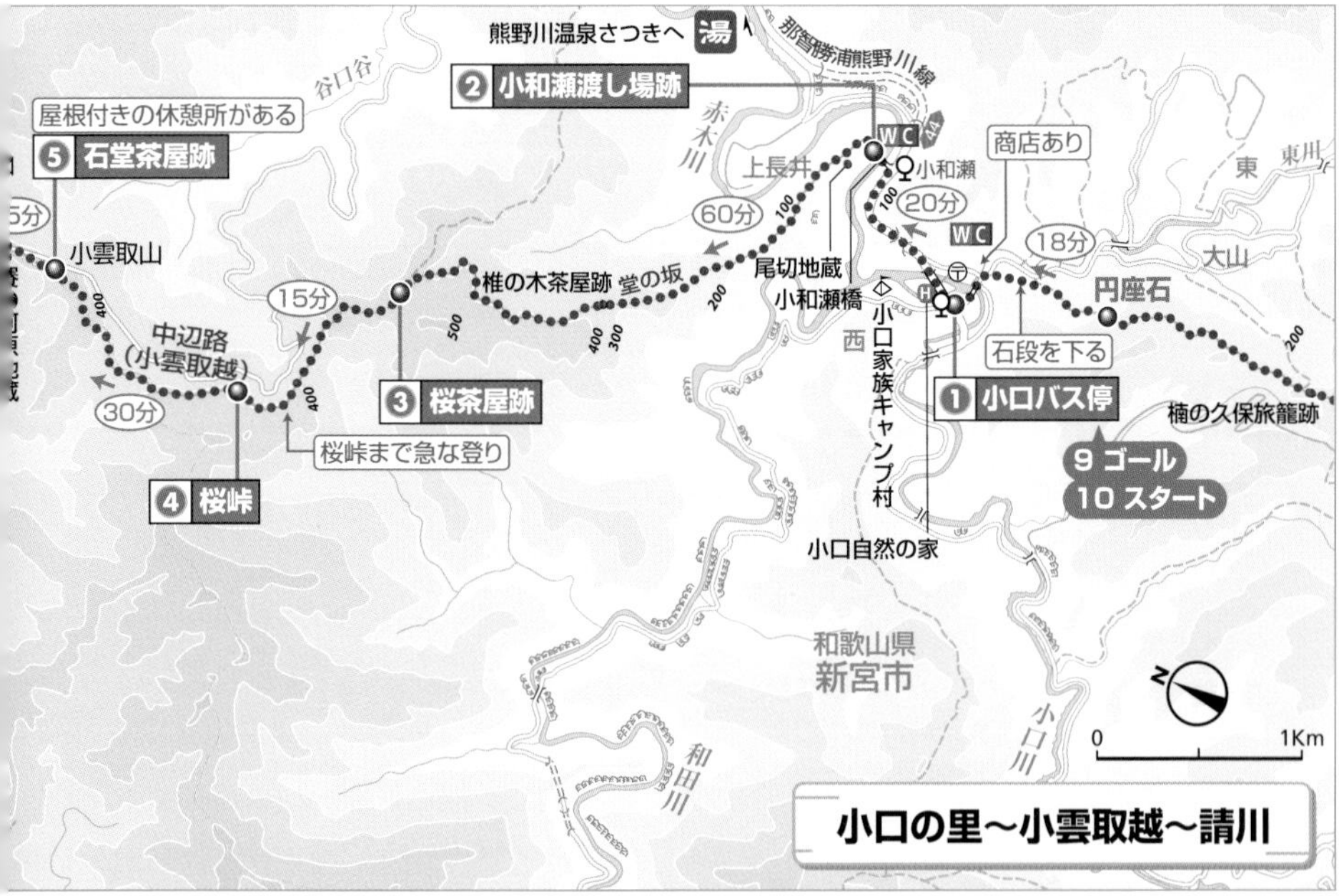

▲百間ぐらからの眺め。晴れの日はもちろん、霧に煙る風景もいい

◀石堂茶屋跡の先の古道沿いに祀られている「賽の河原地蔵」

▶石堂茶屋跡には屋根付きの休憩所がある。雨天時の弁当はここで

道を進むと5分ほどで❼**松畑茶屋跡**に出る。平坦地が2段に広がり、4、5軒の茶屋があったという。江戸時代の道中日記には、旅人が茶屋の子供の名付け親となったエピソードも記されている。

道はやがて下りとなり、車の音が聞こえ出すと請川の集落はすぐそこだ。雄大な熊野川を一望しながら民家の間を下って行くと国道168号に出て、ゴールの❽**請川バス停**に着く。歩いて25分ほどの所に川湯温泉（P53参照）があり、汗を流して帰るのもよい。

買う　ヤマザキ Y ショップ《やまざきわいしょっぷ》 しもじ本宮店《しもじほんぐうてん》

おみやげにおすすめ
名物のうすかわまんじゅう

全国に展開するYショップだが、こちらは自家製うすかわまんじゅうの人気店「しもじ」が運営しており、自慢の饅頭を1個130円から購入できる。あっさりしたこし餡を山芋入の皮で包んでおり、何個でも食べられそう。同じ餡を使ったあんドーナツ180円もある。

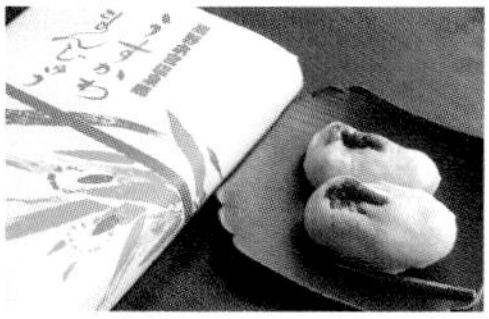

☎0735-42-0017
住 和歌山県田辺市本宮町請川329-3 時 8～18時 休 水曜

◀松畑茶屋跡。かつては4、5軒の茶屋が立ち並んでいたという

▲雄大な熊野川を望みながらゴールの請川バス停へ向かう

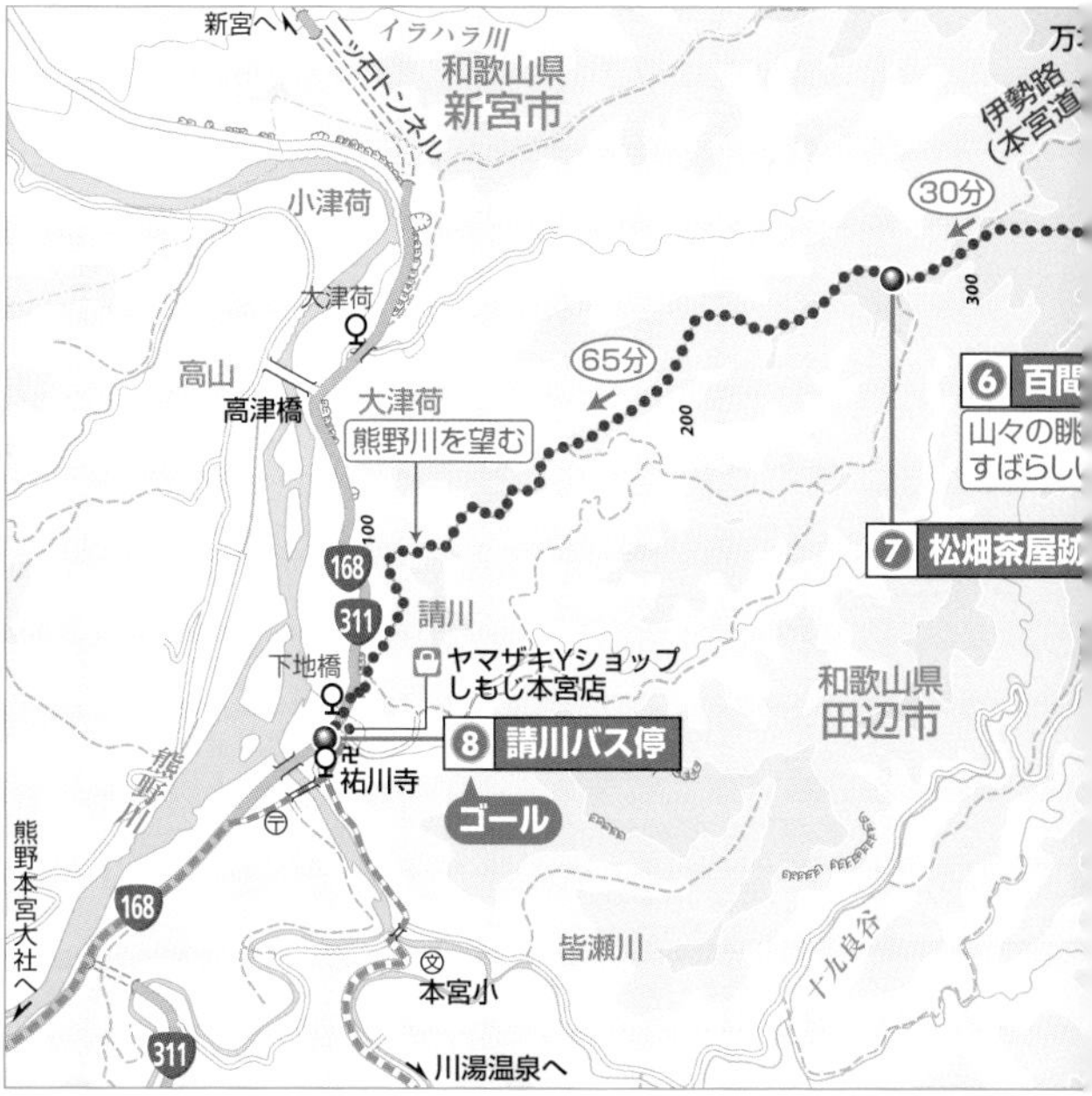

太平洋を望んで歩く文人墨客も愛した道!!

大辺路《おおへち》

大辺路は田辺からさらに南下し、本州最南端の串本を経て、那智山麓の浜の宮で新宮からきた中辺路と合流する。紀伊半島を大回りするため、中辺路より距離は長いが、海を望む風光明媚さから近世の文人墨客や物見遊山を兼ねた庶民に好まれた。

大辺路の沿岸部の道の大半は、JR紀勢本線や国道42号線などに吸収され、本来の姿を留める箇所は少ないが、峠道などに往時の面影を残している。白浜町の富田《とんだ》坂や仏《ほとけ》坂、すさみ町の長井坂などだ。とりわけ天然林の間から枯木灘《かれきなだ》（太平洋）が見え隠れする長井坂は人気コース。また富田坂と仏坂の間の日置《ひき》川には「安居《あご》の渡し」が復活しており、熊野古道で唯一、渡し舟に乗るコースとなっている。串本から古座の道は南紀の青い海を眺めながらのウォーキングが楽しめる。

❶長井坂から望んだ枯木灘と見老津（みろづ）漁港　❷昔の旅人の気分にさせてくれる「安居の渡し」　❸串本〜古座コースの途中にある鬮野川（くじのかわ）辻地蔵　❹天然林に覆われた長井坂は明るく歩きやすい道

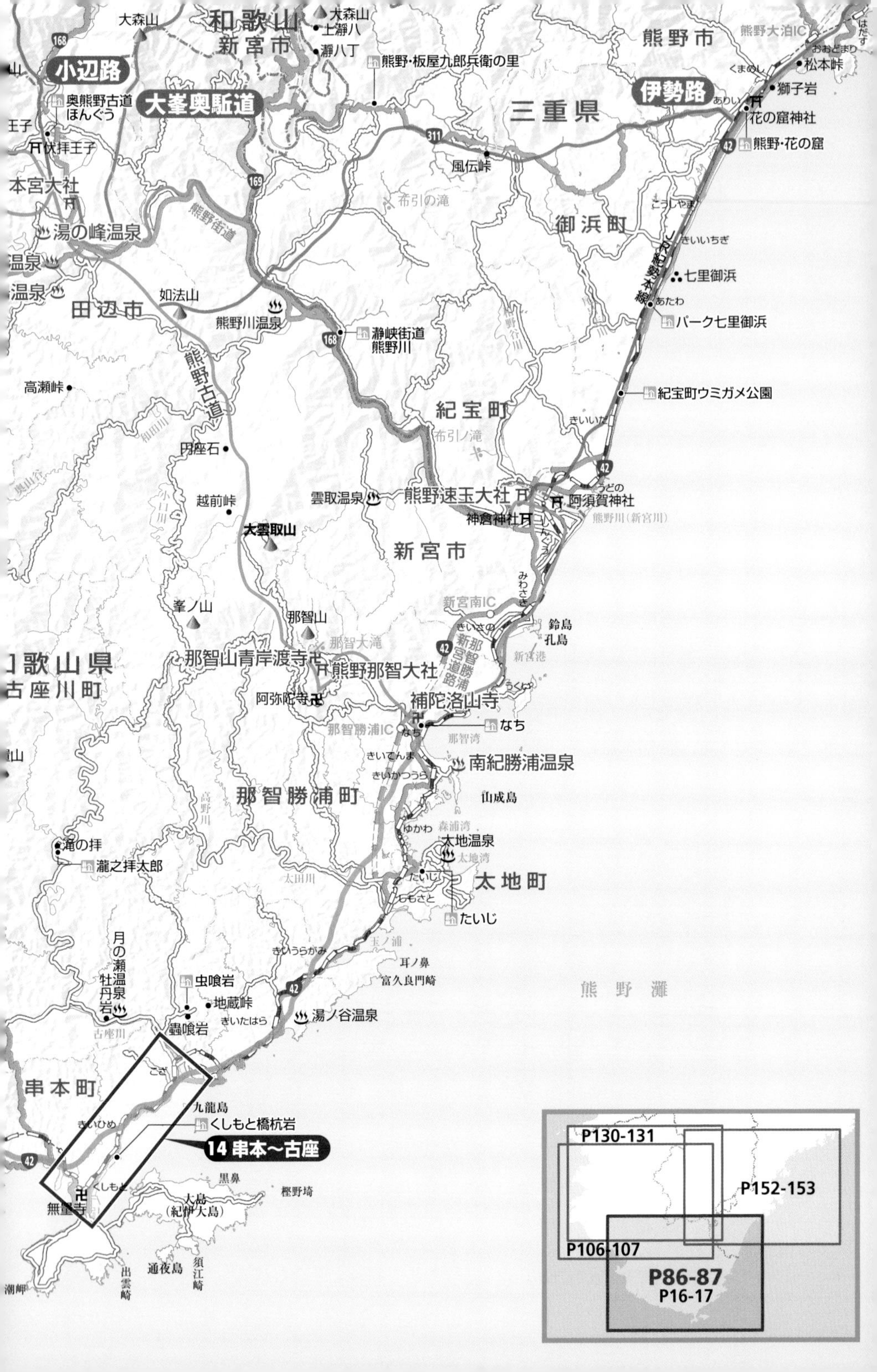
和歌山
新宮市
熊野市
三重県
小辺路
大峯奥駈道
伊勢路
大森山
上瀞八
瀞八丁
熊野・板屋九郎兵衛の里
熊野大泊IC
おおどまり
松本峠
くまのし
獅子岩
ありい
花の窟神社
熊野・花の窟
奥熊野古道 ほんぐう
伏拝王子
本宮大社
湯の峰温泉
熊野街道
風伝峠
布引の滝
こうしやま
御浜町
きいいちぎ
七里御浜
あたわ
パーク七里御浜
田辺市
如法山
熊野川温泉
瀞峡街道 熊野川
熊野古道
高瀬峠
紀宝町ウミガメ公園
紀宝町
きいいだ
布引ノ滝
円座石
越前峠
雲取温泉
熊野速玉大社
阿須賀神社
うどの
神倉神社
熊野川（新宮川）
大雲取山
新宮市
みわさき
新宮南IC
峯ノ山
那智山
きいさの
鈴島
孔島
那智大滝
新那智勝浦道路
新宮港
和歌山県
古座川町
那智山青岸渡寺
熊野那智大社
うくい
阿弥陀寺
補陀洛山寺
那智勝浦IC
なち
那智湾
きいてんま
南紀勝浦温泉
きいかつうら
山成島
那智勝浦町
高野川
ゆかわ
森浦湾
太地温泉
太地湾
滝の拝
瀧之拝太郎
たいじ
太地町
太田川
しもさと
玉ノ浦
きいうらがみ
耳ノ鼻
富久良門崎
月の瀬温泉
牡丹岩
虫喰岩
地蔵峠
きいたはら
湯ノ谷温泉
熊野灘
古座川
蟲喰岩
こざ
串本町
九龍島
きいひめ
くしもと橋杭岩
14 串本～古座
黒島
樫野埼
くしもと
無量寺
大島（紀伊大島）
潮岬
出雲崎
通夜島
須江崎
P130-131
P152-153
P106-107
P86-87
P16-17

大辺路ルート

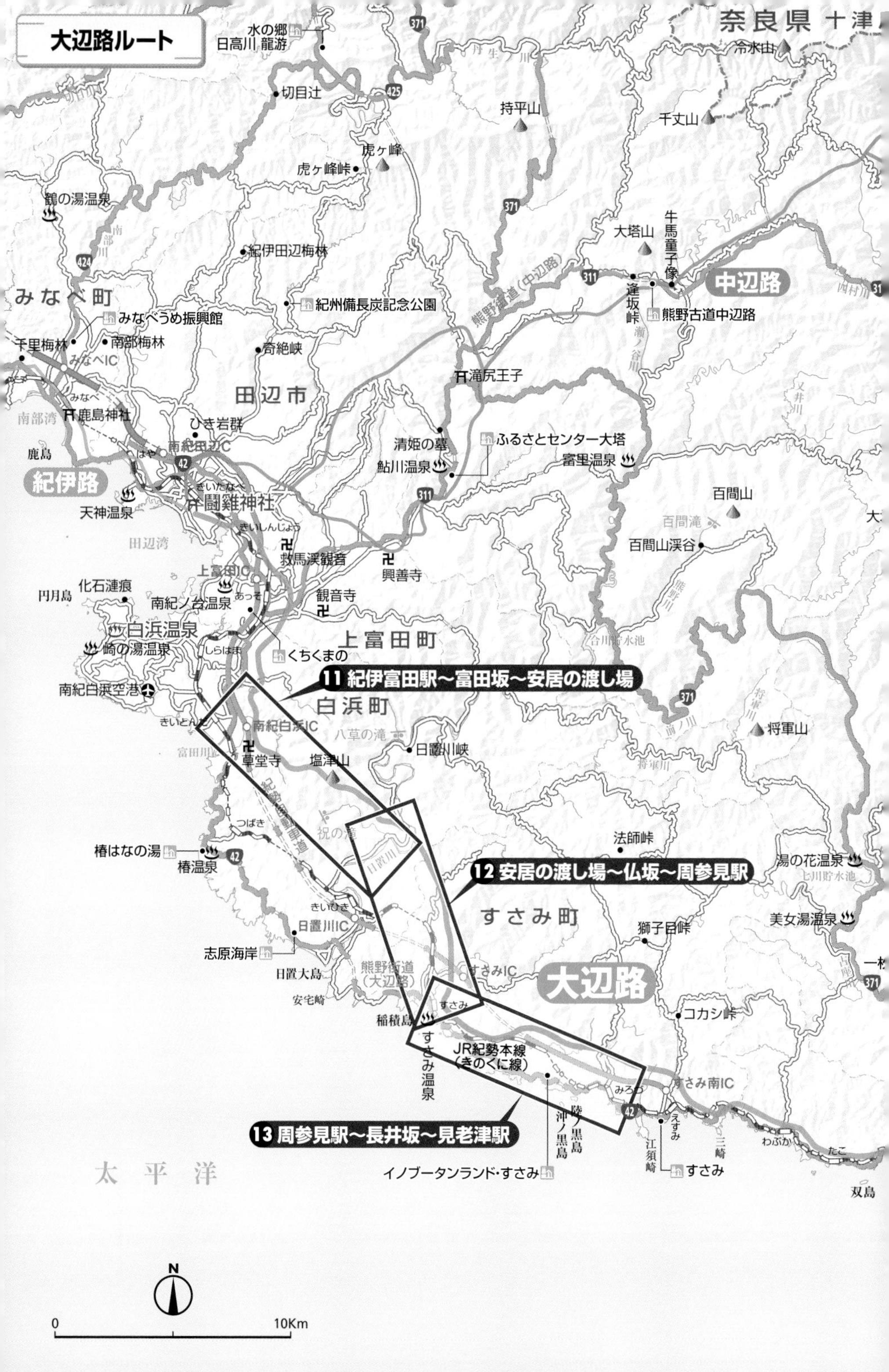

奈良県
十津川
水の郷 日高川 龍游
371
425
切目辻
持平山
冷水山
千丈山
虎ヶ峰
虎ヶ峰峠
鶴の湯温泉
424
南部川
371
紀伊田辺梅林
大塔山
牛馬童子像
311
逢坂峠
中辺路
熊野古道（中辺路）
紀州備長炭記念公園
熊野古道中辺路
みなべ町
みなべうめ振興館
千里梅林
南部梅林
みなべIC
奇絶峡
滝尻王子
田辺市
南部湾
鹿島神社
ひき岩群
ふるさとセンター大塔
清姫の墓
鹿島
南紀田辺IC
42
鮎川温泉
富里温泉
紀伊路
天神温泉
311
闘雞神社
百間山
百間滝
田辺湾
救馬渓観音
興善寺
百間山渓谷
上富田IC
化石漣痕
円月島
南紀ノ台温泉
観音寺
白浜温泉
崎の湯温泉
上富田町
くちくまの
合川貯水池
11 紀伊富田駅～富田坂～安居の渡し場
南紀白浜空港
白浜町
371
南紀白浜IC
八草の滝
日置川峡
将軍山
草堂寺
塩津山
将軍川
祝の滝
日置川
法師峠
椿はなの湯
椿温泉
42
湯の花温泉
七川貯水池
12 安居の渡し場～仏坂～周参見駅
すさみ町
日置川IC
獅子目峠
美女湯温泉
志原海岸
熊野街道（大辺路）
すさみIC
日置大島
大辺路
371
安宅崎
稲積島
すさみ
コカシ峠
すさみ温泉
JR紀勢本線（きのくに線）
すさみ南IC
42
陸ノ黒島
沖ノ黒島
江須崎
三崎
13 周参見駅～長井坂～見老津駅
イノブータンランド・すさみ
すさみ
太平洋
双島
N
0
10Km

▲安居辻松峠に立つ舟型光背の石地蔵。昭和18年の山火事で焼失するまで辻松もあった

大辺路の難所・富田坂を含むロングコース!!

紀伊富田《とんだ》駅から富田《とんだ》坂《ざか》を越えて安居《あご》の渡し場へ

アクセス

【行き】 天王寺駅からJR紀勢本線特急で約2時間10分、白浜駅下車、同線普通列車で3分、紀伊富田駅下車。

【帰り】 安居バス停から白浜町コミュニティバス（予約運行便につき要注意。詳細はP91本文末を参照）で14分、紀伊日置駅下車、JR紀勢本線で17分、白浜駅下車、同線特急に乗り換え往路を戻る。

問合せ

白浜町観光課	☎0739-43-5555
南紀白浜観光協会	☎0739-43-3201
日置川観光協会	☎0739-52-2302

歩行時間 約4時間

歩行距離 約13.1km

歩行レベル 上級 体力★★★ 技術★★★

❶ 紀伊富田駅 → 1.8km 30分 → ❷ 草堂寺 → 0.3km 10分 → ❸ 一里松跡 → 3.6km 65分 → ❹ 峠の茶屋跡 → 0.9km 20分 → ❺ 安居辻松峠 → 2.5km 45分 → ❻ 祝の滝分岐 → 2.6km 45分 → ❼ 三ヶ川バス停 → 1.1km 17分 → ❽ 安居の渡し場 → 0.3km 5分 → ❾ 安居バス停

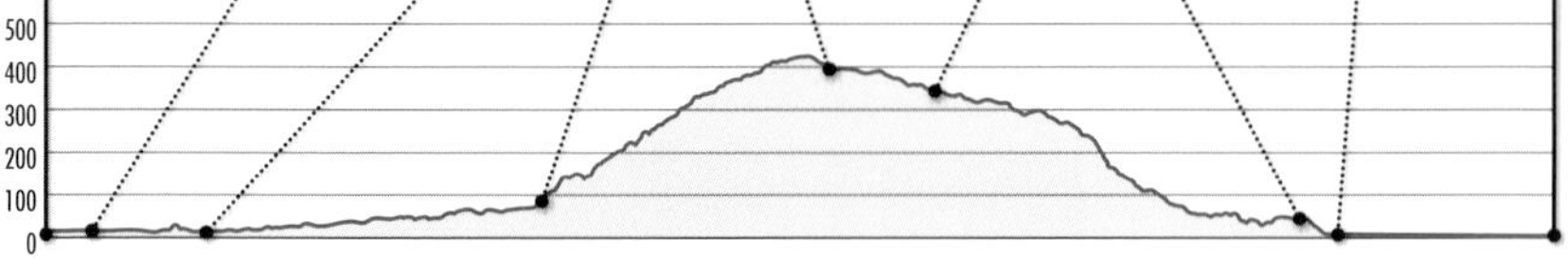

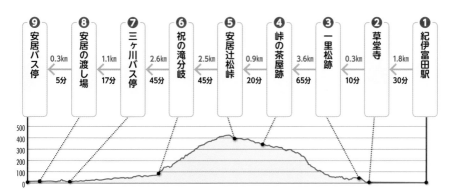

◀富田川に架かる富田橋。昔の熊野参詣の旅人たちはこの川を徒歩で渡った

▶城のような石垣の草堂寺。境内にはゆかりの華道家元による石碑などが立つ

◀富田坂入口となる草堂寺脇の階段。階段は竹林の道へと続く

❶**紀伊富田駅**《きいとんだ》からまず富田橋を目指す。富田橋を渡った国道42号の信号の所で民家の間の道へ入り、芝生会館を過ぎ、飛鳥橋を渡ると、やがて境内が世界遺産になっている❷**草堂寺**《そうどうじ》だ。この寺は丸山応挙や長沢芦雪《ろせつ》の障壁画を所蔵することで有名だが残念ながら非公開。石垣を回った角に富田坂入口への道標や案内板があり、「くまのみち富田坂」の簡潔明瞭な説明で、富田坂の歴史的位置付けが把握できる。そこからは寺の石垣に沿う石段を上がって行く。

竹林の中を進み、一里を示す松があった場所という❸**一里松跡**を過ぎてすぐ要害山城跡の案内板に出合う。城跡の山を木立の間を透かして見られるスポットだ。城跡を直に体験したければ、少し先のコース上の分岐から立ち寄ることができる。

林道を進み、紀勢自動車道を潜るとすぐ要害山城跡への分岐。林道が尽きるまで行くと、大辺路の難所「富田坂七曲がり」の山道が始まる。やや急勾配の登りが続くものの2㎞弱、30分も歩けば勾配がやわらぎ、そして平坦な尾根道に変わる。

❹**峠の茶屋跡**は尾根道の左側、木立の中に広がっており、休憩ポイントとするのもいい。この茶屋は大正8年（1919）ご

▶難所の急坂の下りでも、距離道標12を過ぎた付近でこのような眺望が楽しめる

Column

要害山城《ようがいさんじょう》（馬谷城《うまんたにじょう》）跡

コース上の分岐から紀勢自動車道の傍の階段道を登ること5分、三の曲輪跡、そして主郭（本丸）跡に着く。この山城は応仁の大乱から20数年を経た戦国期に安宅氏が築いた山城の一つで、国の史跡に指定。標高約90mの尾根上に60坪ほどの削地が広がり、石垣もごく一部が外周に残るが「兵どもが夢の跡」。主郭跡からは富田橋などを遠望できる。三の曲輪続きの尾根筋にも櫓跡なのかわずかに平地があり、そこから自動車道を見下ろせば対比鮮明。城跡や古道のたどった歳月も見えるかのようだ。

▲三の曲輪続き尾根から見下ろす自動車道路。トンネルに消える路面が足元をも貫く

コースアドバイス

魅力ある尾根道歩きだが舗装林道の下りが難所

富田坂の魅力は古道感豊かな山坂道と平坦な尾根道。ロングコースだが実質的な古道にあたる山坂道と尾根道は合算しても4㎞程度とさほど長くはない。それよりも舗装林道の急な下りが難所。足元は山道よりしっかりしているが、その分、膝への負担に気をつけて。下り切った先にはのどかな林道ウォーキングが待つ。健脚派は安居の渡し場跡から、そのまま渡し舟で仏坂へ向かってもよい。

◀「竜首展望」からの眺め。尾根筋などを竜の首に見立てたのだろう

▶富田坂茶屋跡に残る往時使われていた石臼の破片。尾根伝いの平坦道は「茶屋の段」とよばれた

◀林道の尽きた所が「富田坂七曲がり」の東側の登り口

ろまで営業しており、跡地には往時に使われていたものとされる石臼の破片が残っている。

茶屋跡近くの路傍には小さな石仏が佇んでいる。さらに進むとやがて「田野井・椿」分岐だが、必ず左、安居辻松峠への道を取ること。ごく一部石畳が敷かれていたり、眺望絶佳の「竜首展望」があったりとこの尾根道はみどころが多く、❺**安居辻松峠**《あごつじまつ》の路傍にも旅人を見守るかのように船形光背の石仏が立つ。

林道合流後の地道の下りは、駐車場のような広場の前を過ぎたあたりで見晴らしがよくなり快適だが、やがて舗装路に変わり、さらに九十九折れとなる。この九十九折れにはショートカット用山道への分岐がところどころにあり、道標も備えられているが林道を外れずに進む。

林道の坂を下り切った所が❻**祝**《しゅく》**の滝分岐**。「富田坂東登り口」にあたり、男女共用の簡易トイレが設置されている。この分岐から「祝の滝」へは約1㎞、約15分で行くことができ復路もほぼ同じ道程。水量の多いときは落差10mの飛瀑が見られるといい、時間があれば立ち寄ってもよい。

祝の滝分岐から三ヶ川《みかがわ》バス停まではゆる

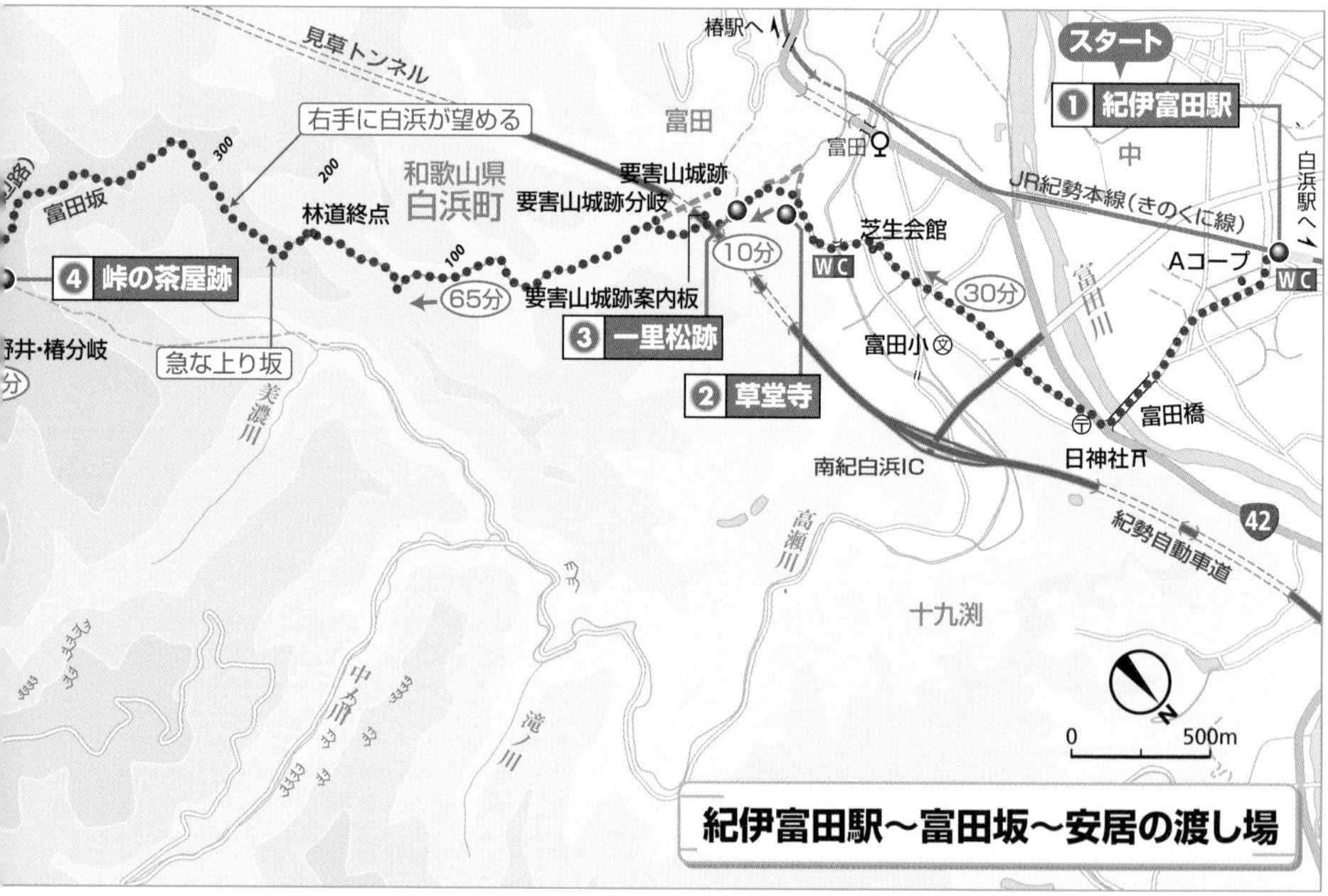

紀伊富田駅～富田坂～安居の渡し場

◀梵字塔。上から順に大日、弥陀、勢至、観音など十仏を梵語の種字で表現している

▶三ヶ川バス停近くの県道から見る日置川。安居の渡し場付近も見える

◀三須和神社。鳥居の右後方に立つ碑は、江戸末期の潅漑水路建設を顕彰する安居暗渠碑

やかな林道の下りが続く。距離はあるが、車はまず来ないのどかなウォーキングとなる。梵字塔を過ぎ、清流三ヶ川沿いの道を行く。川は途中で伏流し、庚申塔あたりからは水無川だ。

林道が県道に合流する所に❼**三ヶ川バス停**がある。県道からの日置川《ひき》の眺望は雄大だ。ここで終えてもいいが、安居暗渠碑の立つ三須和神社を見て、日置川の❽**安居の渡し場**まで進んで行こう。歴史的には「渡し場跡」だが、近年に復活した渡し舟が運航する現役の「渡し場」である（詳細はP92参照）。そこから引き返すと❾**安居バス停**がある。

安居バス停からJR紀伊日置駅までは約6㎞。白浜町コミュニティバスが運行しているが、富田坂ウォーク終了後に利用可能な便は13時21分と15時55分の2本（令和3年7月現在。ただし日曜、祝日と年末年始は運休）で、いずれも乗車時間の2時間前までに電話予約が必要だ（予約のない便は運行されない）。予約は明光タクシー☎0739-42-2727へ。また次コースの仏坂ウォークに適する紀伊日置駅発の便は9時28分、11時25分の2本で、これも2時間前までの電話予約で利用する。

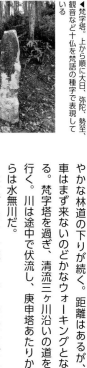

Column

安居《あご》の渡し

現代に蘇った渡し舟で日置川を渡る

▲清流・日置川に復活した渡し。川幅は30mほどだが、ゆっくり時間をかけて渡してくれる

熊野古道大辺路で唯一、舟で渡るのが「安居の渡し」。富田坂《とんだざか》を下った安居集落にあり、この舟で日置《ひき》川を渡り、対岸から仏坂《ほとけざか》へ向かうことができる。

日置川河口から約9km、富田坂と仏坂の中継点に位置する安居は古くから交通の要衝として発展。近世に熊野参詣の旅人が増えると渡し場が設けられた。当時の大辺路はれっきとした官道。紀州藩主などが大勢の随行者とともに渡る際は、川に舟を45艘並べてその上に板をのせた舟橋を架けたという逸話も残る。

その後も幹線道の渡しとして重要な役を果たしてきたが、昭和29年に廃止。しかし熊野古道が世界遺産に登録された翌年の平成17年、地元の材木商が寄贈した舟をもとに地元有志による「安居の渡し保存会」が半世紀ぶりに復活させた。

渡しは2隻体制で運用されている。普段1隻だが一度に多人数が重なる場合は2隻がフル回転する。1隻に船頭が2名。保存会の会員7名が予約に応じて交替で務める。全員が60歳以上のボランティアだ。乗船予約は基本的に利用3日前までに。船頭の手配があるので特に多人数の場合、早めの予約がありがたいという。

▲地元の保存会の会員が船頭を務める

▶地元産の杉で作られた乗船手形を記念にもらえる

◀舟は全長7.5m、幅1.6m。伝統的な木造の川舟だ

安居の渡し

☎080-2569-2288

（予約専用電話※平日9～17時）

完全予約制。利用日の3日前までに電話で利用日時、人数、代表者連絡先を告げる。1人から利用できる。料金は1人500円（「乗船手形」付）。

渡し舟と仏坂越で江戸時代の旅人になる!!

安居《あご》の渡し場から仏坂《ほとけざか》を越えて周参見《すさみ》駅へ

▲古書に火解坂とも書かれる仏坂は古来、大辺路の難所の一つに数えられた

アクセス

【行き】 天王寺駅からJR紀勢本線特急で約2時間10分、白浜駅下車、同線普通列車で17分、紀伊日置駅下車、白浜町コミュニティバスで14分、安居バス停下車（バスは予約運行便につき要注意。詳細はP91本文末を参照）。

【帰り】 周参見駅からJR紀勢本線特急で約2時間30分、天王寺駅下車。

問合せ

日置川観光協会　☎0739-52-2302
すさみ町観光協会　☎0739-34-3200

歩行時間　約3時間15分
歩行距離　約10.8km
歩行レベル　中級　体力★★★　技術★★★

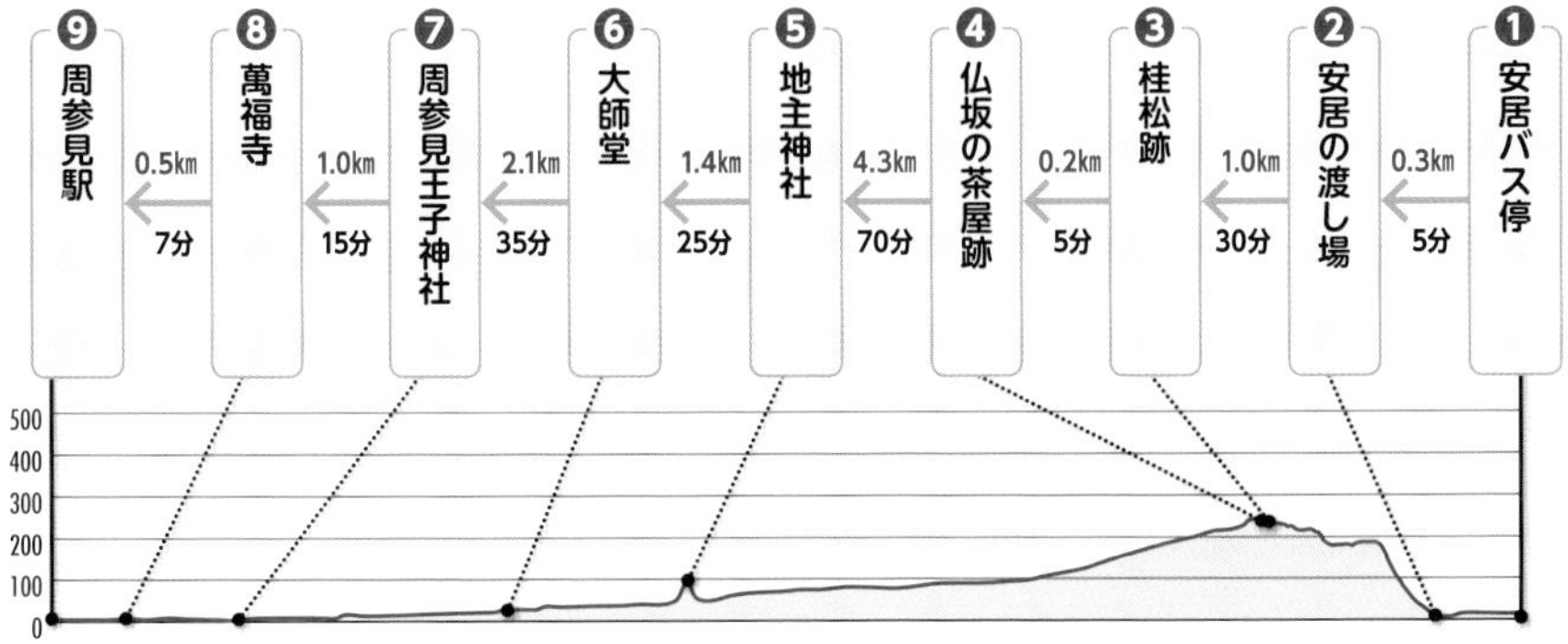

▲昭和13年（1938）前後まで営業していたとされる仏坂の茶屋跡

▲安居の渡し場は江戸期以来の旧跡にして現役。ここから仏坂登り口へ渡る

コースアドバイス

仏坂を楽しんだ後はピクニック気分で

地道と舗装路の割合が1対6と偏っているのが本コースの特徴。舗装路重視の装備が適切だろう。渡し舟体験ができ、山坂道は初心者にも容易。残りの道は周参見での食事を楽しみに歩こう。トイレがスタート地点とゴール近くにしかない点に注意。

❶安居バス停で下車し、**❷安居の渡し場**から渡し舟で日置川を越える（乗船方法はP92参照）。なお紀伊日置駅から安居バス停へ向かうバスは便数が非常に少ないので、事前の時間確認は必須（P91本文末尾参照）。紀伊日置駅から安居バス停まで歩くなら、日置川沿いの平坦な県道を6㎞、約1時間30分の道のりとなる。

さて復活した渡し場で船頭さんに舟賃500円を手渡し、通行手形を受け取って乗船。2～3分で対岸に着き、林へ少し入ると仏坂の登り口がある。鬱蒼たる杉木立の中の山道は杉葉などが散り敷き、踏み心地抜群だ。坂を登り詰めて**❸桂松《かつらまつ》跡**、**❹仏坂の茶屋跡**を過ぎるとすぐ林道との合流点に達する。登り口から30分少々の道のり。そこから緩やかな林道下りとなる。合流点から入谷橋へ通じるルートが通行困難のためこの林道を利用するのだが、軽快なウォーキングが下村バス停、入谷橋へと続く。

下村バス停から堀切踏切までは一本道の県道。その間、擁壁に祀られた地蔵などが見られる。合掌すれば昔の旅人の心境。社殿がなく、山そのものを神体とするいにしえの信仰形態の**❺地主《じぬし》神社**や、148段の石段を登る**❻大師堂**にも立ち寄りたい。頭

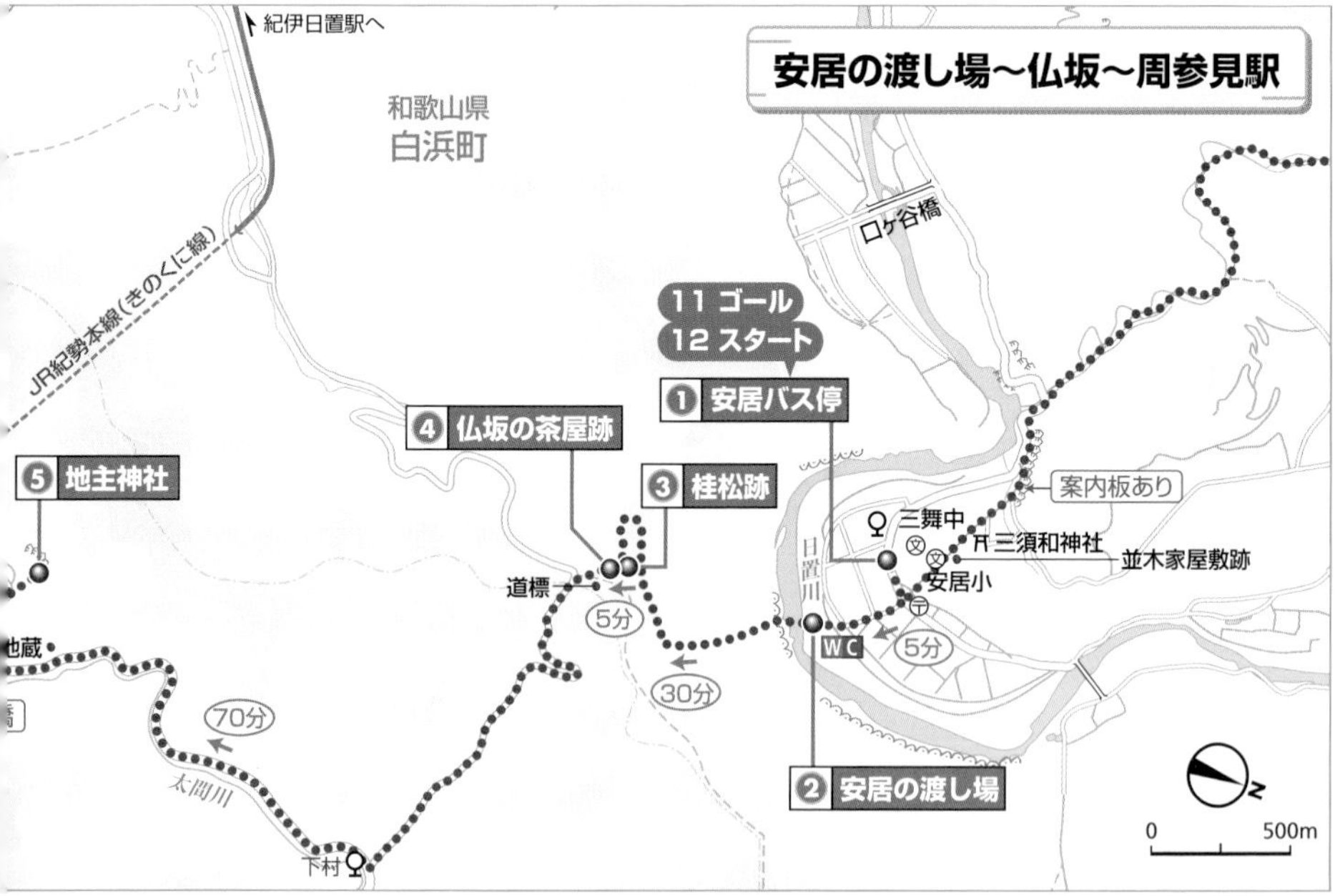

◀周参見王子は若一王子と熊野権現を祀る神社。大辺路の王子社としてはほかに和深王子があるのみ

▶入谷橋畔の林内にあり、土地の人から「ジノシさん」と親しまれる地主神社

◀下村バス停へと至る拡幅整備された林道。車の通行はほとんどない

上を紀勢自動車道が跨ぐ松の本踏切を渡り、その先の堀切踏切を渡り返して県道から外れ、民家の間の道を行く。

❼**周参見王子神社**は16世紀中期に周参見領主が建立。大辺路では数少ない王子の一つで、古くは若一王子《にゃくいちおうじ》権現社と称した。多数の船絵馬などを所蔵し、境内のすさみ町立歴史民俗資料館に保管・展示する（開館は土曜のみ）。周参見川に架かる遠見橋を渡り、周参見小学校前を過ぎて❽**萬福寺**《まんぷくじ》、さらに下地踏切を回ってゴールの❾**周参見駅**に着く。

食べる

すさみ食堂《すさみしょくどう》

本場のイノブタ料理を堪能できる
周参見駅近くの気軽な食堂

すさみ発祥のイノブタの料理が味わえる。イノブタは豚の旨味と猪の野性味を併せもち、こちらの店では甘辛く煮込んだイノブタ丼1000円、イノブタ巻き寿司750円などで提供。同じく人気のサンマ寿司500円は持ち帰りもできる。2～5月にはすさみのブランド魚ケンケンかつおも味わえる。

☎0739-55-3803
住 和歌山県すさみ町周参見4310　時 10～20時　休 木曜、ほか不定休あり

▲周参見小学校前には周参見代官所の説明板がある。背後のアオキの大木は代官所の庭にあったものだという

◀ゴールのJR周参見駅。駅舎内にはミニギャラリーがある

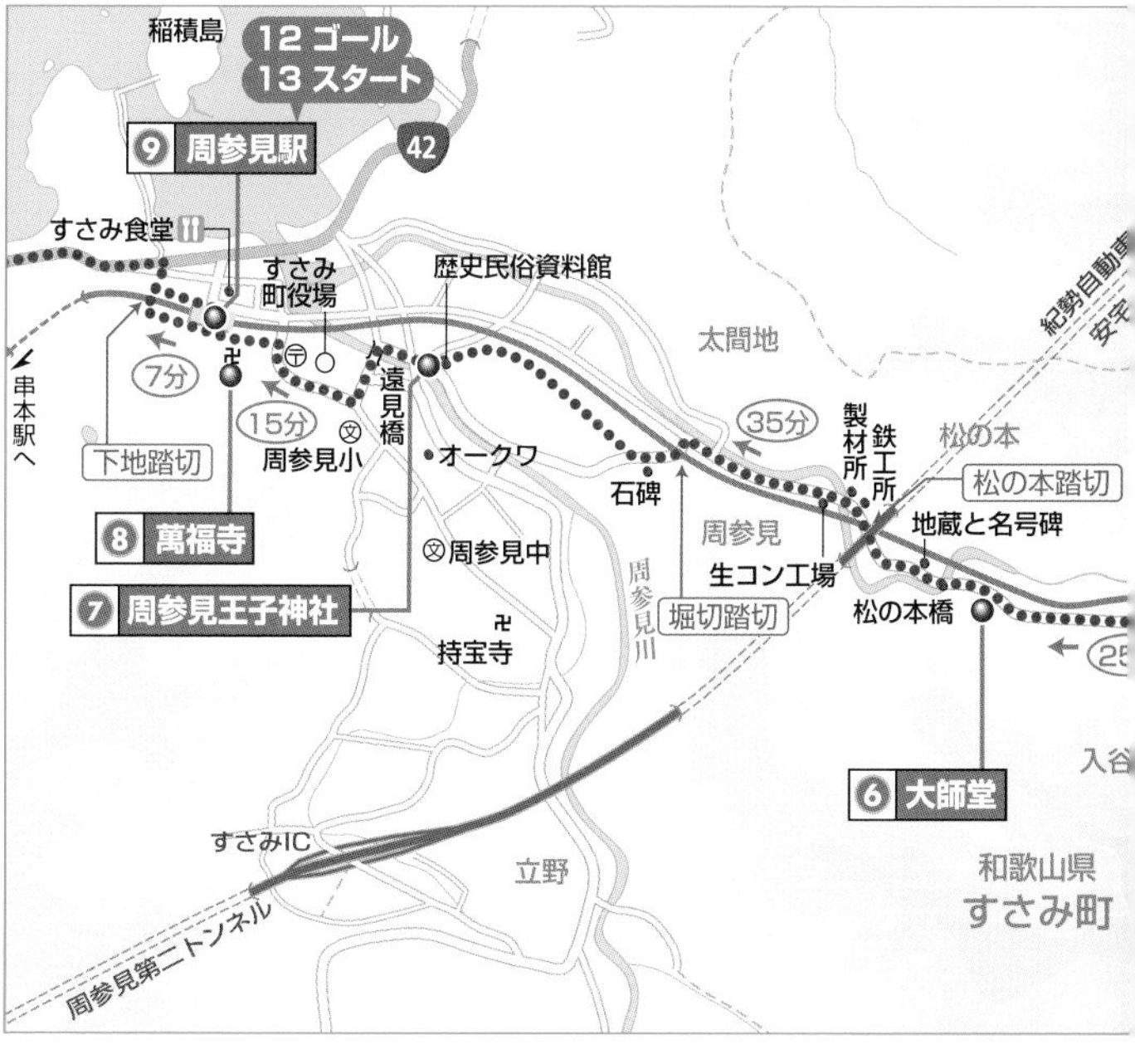

枯木灘を望む自然林の尾根道を行く!!

周参見《すさみ》駅から長井坂《ながいさか》をたどり見老津《みろづ》駅へ

▲自然林のトンネルを行く長井坂。木漏れ日を浴びて快適に歩ける

アクセス

【行き】天王寺駅からJR紀勢本線特急で約2時間30分、周参見駅下車。
【帰り】見老津駅からJR紀勢本線で10分、周参見駅下車、往路を戻る。

問合せ

すさみ町観光協会　☎0739-34-3200

歩行時間　約3時間15分
歩行距離　約10.8km
歩行レベル　中級　体力★★★　技術★★★

❶周参見駅 →(1.0km 15分)→ ❷馬転坂入口 →(2.0km 35分)→ ❸西浜入口 →(2.5km 40分)→ ❹和深川王子神社 →(0.8km 15分)→ ❺長井坂西登り口 →(0.7km 20分)→ ❻道の駅への分岐 →(2.5km 45分)→ ❼茶屋の壇 →(1.3km 25分)→ ❽見老津駅

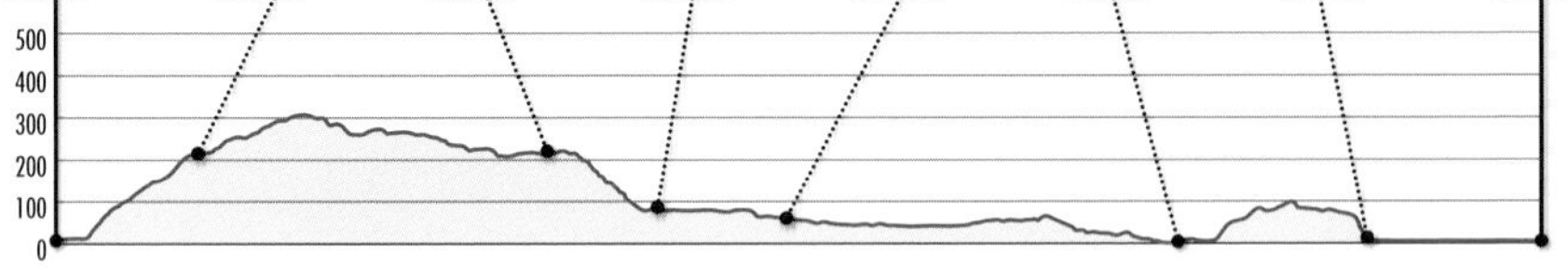

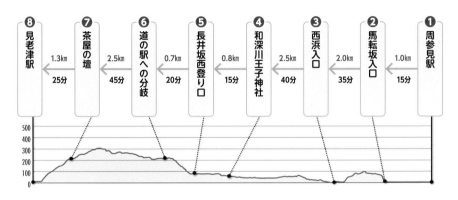

◀馬転坂の入口。階段を上り、さらに樹林の中の坂道を登って行く

▲生コン工場前のガードレール脇に立つ道標に従って敷地内へ

▲周参見駅から馬転坂入口までは海沿いの国道42号を歩く

このコースのハイライトである長井坂は、すさみ町の和深川《わぶかがわ》地区から見老津に越える約4・5㎞の峠道。急な登りで尾根筋に出た後は自然林の中を行く明るい道となり、樹林の間から枯木灘《かれきなだ》（太平洋）を望める。大辺路では古道の面影を最もよく残し、眺望も随一といわれるルートだ。

❶**周参見駅**から馬転坂《うまころびざか》入口までは国道42号を歩く。ただし歩道がないので通行にはくれぐれも注意したい。駅から500mほどで海沿いの道となり、カーブの先の生コン工場の敷地を通り抜けると、❷**馬転坂入口**の階段がある。敷地内を通行していいか躊躇するだろうが、工場前に「↑大辺路」の案内標識もある正規ルートなので、作業車に注意しながら通らせてもらおう。

馬転坂は近年、地元グループの調査・普請により通行可能になった古道。樹林の中を登って行くと、海を望む造成地のような広い場所に出る。ここには太陽光発電のパネルが設置されており、その敷地を迂回するようにルートが設けられている。標識に従って進めば、再び樹林の中の道となる。

急坂を下れば、金網のフェンス越しに海が見える崖のような所に出る。さらに下れば国道42号に合流。その先が長井坂の案内

▶長井坂西登り口。右手の道を下りてから橋を渡り、坂道を登って行く

Column

日本童謡の園

本コースの終点・見老津駅から国道42号を串本方面へ2㎞ほど行くと、童謡をテーマとする公園「日本童謡の園」に至る。枯木灘に面する風光明媚な園内には、「てんてんてんまり…」で始まる紀州ゆかりの『まりと殿様』、『鳩ぽっぽ』など10曲のモニュメント（銅像）があり、その前に立つとセンサーが反応して、懐かしいメロディーが流れる。

◀枯木灘を背に立つ『まりと殿様』のモニュメント

コースアドバイス

体力によっては急坂を避け安全に楽しもう

名のとおり馬転坂の上り下りはかなり急。長井坂に向けて体力を温存するなら、周参見駅から西浜入口までタクシーを利用し、そこから歩き始めてもいい。また茶屋の壇から見老津駅までも尾根筋を一気に下りる急坂で、それまでの歩行で疲れた足にはかなりこたえる。遠回りになるが、茶屋の壇から県道を道なりに下って行く方法もある。県道を下るとすれば、茶屋の壇から見老津駅まで約3㎞。

◀朱塗りの鳥居が立つ和深川王子神社は江戸時代初期の創建

▶山あいののどかな景色が広がる和深川地区

◀土を突き固める段築で構築された長井坂の稜線上の道

看板がある❸**西浜入口**で、国道から左に分岐する町道に入る。JR紀勢本線に沿って緩やかに上る道を行き、10分ほど先の「タオの峠」の道標から古道へ。樹林の中を進み、一里塚松跡を過ぎて、峠を下れば、先ほどの町道に合流する。この先、長井坂登り口までの2・5㎞ほどは、古道と重なる和深川沿いのこの舗装路を歩く。

舗装路とはいえ、周囲の景色はいたってのどか。和深川沿いに開けたわずかな平地に田畑がつくられ、その間に民家が点在している。また道沿いに立つ❹**和深川王子神社**は、大辺路では数少ない王子社のひとつで、江戸時代初期の創建という。ここまででコースのちょうど半分。トイレもあるので休憩していこう。

神社から800mほどで❺**長井坂西登り口**。県道から右手の細道に入り、小さな橋で和深川を渡ると、いよいよ山中の道となる。あたりには江戸時代からの「猪垣《ししがき》」や石畳が残る。急坂を15分ほど登れば、稜線上に出る。ここから約2・5㎞にわたって標高200〜300mの尾根筋に続く道が、本コースの最も楽しみな区間だ。登り下りは多少あるものの緩やか。周囲には紀州備長炭の用材として知られるウバメガシ

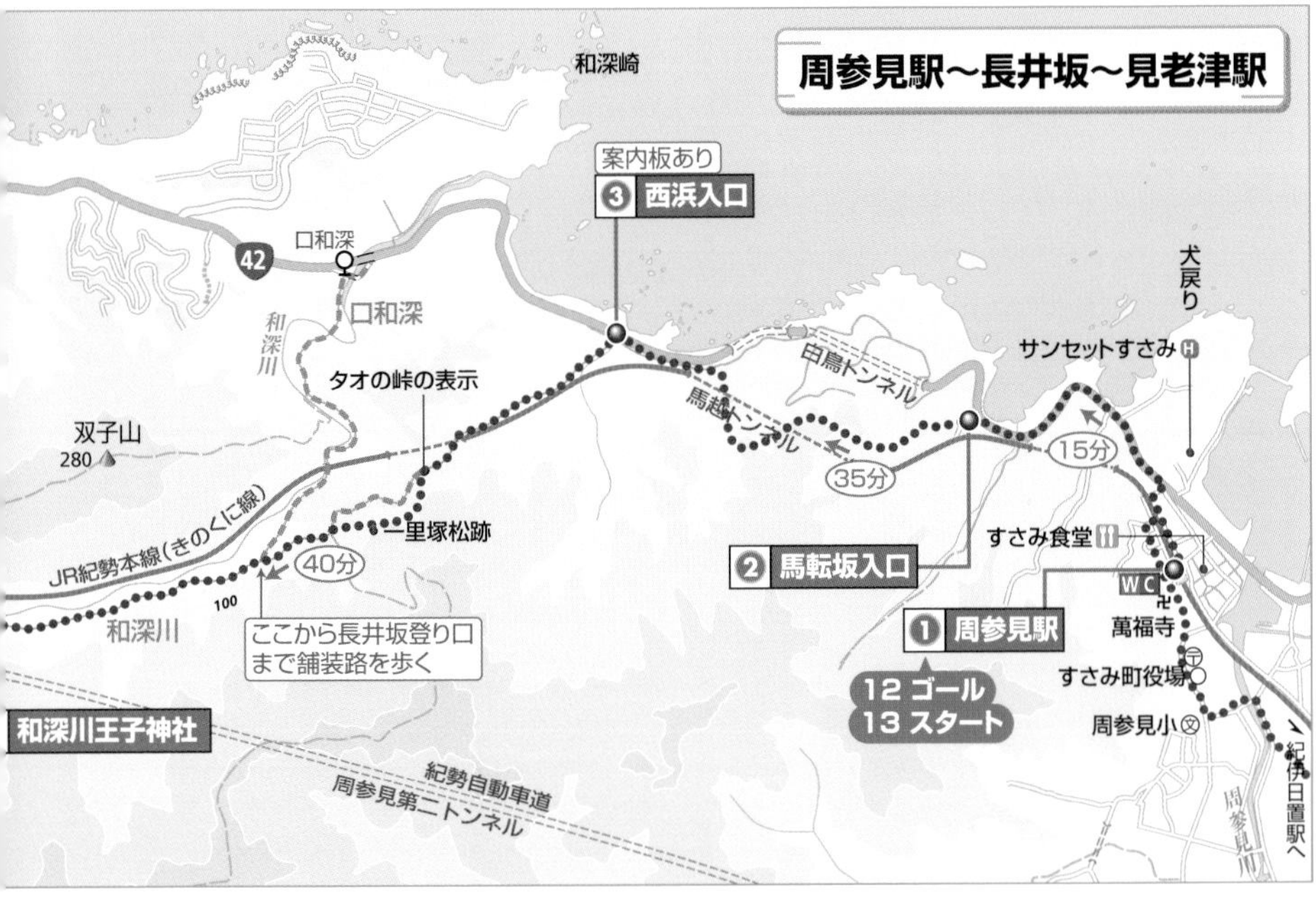

▲コース最後の急勾配の下り坂の途中からは見老津駅を眼下に、枯木灘が見渡せる

◀茶屋の壇に残る道標。「みぎハやまみち ひだ里ハくまのみち」と刻まれている

▲長井坂からの眺め。本州最南端の潮岬も遠望できる

などの天然林が茂り、落ち葉が堆積した道は足に優しく歩きやすい。

　尾根筋に出てしばらくの所で**❻道の駅への分岐**に至る。この下の国道42号沿いにある「道の駅 イノブータンランド・すさみ」から、ここまでは約1・5㎞。長井坂だけを少し歩きたい場合は、道の駅に駐車して登って来ればお手軽に楽しめる。

　またこの尾根筋の道には「段築」という工法で土手状に整形された部分が2ヵ所ある。道の平面レベルを一定に保つことで通行しやすくしたものだ。今でこそ「古道」だが、往時は紀州藩の官道。交通の大動脈の構築と維持管理の歴史がうかがえる。さらなる楽しみは枯木灘の眺め。「すさみ八景」に数えられる「沖の黒島」、「陸の黒島」などが樹林の間から見え隠れし、本州最南端の潮岬も望める。

　古今の文人墨客がこぞって絶賛した雄大な景観を楽しみつつ、緩やかな坂を下って行くと県道に合流。かつて茶屋があった**❼茶屋の壇**といわれる場所に至る。そのすぐ先の道標から再び山道に入り、尾根筋の急坂を注意しながら下って行くと、紀勢本線の踏切に出て、古道歩きは終了。**❽見老津《みろづ》駅**はすぐそこだ。

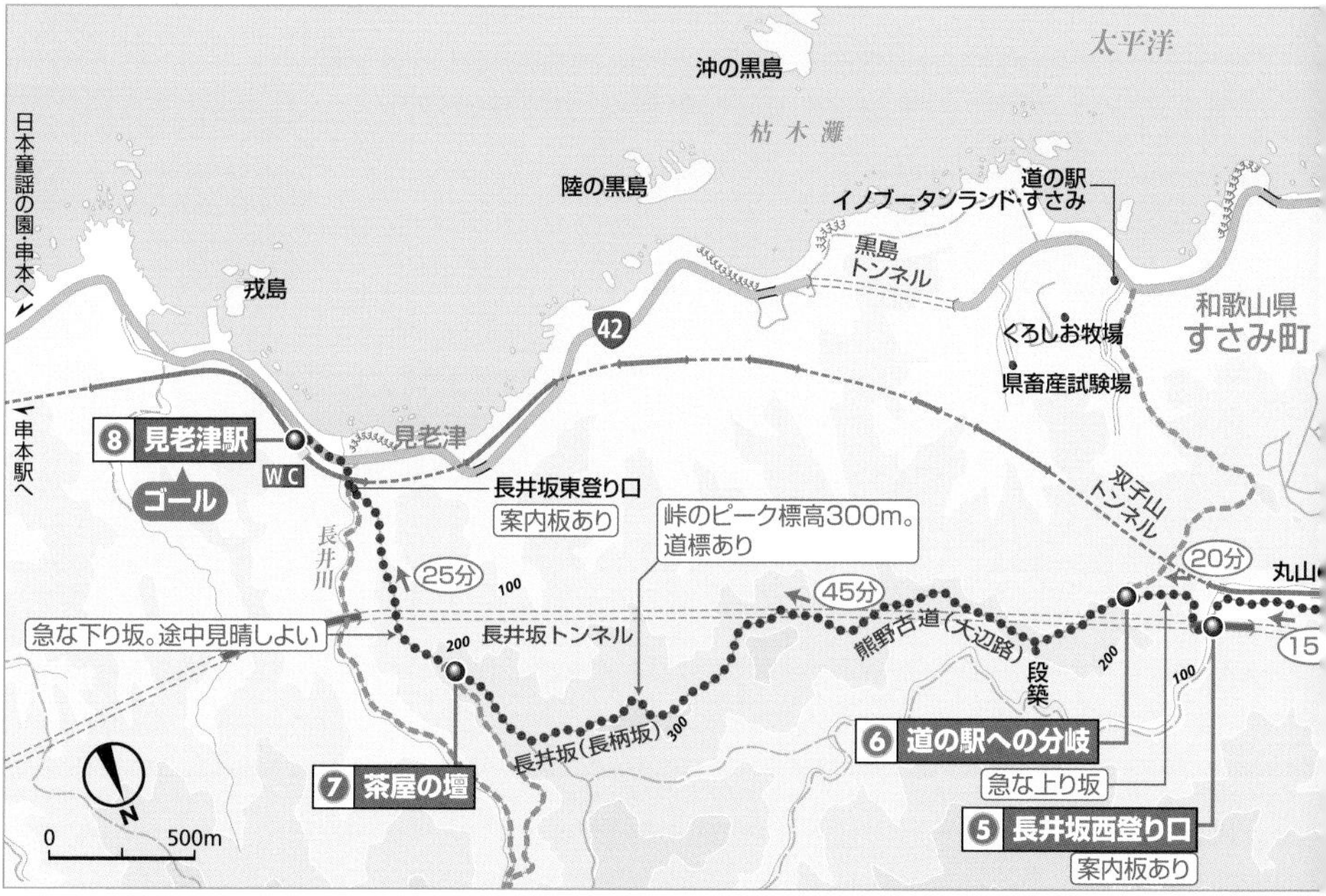

田園と海を眺めてのんびりウォーキング!!

本州最南端の町・串本《くしもと》から古座《こざ》へ

▲地蔵道標付近から見た南紀の海。海沿いを国道42号が走る

アクセス

【行き】 天王寺駅からJR紀勢本線特急で約3時間10分、串本駅下車。

【帰り】 古座駅からJR紀勢本線特急で約3時間20分、天王寺駅下車。

問合せ

南紀串本観光協会　☎0735-62-3171

歩行時間　**約2時間35分**

歩行距離　**約9.7km**

歩行レベル　**初級**　体力★★★　技術★★★

❶ 串本駅 → 0.9km 15分 → ❷ 無量寺 → 1.5km 25分 → ❸ 潮浜橋 → 2.4km 40分 → ❹ 鬮野川辻地蔵 → 1.0km 15分 → ❺ 地蔵道標 → 0.3km 5分 → ❻ 紀伊姫駅 → 2.9km 45分 → ❼ 原町の御堂 → 0.7km 10分 → ❽ 古座駅

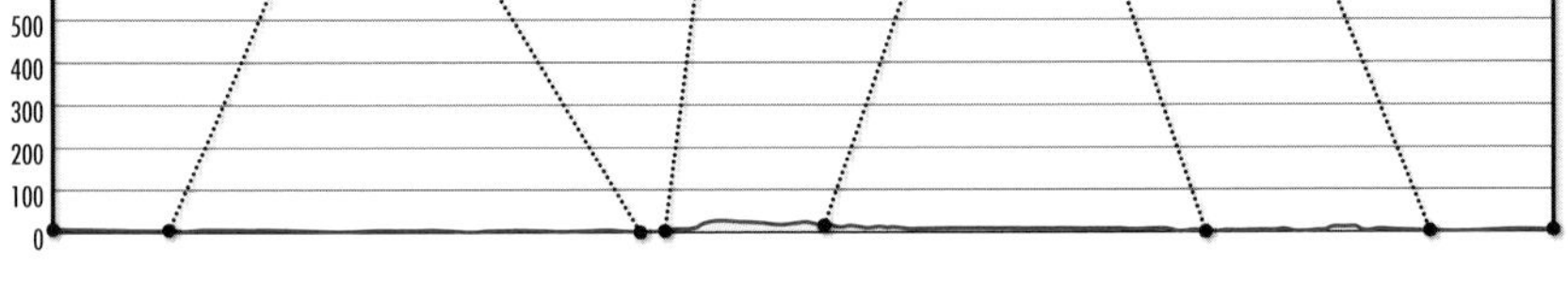

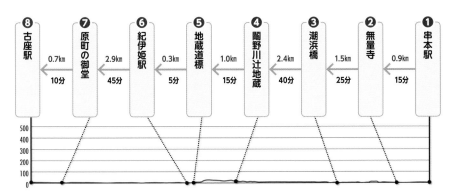

▲無量寺から国道42号に出ると海が見える

▶無量寺。応挙や芦雪の名画が見られる串本応挙芦雪館は入館1300円

▲串本の町なかには波や風を防ぐための石垣や石塀があちらこちらに見られる

すさみ町から海沿いに進んできた熊野古道は、串本の町に入る手前で左に折れ、鬮《くじ》野《の》川《かわ》沿いの田園地帯を進んだ後、紀《き》伊《い》姫《ひめ》で再び海に出る。本コースでは、古道から外れるが串本駅からスタート。町なかにある無量寺《むりょうじ》に立ち寄ってから、古道へ入り、古座川河口の町・古座を目指す。

❶**串本駅**から商店が立ち並ぶ市街地の道を進み、小さな橋の脇に立つ無量寺への標識に従って右折。小さな川沿いの狭い道路を行けば長沢芦雪の絵寺として知られる❷**無量寺**に至る。

美術館「串本応挙《おうきょ》芦雪《ろせつ》館」を併設する無量寺は、円山応挙と長沢芦雪が描いた55面の国重要文化財の障壁画を所蔵、公開している。天明6年（1786）、臨済宗の高僧・愚海《ぐかい》和尚が大津波で流されたこの寺を再興した際、友人の応挙が復興祝いに障壁画を贈った。その名代として寺に赴いた芦雪も滞在中に本堂を飾る障壁画を残している。なかでも大胆な構図の『龍虎図』は「奇想の絵師」としての代表的な作品だ。

無量寺を後に町なかの狭い道を抜けると、海沿いを走る国道42号に出る。国道を北上して行くと、❸**潮浜橋**の先で紀勢本線のガードを潜って右に入る車道がある。案内標

▶起点の串本駅は本州最南端の駅。潮岬や串本海中公園などの観光地へはここから路線バスで行くことができる

Column

南紀屈指の景勝地・橋杭岩

串本から紀伊大島に向かって一直線にそそり立つ大小40余りの奇岩の列を橋杭岩という。岩の端から端までは約850m。まさに海に架けられた橋の杭のように見えることから、この名が付いた。波の浸食により岩の硬い部分だけが残ったものだが、弘法大師が天邪鬼と一夜にして橋を架けられるかという賭けをして、その杭だけが残ったという伝説も。国の名勝天然記念物に指定されている。

◀青い海に奇岩が連なる景勝地。右奥に見えるのが紀伊大島だ

コース アドバイス

観光スポットと合わせて楽しむのがおすすめ

串本には本州最南端の潮岬、橋杭岩、串本海中公園など多くのみどころがある。それらの観光に古道ウォークを組み合わせ、串本全体を楽しむのがおすすめだ。コース距離は長めだが、すべて舗装路でほぼ平坦なため初心者でも容易。また全コース歩かなくとも、鬮野川（くじのかわ）辻地蔵の先の分岐から橋杭岩に下ったり、紀伊姫駅で終わらせてもいい。

▶しりでの坂展望台から見た橋杭岩。その奥は紀伊大島

▼道の分岐に祀られている鬮野川辻地蔵。このすぐ先にも分岐があり姫へは直進する

▲鬮野川沿いの田園地帯。のんびりとした古道ウォーキングが楽しめる

識はないが、この道が熊野古道だ。国道を一歩入っただけで、あたりはうそのように静かになる。古道入口から10分ほどで、左手に広い田んぼを見る。鬮野川沿いに小平地が続くこのあたりは古くからの稲作地帯。蛇行する川を何度か小橋で渡りながら、のどかな道をさらに行くと、道の分岐に❹**鬮野川辻地蔵**が祀られている。

この地蔵のすぐ先にまた分岐がある。右に曲がると約15分で橋杭岩《はしぐいいわ》に下るが、古道ルートは真っ直ぐなので要注意。古道を進めば、やがて「しりでの坂」とよばれる坂道となる。その下り坂の途中、「展望所」の案内標識がある。それに従って山道を5分ほど登ると、橋杭岩や紀伊大島を望める展望台に出る。

再び坂道を下れば、国道42号に出る角に❺**地蔵道標**が立つ。ここから国道42号を800mほど串本の町の方へ戻ると橋杭岩に至るが、車の通行が多く歩道もないので避ける方がいいだろう。

地蔵道標の先からは国道42号に並行する旧道を歩く。すぐにローカル線の風情漂うこぢんまりした❻**紀伊姫駅**を左手に見る。さらに民家の立ち並ぶ旧道を進む。ところどころで右手に海が見えるが、より間近で

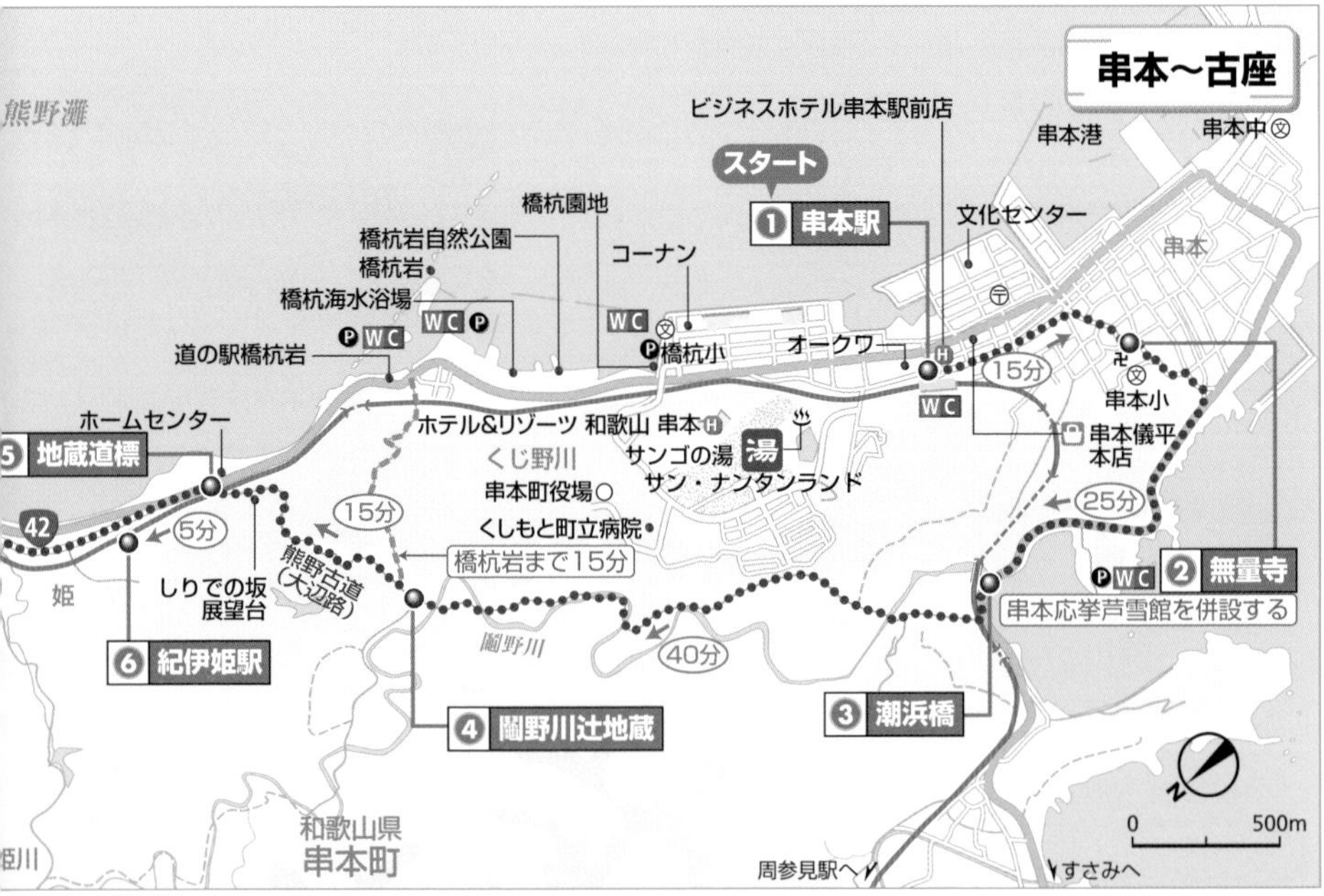

▲原町の御堂には享保5年（1720）建立の地蔵石仏などが祀られている

◀こぢんまりとしたJR紀勢本線の無人駅・紀伊姫駅

▶地蔵道標は江戸中期の建立。前掛けですべて見えないが、前面に「右ハわかやまみち 左ハみさきみち」などと刻まれている

南紀の青い海を感じたければ国道を歩くといい。ただし、このあたりも歩道があったりなかったりするので注意したい。

車はあまり通らない旧道を進めば、伊串交差点で国道に合流するが、またすぐ先のサブマリンホテル手前の角から左手の旧道に入る。再び民家の並ぶ道を行き❼**原町の御堂**の先の信号を左折すれば❽**古座駅**に着く。時間があれば、その先の古座橋から古座川を眺めて渡橋後に右折、古座川左岸に続く昔ながらの漁師町を歩き、古座神社まで往復するのもいい。

買う **串本儀平《くしもとぎへい》 本店《ほんてん》**

名物うすかわ饅頭をおやつやおみやげに

国道42号沿いに立つ。明治26年(1893)創業の老舗で、名物のうすかわ饅頭1個140円は串本みやげの定番。厳選した北海道産小豆を使った甘さ控えめの餡を、うすい皮で包んだもので、凹凸のある形は橋杭岩をイメージ。店内でも味わえる。

☎0735-62-0075

㊟和歌山県串本町串本1851 ㊋7時～18時30分(日曜、祝日は～18時) ㊡無休

◀古座駅の駅舎内には観光案内所があり、みやげを買うこともできる

▲古座橋から見た古座川。清流で知られるこの川でカヌーを楽しむ人も多い

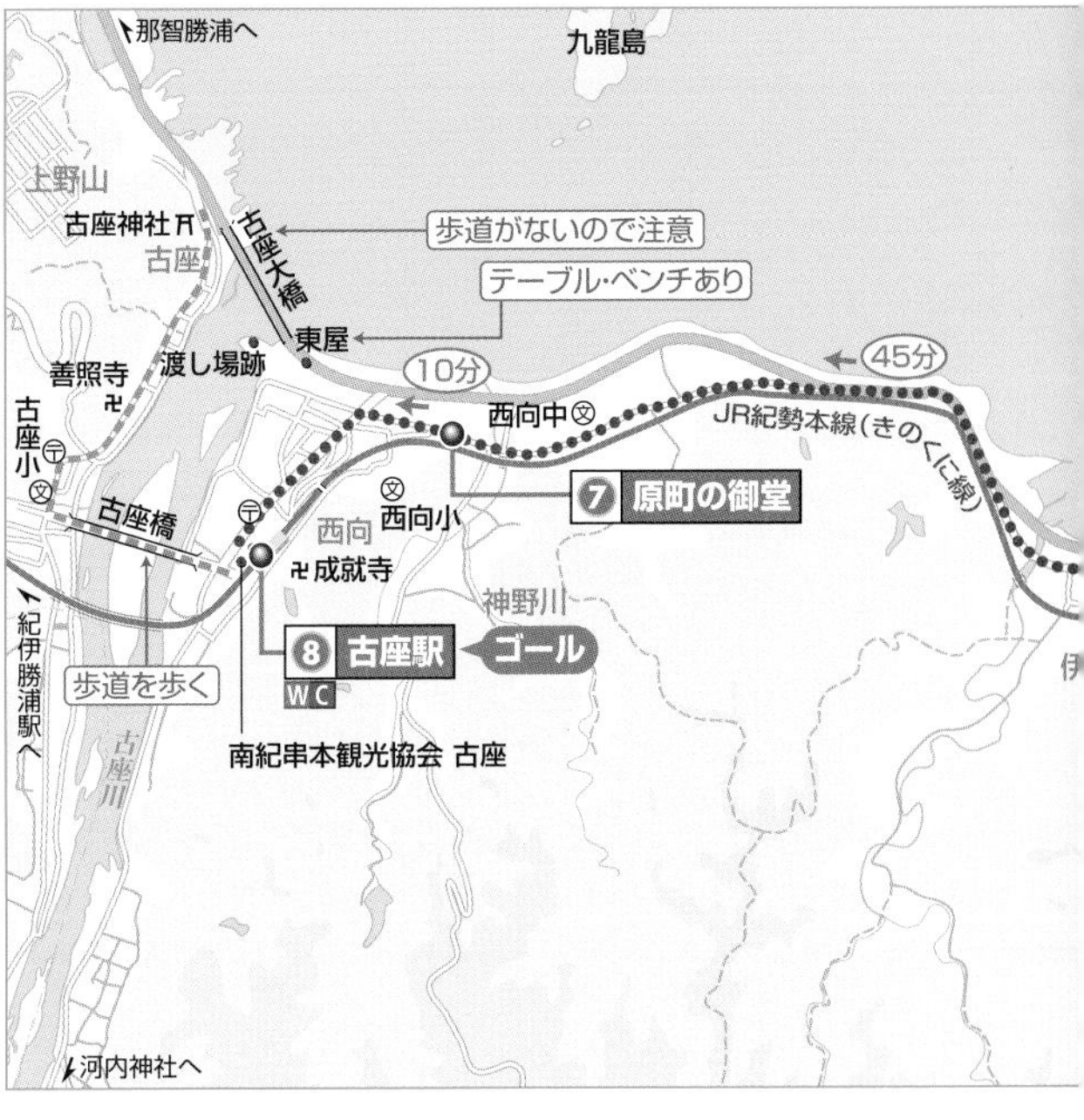

九十九王子を数えながらはるか聖地を目指す!!

紀伊路《きいじ》

紀伊路〜中辺路は中世までの公式参詣ルート。上皇や貴族は京の都から淀川を船で下り、現在の大阪天満橋付近に上陸。ここに発する紀伊路を南下して田辺から中辺路に入った。なお「中辺路」の呼称は近世以降のものといわれ、古くは田辺以東も含めて紀伊路（紀路《きじ》ともいう）だった。

御幸の道だった紀伊路は、中辺路と同様に九十九《くじゅうく》王子の史跡が連なっているのが特徴。なかでも藤白神社（藤白王子）は往時の面影をよく残し、ここから藤白坂を登るのが紀伊路ウォーキングの第一歩といえようか。有田から糸我峠を越えて伝建地区の湯浅に下る道はみどころが多く、初心者にも容易。名刹の道成寺がある御坊でも多くの王子を見る。切目《きりめ》〜みなべコースは随所で海を望み、千里の浜も歩く。2〜3月は梅の花と香りも楽しみだ。

❶和歌山県はミカン生産量が全国1位。特に有田地方は栽培が盛んで、各所でミカン畑を見る　❷みなべ町は日本一の梅産地　❸九十九王子の一つ、一壺王子(山路王子神社)　❹「美人王子」の別称で知られる塩屋王子（塩屋王子神社）の絵馬　❺藤白坂の丁石地蔵

❸

❹

❶

❺

❷

高野町
高野温泉
乗鞍岳
武士ヶ峯
こうやさん
金剛峯寺
今井峠
出屋敷峠
吉野路
大塔
白石山
天川村
高野参詣道 町石道
苅萱堂
唐笠山
天狗岳
天竺山
水ヶ峰
荒神岳
野迫川村
花園温泉
有田川
野迫川温泉
瀬戸貯水池
旭貯水池
小辺路
奈良県
朽砥山
伯母子岳
伯母子峠
笹ノ茶屋峠
鳳屋貯水池
天竺山
護摩壇山
田辺市龍神ごまさん
スカイタワー
日川町
法主尾山
石佛山
中八人山
城ヶ森山
小森谷渓谷
高甲良山
行仙岳
湯泉地温泉
十津川郷
大峯奥駈道
龍神
天上山
安楽寺
龍神温泉
牛廻越
牛廻山
小又川温泉
十津川村
十津川温泉
上湯温泉
玉置山
玉置神社
大森山
和歌山
新宮市
冷水山
百前森山
奥熊野古道
ほんぐう
持平山
千丈山
発心門王子
伏拝王子
熊野本宮大社
大塔山
牛馬童子像
湯の峰温泉
渡瀬温泉
伊勢路
中辺路
逢坂峠
川湯温泉
熊野古道中辺路
田辺市
如法山
熊野川温泉
和歌山県
滝尻王子
熊野古道
高瀬峠
清姫の墓
ふるさとセンター大塔
富里温泉
円座石
百間山
大塔山
越前峠

紀伊路ルート

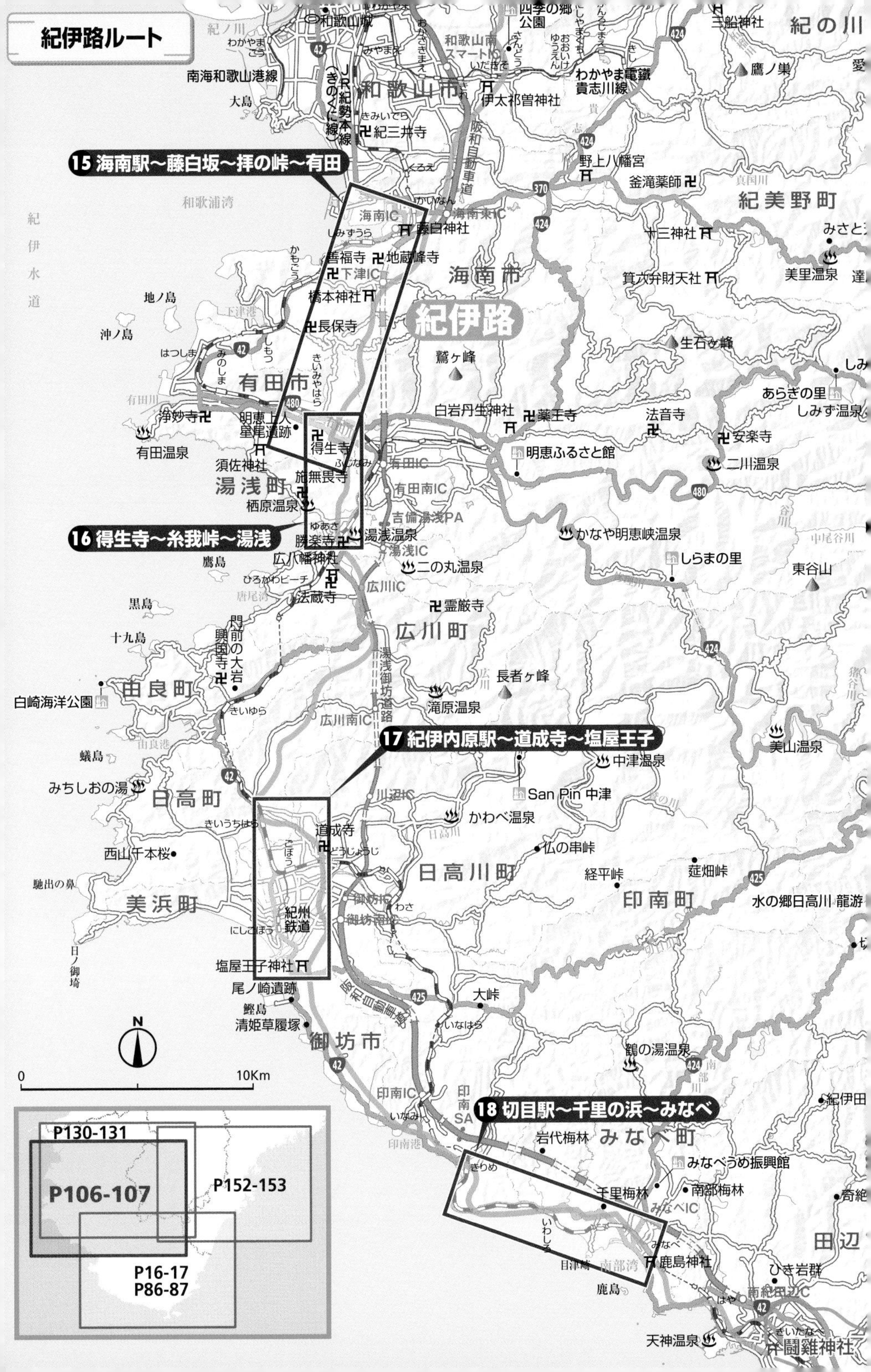
15 海南駅～藤白坂～拝の峠～有田
16 得生寺～糸我峠～湯浅
17 紀伊内原駅～道成寺～塩屋王子
18 切目駅～千里の浜～みなべ
紀伊路
和歌山城
和歌山市
南海和歌山港線
JR紀勢本線（きのくに線）
わかやま電鐵貴志川線
阪和自動車道
伊太祁曽神社
紀三井寺
和歌山南スマートIC
四季の郷公園
三船神社
紀の川
鷹ノ巣
野上八幡宮
釜滝薬師
紀美野町
海南市
海南IC
海南東IC
藤白神社
善福寺
地蔵峰寺
下津IC
橋本神社
長保寺
十三神社
箕六弁財天社
美里温泉
生石ヶ峰
鷲ヶ峰
和歌浦湾
紀伊水道
大島
地ノ島
沖ノ島
有田市
浄妙寺
有田温泉
明恵上人星尾遺跡
須佐神社
得生寺
施無畏寺
湯浅町
栖原温泉
勝楽寺
湯浅温泉
湯浅IC
有田IC
有田南IC
吉備湯浅PA
白岩丹生神社
薬王寺
明恵ふるさと館
法音寺
安楽寺
二川温泉
あらぎの里
しみず温泉
かなや明恵峡温泉
しらまの里
東谷山
広八幡神社
法蔵寺
広川IC
二の丸温泉
霊巌寺
広川町
鷹島
黒島
十九島
門前の大岩
興国寺
由良町
白崎海洋公園
湯浅御坊道路
長者ヶ峰
滝原温泉
広川南IC
美山温泉
中津温泉
San Pin 中津
蟻島
みちしおの湯
日高町
川辺IC
かわべ温泉
道成寺
紀州鉄道
西山千本桜
仏の串峠
経平峠
莚畑峠
日高川町
印南町
水の郷日高川 龍游
美浜町
御坊IC
御坊南IC
塩屋王子神社
尾ノ崎遺跡
鯉島
清姫草履塚
御坊市
大峠
鶴の湯温泉
印南IC
印南SA
岩代梅林
みなべ町
みなべうめ振興館
千里梅林
南部梅林
みなべIC
鹿島神社
南部湾
鹿島
田辺
ひき岩群
南紀田辺IC
天神温泉
闘雞神社
N
0
10Km
P130-131
P106-107
P152-153
P16-17
P86-87

熊野の入口から2つの峠を越えるロングコース!!

海南《かいなん》駅から藤白坂《ふじしろざか》を登り 拝《はい》の峠を越えて有田《ありだ》へ

▲紀伊路最初の難所といわれた藤白坂。樹林の中に古道が続いている

アクセス

【行き】天王寺駅からJR阪和線紀州路快速で約1時間15分、和歌山駅下車、JR紀勢本線で13分、海南駅下車。
【帰り】紀伊宮原駅からJR紀勢本線で35分、和歌山駅下車、往路を戻る。

問合せ

海南市観光協会　☎073-484-3233
有田市観光協会　☎0737-83-1111

歩行時間　約4時間45分
歩行距離　約14.4km
歩行レベル　上級　体力★★★　技術★★☆

❶ 海南駅 — 2.1km 35分 → ❷ 藤白王子（藤白神社） — 1.8km 45分 → ❸ 藤代塔下王子（地蔵峰寺） — 1.5km 30分 → ❹ 橋本王子（阿弥陀寺） — 0.7km 12分 → ❺ 所坂王子（橋本神社） — 1.2km 20分 → ❻ 一壺王子（山路王子神社） — 3.1km 75分 → ❼ 蕪坂塔下王子 — 1.8km 35分 → ❽ 山口王子 — 2.2km 35分 → ❾ 紀伊宮原駅

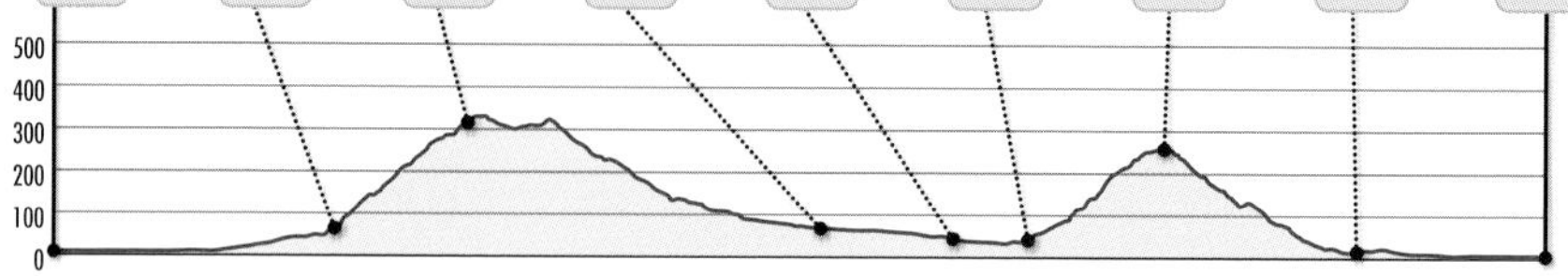

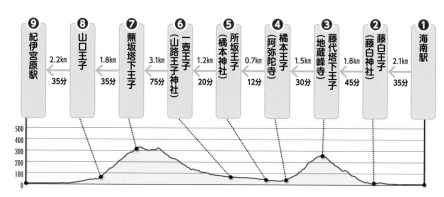

▶熊野一の鳥居跡から住宅が並ぶ道を行くと藤白王子（藤白神社）に至る

▼祓戸王子に立つ石碑。祓戸王子は聖域に入るにあたり心身を浄める場所だった

▲海南駅から道標どおりに進んで宝来橋を渡れば、古い家屋が残るこの道に入る

紀伊路ウォークは、熊野の入口とされた海南の藤白坂《ふじしろざか》から始めるのが定番。往年の面影を残すこの山道は、紀伊路最初の難所であり、万葉のプリンス有間皇子《ありまのみこ》の悲劇の地としても知られる。古道はさらに南下して拝《はい》の峠を越え、有田川へ下る。ロングコースだが、沿道には熊野九十九《くじゅうく》王子の史跡が多数。各所で海と山の眺望が開け、ミカン畑を抜けるのどかさも。変化に富んだ古道歩きが楽しめる人気コースだ。

スタート地点は**❶海南駅**。駅構内には海南市物産観光センター（P111参照）があり、観光案内を行うほか、地場産品などを販売。立ち寄るのもいいだろう。駅を出たら前の広い車道を左へ行き、道標を確かめながら進む。古い町並みを抜け、JR紀勢本線の高架を潜れば、和歌山市からの古道に合流、右折する。ここにかつて「熊野《くまの》一《いち》の鳥居」があった。広い意味で熊野の聖域の入口とされ、参詣者は近くの祓戸《はらえど》王子で心身を浄める垢離《こり》をとり、聖域へ入った。合流点の先の角を左へ曲がると祓戸王子の説明板があり、さらに石仏が並ぶ山道を3分ほど行くと王子跡碑が立つ。

ルートに戻って進めば、鈴木姓のルーツとされる鈴木屋敷を経て、**❷藤白《ふじしろ》王子（藤**

Column

鈴木屋敷

藤白神社の境内にある鈴木屋敷は、熊野信仰を広めた藤白鈴木氏の屋敷跡。熊野を発祥とする鈴木氏は平安時代に移り住み、藤白を拠点に熊野信仰を流布した。それに伴って全国に鈴木姓が広まったとされており、ここ海南の鈴木屋敷は全国の鈴木さんの総本家といわれている。鈴木屋敷は現在復元整備中で、令和5年3月に完成予定。

◀藤白の鈴木氏は昭和17年に途絶。跡地は国指定史跡

▶藤白坂の麓から峠まで1丁（約109m）ごとに丁石地蔵が祀られている

コースアドバイス

初心者は藤白坂を往復して楽しもう

距離は長いが、藤白坂などを除き、コースの多くは集落伝いの舗装路。基礎体力さえあれば完歩はさほど難しくないが、2つの峠を越えた後の下りが急なので注意したい。また途中に商店はほとんどないので弁当は必携。藤白神社をはじめコース序盤にみどころが多いので、藤白坂を藤代塔下王子(地蔵峰寺）まで登って引き返すだけでも充分楽しめる。海南駅から藤代塔下王子の往復で約8km。

◀平安末期作の熊野本地仏（県指定文化財）。右が速玉大社の薬師如来、中央が本宮大社の阿弥陀如来、左が那智大社の千手観音

▶参詣道の要所だった往時の面影をよく残す藤白神社

◀藤白神社には博物学者・南方熊楠の名の由来となった「千年楠」がそびえる

白神社）に至る。九十九王子のなかでも格式高い五体王子《ごたい》の一つ。熊野御幸の歴代上皇らが宿泊した熊野参詣道の要所である。平成27年には国史跡に指定され、平成29年には日本遺産に認定された。なかでも注目は、境内の藤白王子権現本堂だ。平安末期作の熊野三所権現の本地仏である阿弥陀如来・薬師如来・千手観音坐像、藤白若一《にゃくいち》王子権現の本地仏である十一面観音立像などを安置。神社ながら仏像が祀られているのである。

藤白神社から約3分、藤白坂の入口に有間皇子の墓碑が立つ。斉明天皇4年（658）、有間皇子は謀反の疑いで捕えられ、紀温湯《きのゆ》（白浜温泉）に行幸中の天皇のもとへ護送された。その帰路、藤白坂で絞首刑にされたという。墓碑の隣には、皇子が護送途中に詠んだ「家にあれば 笥《け》に盛る飯《いい》を草枕 旅にしあれば 椎《しい》の葉に盛る」の万葉歌碑も立ち、悲しみを誘われる。

また、この場所の傍らには丁石《ちょうせき》地蔵の一丁地蔵が祀られている。江戸中期、海南の高僧・全長《ぜんちょう》上人が藤白坂の1丁ごとに安置した17体の地蔵の一つ。当初のものは一丁地蔵を含む4体しか残っていないが、復元された13体とともにハイカーを和ませ、道

▲藤白坂を登り詰めた所、藤代塔下王子跡に立つ地蔵峰寺の本堂は国の重要文化財

▼藤白坂の七丁地蔵。花などを供え今も大切に祀られている

▲謀反の疑いをかけられ19歳の若さで処刑された有間皇子の墓碑と万葉歌碑

案内役を果たしている。

簡易舗装の坂道を上り、四丁地蔵の所から左の山道へ入る。ここが藤白坂の登り口。古道感漂う樹林の中の道を登り、「筆捨松《ふですてまつ》」の旧跡に至る。平安前期の絵師・巨勢金岡《こせのかなおか》が熊野詣の途次、熊野権現の化身の童子《どうじ》と絵の描き比べをして負け、松の根元に絵筆を投げ捨てた場所と伝わる。

急坂を登り詰めると、❸**藤代塔下《とうげ》王子（地蔵峰寺《じぞうぶじ》）**のある峠に着く。王子跡を境内に含む地蔵峰寺は、総高3m余もある石造の地蔵菩薩坐像が本尊。禅宗様式の本堂

買う　かいなんしぶっさんかんこうせんたー（かいぶつくん）

海南市物産観光センター（かいぶつくん）

海南の特産品がずらり
古道歩きのお供には名物おにぎりを

海南駅構内にある観光案内所で、黒江の漆器や地酒、シュロたわしなど、海南市や周辺地域の特産品も販売している。おみやげには南高梅梅干し600g1296円や手作りシュロたわし(中) 825円が人気。古道歩きのお供には、じゃこおにぎり2個400円がおすすめ。

☎073-484-2326
㊟和歌山県海南市名高51-2(JR海南駅構内)
㊋9～18時　㊡12月29日～1月3日

◀阿弥陀寺境内に立つ橘本王子の説明板。背後には橘が植えられている

▶藤代塔下王子（地蔵峰寺）から先はミカン畑の中の急坂を一気に下る

▲「御所の芝」からの眺め。足利義満の側室・北野殿の熊野参詣記には「御目離れせぬ浦々、島々の景色なり」と記されている

とともに国重要文化財に指定されている。本堂の右手に入ると、白河上皇の行在所跡という「御所の芝」とよばれる広場がある。ここからの眺めは『紀伊国名所図会』に「熊野路第一の美景」と記され、和歌浦や紀伊水道を眼下に、遠く四国まで見渡せる。

地蔵峰寺からは、ときおり農道と交差しながらミカン畑の中を一気に下り、約30分で❹**橘本《きつもと》王子（阿弥陀寺）**に着く。「橘下」「橘本」とも書かれたこの王子には、古くから橘の木が植えられていたという。橘はミカン科の木で日本原産の柑橘類。『日本書紀』に、垂仁天皇の時代、天皇の命を受けた田《た》道間守《じまもり》が常世の国から非時香菓《ときじくのかくのこのみ》（橘）を持ち帰ったという話が載る。その橘を植えたのが当地と伝承されている。

阿弥陀寺から徒歩12分で❺**所坂《ところざか》王子（橘本神社）**。かつては所坂王子社だったが、明治時代に橘本王子社などを合祀して、橘本神社となった。橘本王子の由来の田道間守を主神に祀り、ミカンと菓子の神として崇敬されている。さらに一坪川に沿う道を進んで行くと❻**一壺《いちつぼ》王子（山路王子《やまじおうじ》神社）**がある。山路王子神社は、秋祭りの際に、子供の健やかな成長を願って行われる「泣き相撲」で知られる。

◀橘本王子の先の加茂川に架かる橋。交通の要衝だったこの付近には伝馬所や旅籠が並んでいたという

▶田道間守を祭神とする橘本神社。ミカンと菓子の神として全国の関連業者から信仰されている

Column

太刀の宮

不思議な伝承をもつ古道沿いの小社。大坂夏の陣の折、大坂城にいた当地の領主の息子・宮崎定直は内紛から城を脱出。熊野街道を急いできた疲れのため、この社で寝入ってしまった。夢に多数の追手が現れたが、定直の刀がひとりでに敵を切り倒した。目覚めると周囲には多数の死者。また刀は2つに折れていたが、定直が拾い上げると元通りにつながった。定直はこの刀を「折継丸《おれつぐまる》」と名付けて社に奉納したという。以来、この社は太刀の宮とよばれ、病気平癒や厄除祈願のために木刀を奉納する慣わしとなり、今日まで続いている。

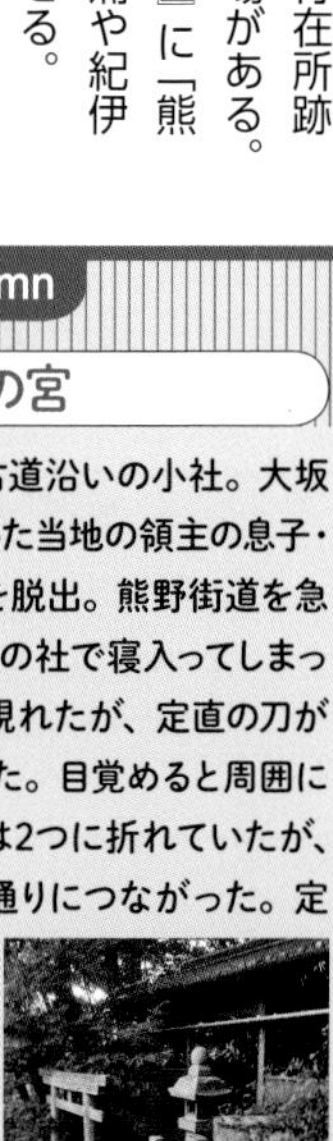

▲古道沿いに立つ小社

◀白倉山山腹の道からの眺め。紀伊水道や淡路島が見渡せる

▶山路王子神社から先は徐々に勾配が強まって拝の峠へ続くが、峠の手前を除き舗装路

◀山路王子神社。境内には「泣き相撲」が行われる土俵が設けられている

一壺王子を後にミカン畑に囲まれた急坂を1時間ほど登ると拝の峠。白倉山の山腹を巻く平坦な道を約15分で❼**蕪坂塔下《かぶらさかとうげ》王子**に着く。途中には万葉歌碑が立ち、紀伊水道や淡路島を見渡せるポイントがある。蕪坂塔下王子からは、何度か農道と交差しながら有田川へ向けて一気に下る。太刀の宮、爪書《つめかき》地蔵を過ぎ、なお急坂を下れば❽**山口王子**。また5分で参詣途中に亡くなった人々を供養した「伏原《ふしはら》の墓」に至る。さらに民家の間の道を進んで行くと約30分で❾**紀伊宮原駅**に到着する。

温泉 有田川温泉《ありだがわおんせん》 光の湯《ひかりのゆ》

多彩なお風呂と珍しいサウナが魅力
ミネラル豊富な泉質で肌もすべすべに

有田川畔にある日帰り温泉施設。pH値8.7のナトリウム塩化物温泉は無色透明で肌あたりもよく、体を芯から温めてくれる。趣ある露天風呂などさまざまな浴槽で楽しめ、源泉を使ったミストサウナや紀州備長炭サウナも人気。食事処やホテル(P186参照)を併設している。

☎0737-88-5151
住 和歌山県有田市星尾37　料 入浴780円　時 11～23時(最終受付22時30分)　休 無休(メンテナンス休業不定期)

▶山口王子には平成3年に地元の人たちの手によって再建された社が立つ

◀拝の峠からの下り。有田川を望みながらミカン畑の中の急坂を下って行く

▼付近に散在していた墓石などを集めた「伏原の墓」。地元の人々は街道筋に住む者の伝統として今も供養を続けている

Column

爪書地蔵

蕪坂塔下王子からの急坂の途中にある2間四方の堂内に、幅4m余の自然石に阿弥陀如来と地蔵菩薩が線刻されている。その昔、この地を通った弘法大師が村人の無病息災を願って、生爪で描いたものと伝えられている。実際は室町時代の永禄6年(1563)ごろの作と考えられているが、街道筋にあって、旅人の疫病を癒やすなどと信仰されてきたという。

◀古くは金剛寺と称したが、現在はこの堂だけが残る

万葉の歌枕と醤油発祥地をつなぐ古道!!
得生寺《とくしょうじ》から糸我峠《いとがとうげ》を越えて古い町並みが残る湯浅《ゆあさ》へ

▲糸我峠からの展望。北谷池越しに湯浅の町とその背後の鹿ヶ瀬（ししがせ）山などが見渡せる

アクセス

【行き】 天王寺駅からJR阪和線紀州路快速で約1時間15分、和歌山駅下車、JR紀勢本線で35分、紀伊宮原駅下車。
【帰り】 湯浅駅からJR紀勢本線で45分、和歌山駅下車、往路を戻る。

問合せ

有田市観光協会 ☎0737-83-1111
湯浅町商工観光係 ☎0737-64-1112

歩行時間 約2時間
歩行距離 約7.0km
歩行レベル 初級 体力★★★ 技術★★★

❶紀伊宮原駅 → 0.6km 10分 → ❷宮原の渡し場跡 → 1.1km 15分 → ❸得生寺 → 0.2km 4分 → ❹糸我稲荷神社 → 0.4km 7分 → ❺糸我王子 → 1.0km 23分 → ❻糸我峠 → 1.1km 20分 → ❼逆川王子 → 1.8km 30分 → ❽北栄橋 → 0.8km 13分 → ❾湯浅駅

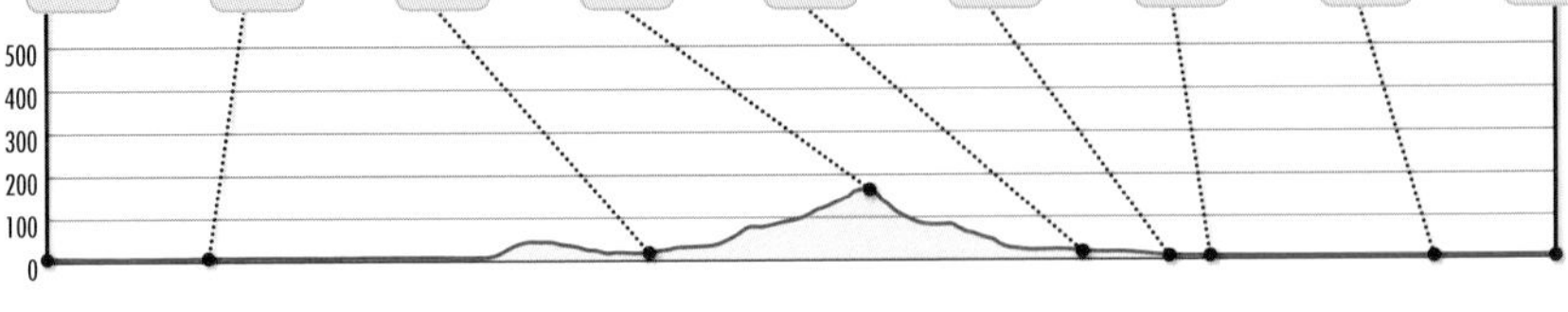

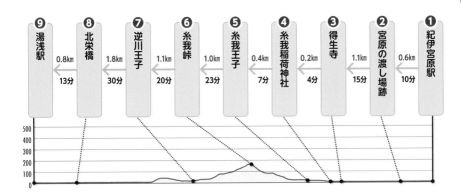

◀糸我稲荷神社。江戸後期の社伝によれば白雉3年(652)創建。『太平記』にも白河院参拝の話がある

▶得生寺の開山堂。堂内に中将姫とその家士・伊藤春時夫妻の像を祀る

▲宮原の渡し場跡から有田川に架かる宮原橋を望む。堤防下には広い川原が広がる

❶**紀伊宮原駅**を降りて駅前の道を左に取る。突き当たりを右折すると宮原橋のたもとに天神社があり、その前に❷**宮原の渡し場跡**の標柱が立つ。今は護岸堤防越しに広い川原を眺めるだけだが、往時の旅人はここを小舟で渡河した。

宮原橋を渡って左折、堤防上の道を行く。堤防から下り、国道42号に出ると「中将姫《ちゅうじょうひめ》寺」の大看板、その足元にも「右熊野参詣道」の道標。やがて中将姫ゆかりの❸**得生寺**に着く。中将姫に仕えた伊藤春時が姫のために建てた雲雀山の草庵が寺の始まりとされ、その僧名から雲雀山得生寺と称するにいたったという。境内には有田の古名「足代《あて》」などを読み込んだ万葉歌碑も立つ。

得生寺付近には、日本最古の稲荷社ともいわれ糸我王子が合祀されている❹**糸我稲荷神社**、くまの古道歴史民俗資料館、白河法皇御車寄旧跡の碑、古い石の道標「すく熊野道」、一里塚跡の碑などが集中している。なかでも資料館は藤原定家の『熊野御幸記』を絵巻物風に再現したレプリカや古民具、文化財などを展示しており、熊野古道を散策する人の休憩場所によく利用されている。

徳本上人《とくほんしょうにん》名号碑を過ぎてすぐ、左側の小

Column

中将姫

天平の昔、藤原豊成の娘・中将姫は後妻の継子《ままこ》いじめで殺されそうになるが、危うく難を逃れ、有田郡のひばり山へ逃げる。その後、大和の當麻寺《たいまでら》に入り、阿弥陀仏の浄土世界を祈念し浄土曼荼羅を一夜で織り上げる。そしてその功徳で極楽往生を遂げる。これが中将姫伝説の骨子。継子いじめの話は中世以降の付加とされ、當麻曼荼羅の由来を説く當麻曼荼羅縁起絵巻がその源泉といわれる。以後、中将姫伝説を題材に御伽草子や能楽、浄瑠璃、歌舞伎などが種々の名作を生み出した。得生寺にも浄土曼荼羅が伝えられ、境内の開山堂に中将姫像を安置する。姫の命日にちなむ毎年5月14日の来迎会式では、和歌山県無形民俗文化財の二十五菩薩練供養が開山堂から本堂へと盛大に行われる。

▶鹿打(ししうち)坂との分岐点に立つ糸我の道標「左くまの道 右すはら道」。糸我峠は左へ進む

コース アドバイス

険路少なくみどころ豊富で初心者も楽しめる

道のりの多くが舗装路で山道も地道はごく一部。アップダウンは緩やかで足への負担が軽いコースだ。糸我峠に急坂があるものの4～5分で登れるほど短く、方津戸峠も低い丘。みどころが前半の得生寺近辺と最後の湯浅に集中、しかしその間の道のりも景色に変化があって楽しめる。手ごろな距離にみどころ盛りだくさん、あらかじめ湯浅伝建地区散策の時間を多めに見積もっておきたい。

▲糸我の道標からミカン畑の間の坂道を行く。秋冬は色付いた実が鮮やかだ

▼糸我王子。長きにわたる廃絶からの再建経緯も説明されている

▲くまの古道歴史民俗資料館。糸我峠にかつてあった茶店を再現したコーナーもある

広場に❺**糸我王子**がある。13世紀初め、藤原定家が参詣日記に「いとカ王子」と記録した王子社で、平成7年の再建。

糸我の道標を過ぎるとミカン畑の間を上がっていく道になる。登り切れば❻**糸我峠**。万葉の歌枕「絲鹿の峠」だ。江戸時代、ここには2軒の茶店があったという。名産のミカンを夏まで貯え旅人に出したのが評判だったと伝わる。また、この峠からは「万葉の熊野古道」と名付けられた栖原《すはら》海岸へのルートも分岐している。

夜泣松跡や北谷池横を過ぎると吉川の集落。「吉川憩の家」の隣には昔旅人が体を清めた「祓いの井戸」の図や道中の安全を祈ったとされる行者石がある。

❼**逆川《さかがわ》王子**の名は近くを流れる逆川に由来し、藤原定家の記録は「サカサマ王子」となっている。この逆川は地勢の関係で東流し、近辺のほかの川が海に向かって西流するのと逆なのでこの名になった。昔は地区名も逆川だったが名を忌んで吉川に改めたという。

後白河法皇の腰掛岩の跡や弘法井戸など伝説の名所前を通り、方津戸《ほうつと》峠に至る。低い丘のような峠で、古くは方寸峠、方津々峠などと称された。江戸期の醤油業盛時に

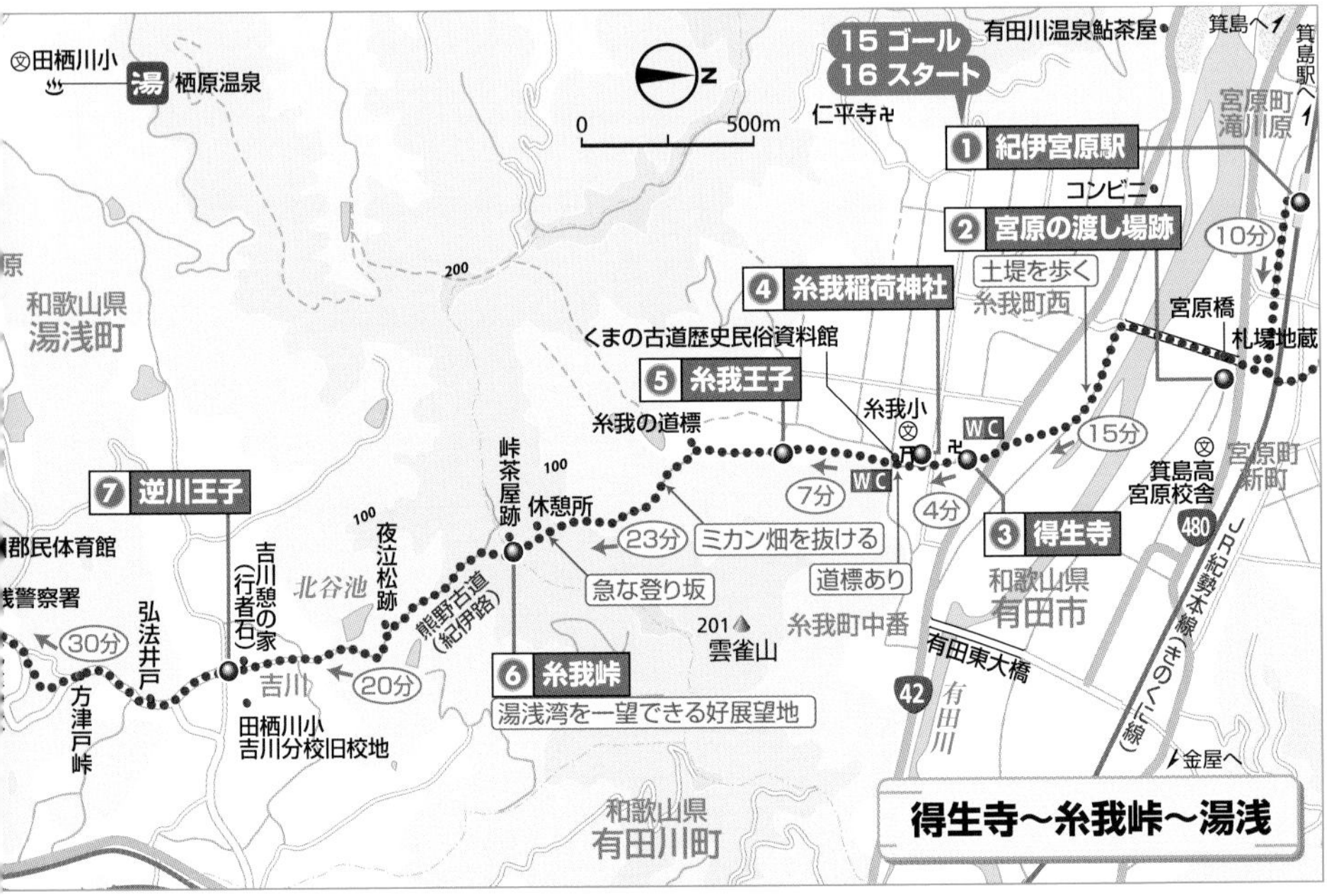

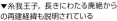

◀道町通りの立石の道標「すぐ熊野道 きみゐてら いせかうや」は江戸末期の建立

▶「手作り行灯・麹資料館」も立つ湯浅伝建地区北町通り

▼12世紀初頭の『中右記』に奉幣した記録があり、藤原定家も13世紀初頭に参拝した逆川王子

湯浅の玄関口となり、藩役人の付き添う大阪方面からの醤油売上金移送を正装で出迎えたのがこの峠だったという。

峠から下ってきて警察署、税務署などの前を過ぎたら川沿いの道を進み、左折して❽**北栄橋**《ほくえい》を渡り、直進すれば湯浅の道町《どうまち》通りだ。通りの右手には湯浅伝統的建造物群保存地区、いわゆる湯浅伝建地区が広がる。時間が許せば江戸期の面影をとどめる醤油発祥の地を散策してみたい。立石茶屋やその斜向かいの立石の道標を見て、やがて❾**湯浅駅**に至る。

食べる かどや食堂《かどやしょくどう》

湯浅自慢のしらすを釜揚げや生で味わえる

JR湯浅駅前、湯浅の特産・しらすを使った料理が名物の食事処。プリプリの生しらすをたっぷり盛った生しらす丼1100円はフレッシュな味わいで、おろし生姜と特製合わせ醤油がしらすのうま味を引き立たせる。釜揚げしらす丼720円や魚の干物定食780円もおすすめ。

☎0737-62-2667
㊟和歌山県湯浅町湯浅1109-1
㊗11～14時、17～21時 ㊡水・日曜の夜

Column

湯浅の醤油づくりは伝統の職人技

今や世界的な調味料となった醤油は13世紀初め、普化《ふけ》宗初祖・法燈国師が中国から伝えた径山寺《きんざんじ》味噌をルーツとし、湯浅で発明された。当初自家用だったが江戸期になると全盛期を迎える。文化年間（1804～1818)、わずか千戸の湯浅の町に92軒の醤油屋があったという。銚子をはじめ日本各地の醤油づくりも湯浅の製法を伝えて始まった所が多い。しかし明治以降、藩の保護消失とともに醤油醸造家が大幅に減少。近年まで衰退気味だった。湯浅の小規模な醤油醸造所は基本的に江戸期以来の製法を守る伝統の味。職人技の世界だ。今、湯浅の醤油は小規模を逆にアピールポイントとする巻き返しの最中。醸造香が漂う湯浅伝建地区の散策は新たな味との出合いを秘める。

▲主な醸造元の一つ角長の「醤油資料館」。古い醸造用具や貴重な資料が見られる

▲石段上に立つ道成寺の仁王門（国の重要文化財）は元禄4年（1691）の再建

悲恋物語の舞台の古寺と著名な王子社を巡拝!!

紀伊内原《うちはら》駅から道成寺《どうじょうじ》を経て〝美人王子〟の塩屋王子《しおやおうじ》へ

アクセス

【行き】 天王寺駅からJR阪和線紀州路快速で約1時間15分、和歌山駅下車、JR紀勢本線で約1時間、紀伊内原駅下車。

【帰り】 西御坊駅から紀州鉄道で8分、御坊駅下車、JR紀勢本線特急で約1時間30分、天王寺駅下車。

問合せ

御坊市観光協会 ☎0738-23-5531
日高川町観光協会 ☎0738-22-2041

歩行時間 約3時間55分
歩行距離 約14.6km
歩行レベル 中級 体力★★★ 技術★★★

区間	距離	時間
❶紀伊内原駅 → ❷善童子王子	2.5km	40分
❷善童子王子 → ❸愛徳山王子	1.0km	15分
❸愛徳山王子 → ❹道成寺	1.0km	15分
❹道成寺 → ❺海士王子	0.9km	15分
❺海士王子 → ❻野口新橋	2.5km	40分
❻野口新橋 → ❼岩内王子	1.6km	25分
❼岩内王子 → ❽塩屋王子（塩屋王子神社）	2.6km	45分
❽塩屋王子（塩屋王子神社） → ❾西御坊駅	2.5km	40分

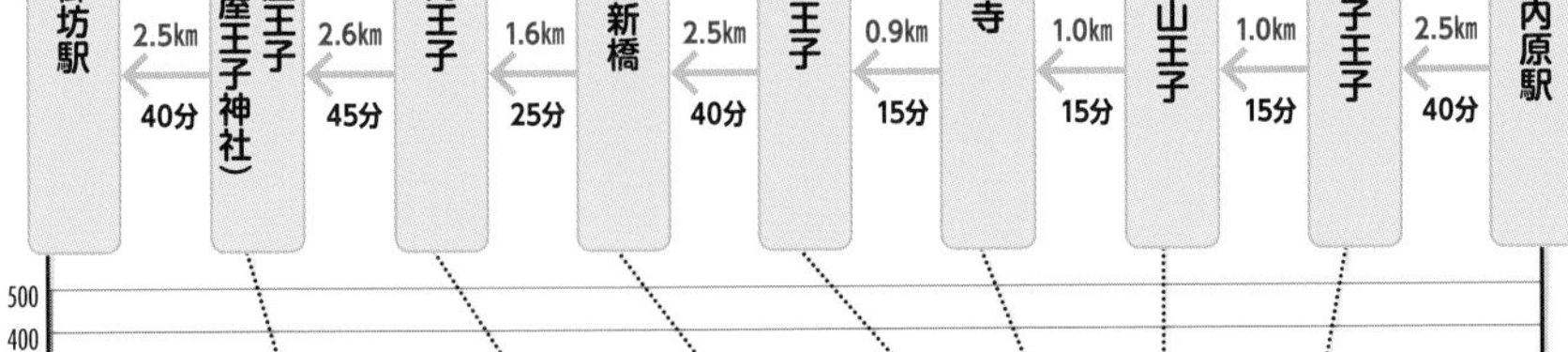

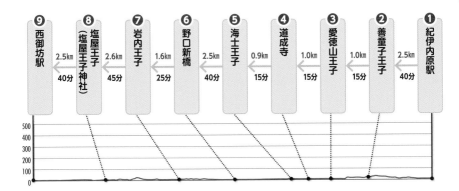

▲愛徳山王子。北東参詣道（150m）は熊野参詣道紀伊路の一部として国の史跡に指定

◀田藤次王子、富安王子など多数の別名をもつ善童子王子。『中右記』には「連同持」と記されている

▶「左ハきみい寺道」の地蔵道標。「きみい寺」は西国第1番札所の那智山青岸渡寺に続く2番・紀三井寺（和歌山市）のこと

湯浅から紀伊路最大の難所・鹿ヶ瀬峠《ししがせ》を越えてきた熊野古道は、日高川下流に開けた日高平野（御坊平野）に入る。本コースはその御坊一帯を歩き、安珍《あんちん》・清姫《きよひめ》伝説の舞台である道成寺や、「美人王子」と通称される塩屋王子などを訪ねる。やや複雑なコースなので道標を確認しながら進もう。

起点は❶**紀伊内原駅**。道標はないが駅前の交差点を右へ、国道42号との合流点でまた右折し、踏切を渡って行けば約200m先で湯浅方面からの古道に合流する。右手には道標が立つ。古道とはいえ舗装路のこの車道を道なりに進む。

一里塚松跡の石碑、地蔵の台座に「左ハきみい寺道」と彫られた地蔵道標を見て行くと、右手の丘の麓に❷**善童子王子**《ぜんどうじ》がある。『中右記』に大般若経を蔵すると記される大社だったが、今は小さな祠が立つだけだ。次の❸**愛徳山王子**《あいとくさん》は善童子王子と同様に準五体王子の一つとする古記録もあり、重要な社だったとみられている。

愛徳山王子から15分ほどで❹**道成寺**の仁王門下に出る。能や歌舞伎でも名高い安珍・清姫の悲恋物語の舞台。境内の縁起堂では毎日随時、この物語が描かれた『道成寺縁起絵巻』の絵解き説法がユーモアを交えて

▶御坊市内ではこのような道標が要所にあるので、確認しながら進もう

Column

安珍・清姫の悲しき恋物語

延長6年（928）のことと伝わる。熊野の庄屋の娘清姫は、奥州から来た熊野詣の僧安珍にひと目惚れする。しかし修行の身の安珍は恋心を受け止められず、帰途に再会するという約束を破って逃げ出した。清姫は裏切られたと知るや大蛇に変身。口から紅蓮の炎をはいて、道成寺の鐘に隠れた安珍を鐘もろとも焼き尽くし、自らは入水して果てたという。平安時代の仏教説話集などに記されるこの伝説は、のちに「道成寺物」として能楽、歌舞伎、浄瑠璃などで演じられ世に広まった。

▲道成寺の鐘楼跡に立つ「鐘巻之跡碑」

コース アドバイス

距離は長いがほぼ平坦 道成寺は時間をかけて

ずっと舗装路を歩く。大半が車道ながら、歩道があったり車の通行が少なかったりという道なので、割と快適に歩ける。コース上の最大のみどころは道成寺。国宝や重文の仏像を拝観し、名物の絵解き説法を聞くためにも時間を長めにとっておきたい。また西御坊駅の東には古い町並みが残り、御坊という地名のもととなった本願寺日高別院などもある。時間があればそのあたりも散策したい。

◀野口新橋を渡ったら、この道標を目印に右へ。しばらく土手上の道を進んで行く

▶道成寺の石段下には名物の釣鐘饅頭などを売るみやげ物店が軒を連ねている

▲道成寺の本堂（国の重要文化財）は南北朝時代の再建。道成寺は境内自由、縁起堂・宝仏殿の拝観は600円

行われる。大宝元年（701）、文武天皇の勅願で創建されたこの名刹は、文化財の宝庫としても知られている。宝仏殿には平安初期の本尊・千手観音菩薩立像など3体の国宝をはじめ多数の文化財指定の仏像を安置。本堂や仁王門も国の重要文化財に指定されている。

来た道を引き返し、さらに川沿いの道を少し行くと、「クワマ」「クアマ」などとも古文献に記された**❺海士《あま》王子**がある。このあたりは九《く》海士《あま》の里とよばれ、道成寺創建説話の宮子《みやこ》姫（髪長《かみなが》姫）の生誕地とされる。宮子は成長しても髪が生えなかったが、観音の霊験で伸び始め「髪長姫」とよばれる美少女に成長。やがて文武天皇の妃に迎えられ、観音像を祀るため天皇に頼んで道成寺を創建したという。

この先は住宅街を通り、日高川に架かる**❻野口新橋**を渡ったら右折、土手の上の道を進む。集落を抜け車道を行くと、簡易郵便局がある信号交差点に出る。**❼岩内《いわうち》王子**は直進だが、時間があれば左折し、悲劇のプリンス有間皇子の墓説がある古墳「岩内1号墳」へ。信号交差点から坂道を約300m進み、右手に入った所にある。

岩内王子から直進し、琴野橋を渡って左

◀「美人王子」といわれる塩屋王子の絵馬。鳥居前にある商店で買い求められる

▶12世紀初頭の『中右記』にも名が見える塩屋王子。石段を上った所に社殿が立つ

▲1辺約19mの方墳で横穴式石室をもつ岩内1号墳。有間皇子の墓説がある

折。車道を横断し、車道に並行する坂道を上る。河南中学校前を経て広い交差点を右折。造成地の宅地に入り、奥の細い道を下って行くと国道42号東に並行する旧道に出る。左に行けば❽**塩屋王子（塩屋王子神社）**に至る。九十九王子のなかでも古く著名な王子で、熊野参詣道紀伊路の一部として国の史跡に指定されている。境内の「御所の芝跡」は後鳥羽上皇の行在所跡とされる。また美人王子の別称があり、祈願すれば美しい子を授かるという。参拝後は国道42号で市街へ戻り、❾**西御坊駅**から帰途に。

買う　堀河屋野村《ほりかわやのむら》

西御坊駅近くにある醤油と味噌の老舗

元禄年間創業、以来300余年変わらぬ製法で、醤油と味噌を手作りしている老舗。添加物は一切使わず、厳選した国産原料のみで作られる醤油・味噌は風味豊か。三ツ星醤油900㎖1836円、夏野菜がたっぷり入った徑山寺味噌500g1296円〜。

☎0738-22-0063
㊟和歌山県御坊市薗743
㊐9〜17時(土曜、第1・3日曜は10〜17時)　㊡第2・4日曜

Column
市民に愛される超ミニ鉄道、紀州鉄道

御坊駅と西御坊駅を結ぶ紀州鉄道は、路線距離わずか2.7㎞の日本で一番短いローカル私鉄だ。御坊駅を出た1両きりの気動車は途中3つの駅を経て、わずか8分で終点の西御坊駅に着く。この路線が開業したのは昭和6年（1931）。当時、国鉄紀勢線が御坊まで延伸したが、御坊駅は市街地から離れた不便な場所に置かれた。そのため街の有志が御坊駅と市街を結ぶこのミニ鉄道を建設した。以来、90年、御坊の中心は今も紀州鉄道の沿線であり、市民の足として親しまれている。

▶御坊市街地にある西御坊駅。列車は1日18往復、西御坊〜JR御坊駅は運賃180円

▲日高高校の最寄り駅の学門駅。入場券は受験生に人気（紀伊御坊駅で購入可）

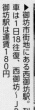

浜伝いの熊野古道と梅林景勝地を歩く!!

切目《きりめ》駅から千里《せんり》の浜を歩き、梅の里・みなべへ

▲千里王子の花山院歌碑。千里の浜は古来の歌枕で熊野参詣の旅人もしばしばいにしえを偲んだ

アクセス

【行き】 天王寺駅からJR紀勢本線特急で約1時間30分、御坊駅下車、同線普通列車で22分、切目駅下車。
【帰り】 南部駅からJR紀勢本線特急で約1時間55分、天王寺駅下車。

問合せ

印南町観光協会 ☎0738-42-1737
みなべ観光協会 ☎0739-74-8787

歩行時間 約3時間20分
歩行距離 約12.1km
歩行レベル 中級 体力★★★ 技術★★★

❶切目駅 → 0.9km 20分 → ❷切目中山王子 → 1.9km 30分 → ❸徳本上人名号碑 → 1.3km 20分 → ❹有間皇子結び松の記念碑 → 0.8km 15分 → ❺岩代王子 → 2.8km 45分 → ❻千里王子 → 1.2km 20分 → ❼南部峠の石仏 → 2.6km 40分 → ❽三鍋王子 → 0.6km 10分 → ❾南部駅

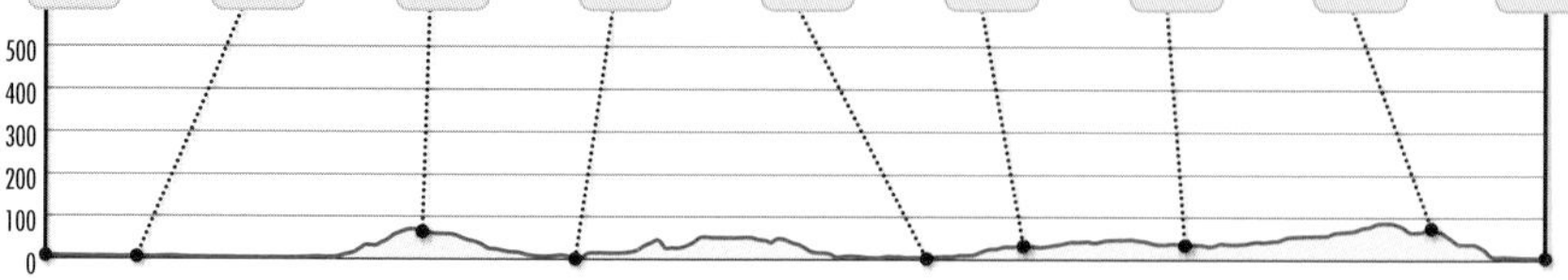

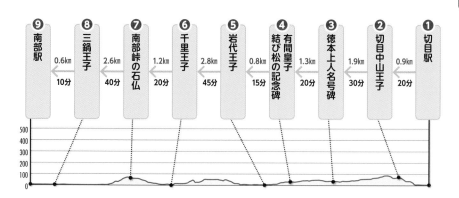

◀右手の山頂に別荘地の施設を遠望しつつ進む谷あいの舗装路

▶切目中山王子。足を傷め横死した山伏にまつわる霊石を境内社「足の宮」に祀り、足病に効くと地元で崇められる

▶徳本上人名号碑。日高出身の上人は江戸中期、全国を教化して回り、紀伊路に足跡が濃い

❶**切目《きりめ》駅**を出て右へ行き、ガードを潜る。すぐ右手に大ソテツの茂る渦山光明寺があり、道標に従い民家の間の坂を登る。若宮社跡を過ぎ、直進して突き当たりの広い道を左折。斜向かいに道路脇を上がる細い車道があり、それが王子社へのルートだ。

坂を登り切り、やがて❷**切目《きりめ》中山《なかやま》王子**に到着。この王子には中世、貴族や皇族なども参拝したがそれは1㎞ほど東の「王子ヶ谷」にあったという説があり、江戸期ごろ現在地に移ったという。

急な舗装農道の途中で右手の林の中へ進む。しばし山道らしい雰囲気を楽しんだのちに舗装路へ合流、山里の農道から谷あいの舗装路へと歩き続け、それが一般道に合流する角に❸**徳本上人《とくほんしょうにん》名号碑**が立つ。

花卉栽培のビニールハウスの間を抜けて珍しい祠の庚申塚を過ぎ、国道42号に合流する。コースでは国道を行き梅工場の前を通って❹**有間皇子結び松の記念碑**へ至るが、合流点で左折し「岩代万葉歌碑」に立ち寄るルートもある。結び松記念碑の立つ岩代の浜は19歳で散った悲劇の皇子の故地。ゆえなき謀反の罪に問われた有間皇子が、斉明天皇と中大兄皇子が行幸していた白浜へと護送される途次、この地で松の枝を引

▶岩代や千里の王子は「浜の王子」。現存する王子のうち最も海近くに位置し、鳥居も海に向かって立つ

Column

日本一の梅生産地・みなべ町

みなべの梅栽培は江戸期に紀州田辺藩が奨励して始まった。梅干用実梅品種の最高峰とされる「南高梅」もその名は調査研究に協力した県立南部高校に由来する。みなべが南高梅の発祥地なのだ。今や梅干の生産高日本一を誇り、花の季節には「一目百万、香り十里」とうたわれる南部梅林が多くの観梅客を集める。温暖な気候と剪定や土づくりなどの技術蓄積があいまってみなべ地方の梅干は大粒で柔らかく、梅肉たっぷり。物産店には多種類の梅干に加えて梅ジャムなども並ぶ。

▲毎年2月に開花する南部梅林

コースアドバイス

春先には梅の香漂うコース 爽快な「千里の浜」も楽しみ

梅畑の丘陵地と海岸の間を上り下りする本コースは枝道が多く、道標のない分岐もある。地勢を把握した上で道標を探そう。コースのハイライトは「千里の浜」。昔の熊野参詣者は岩代王子から千里王子の間の約2.8㎞、砂垢離・潮垢離の意味で汀を進んだ。今回歩くのはその10分の1程度だが、毎年アカウミガメが掘り返すこの浜の砂は細かく深い。砂の締まった所をたどるのが無難だ。

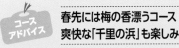

◀千里の浜はかつて「ちさとの浜」ともよばれ、歌枕、風光明媚の地として知られた

▶岩代王子。15世紀、足利義満の側室北野殿は王子前で技を披露した海士（あま）に褒美を与えた

▲岩代万葉歌碑。2つの歌碑はそれぞれ万葉学者の澤潟久孝・犬養孝師弟による揮毫

き結び、行く末の無事を祈ったという。その皇子が当地で詠んだとされる歌碑も立つ「岩代万葉歌碑」へは150mほど北の光照寺隣まで案内標識をたどって往復できる。

記念碑から国道を進み、橋を渡った所で国道を潜る。踏切を越えれば「浜の王子」の名で知られる古い王子社、❺**岩代王子**《いわしろ》だ。歴代上皇などの参拝時に、拝殿の長押板に御幸の供奉の数や殿上人の名、参詣回数などを記す慣わしがあったという。

昔の旅人は岩代王子から浜伝いに行ったが、今は通れない。陸側へ引き返し丘陵を横切るルートをとる。

岩代駅前を通り、別荘分譲区画の東縁の道を登る。右手に小さく海の景。ゴミ焼却場を過ぎると右手に梅畑が見えてくる。花の時期は見事だろう。道標で右折し、梅畑の間を下る。多数の枝道が分岐・合流しているが、ほぼ真っすぐ下りていく。JR線路を潜ると浜に出る。これが千里の浜。伊勢物語や枕草子などにも出てくる景勝地だ。しばしの浜歩きで❻**千里王子**に至る。

この王子は11世紀から参拝記録が残り、また古くから貝を奉納する風習もあったという。鳥居の傍らに花山院歌碑も立つ。王子社隣接の千里観音堂は参道に三十三観音

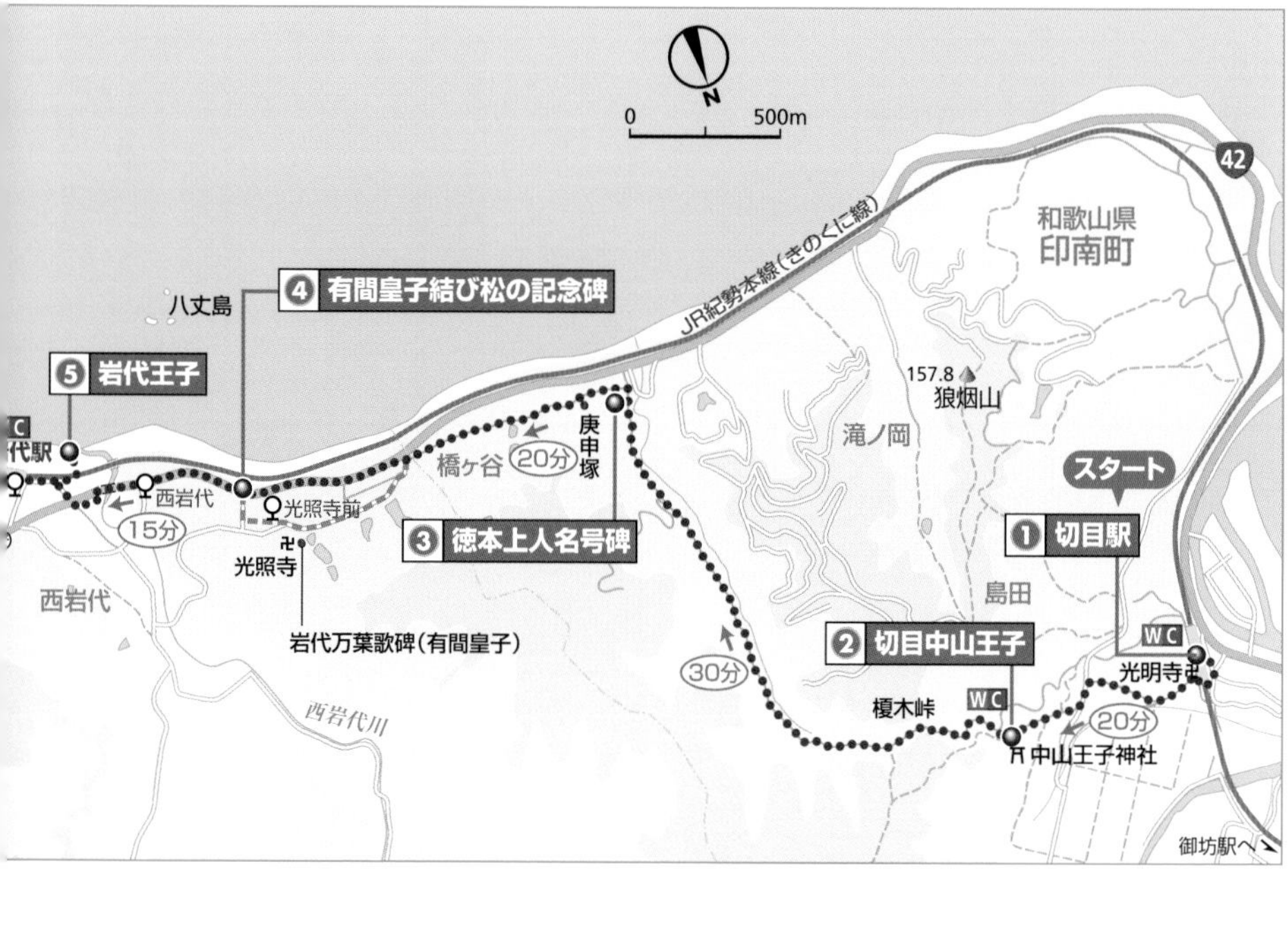

▲12世紀から記録のある三鍋王子。本殿は鹿島神社内に移されている

▼南部峠の石仏は像高約50cm、室町期の作と推定される石造地蔵。骨折に霊験あらたかといい、一名「骨接ぎ地蔵」

◀千里王子。碑の背後の建物の奥に鳥居と安永５年（１７７６）再建の本殿がある

像が並ぶ。千里観音堂の脇から道を進み、再びＪＲ線路を潜る。線路の間の道を行き、一般道に合流、南部鉄工の先で右の細道に入るとその突き当たりが❼**南部峠の石仏**。

林を抜け、住宅地へ下りてからＪＲ、国道とガード２つを潜って国道に合流、やがて紀州梅干館が見えてくる。南部大橋を渡って丹河《たんが》地蔵を過ぎれば「みなべ」の語源ともなった❽**三鍋王子**。「王子の芝」の地名とともに王子跡らしい雰囲気が漂う。三鍋王子を後にして10分ほど歩き、南部郵便局前を左折すると❾**南部駅**に着く。

買う

紀州梅干館《きしゅううめぼしかん》

工場見学もできる梅の館
みなべの梅製品をおみやげに

梅干メーカーのウメタが開いている梅パビリオン。館内の直売店で南高梅の梅干をはじめとした梅製品が買えるほか、ガラス窓越しに梅干の製造工程を見学できる。梅干作り体験2000円(所要30分、電話またはHPから要予約) など各種体験教室も実施。

☎0739-72-2151
㊟和歌山県みなべ町山内1339
㊋8時30分～17時　㊡無休(工場は日曜・祝日休、土曜不定休)

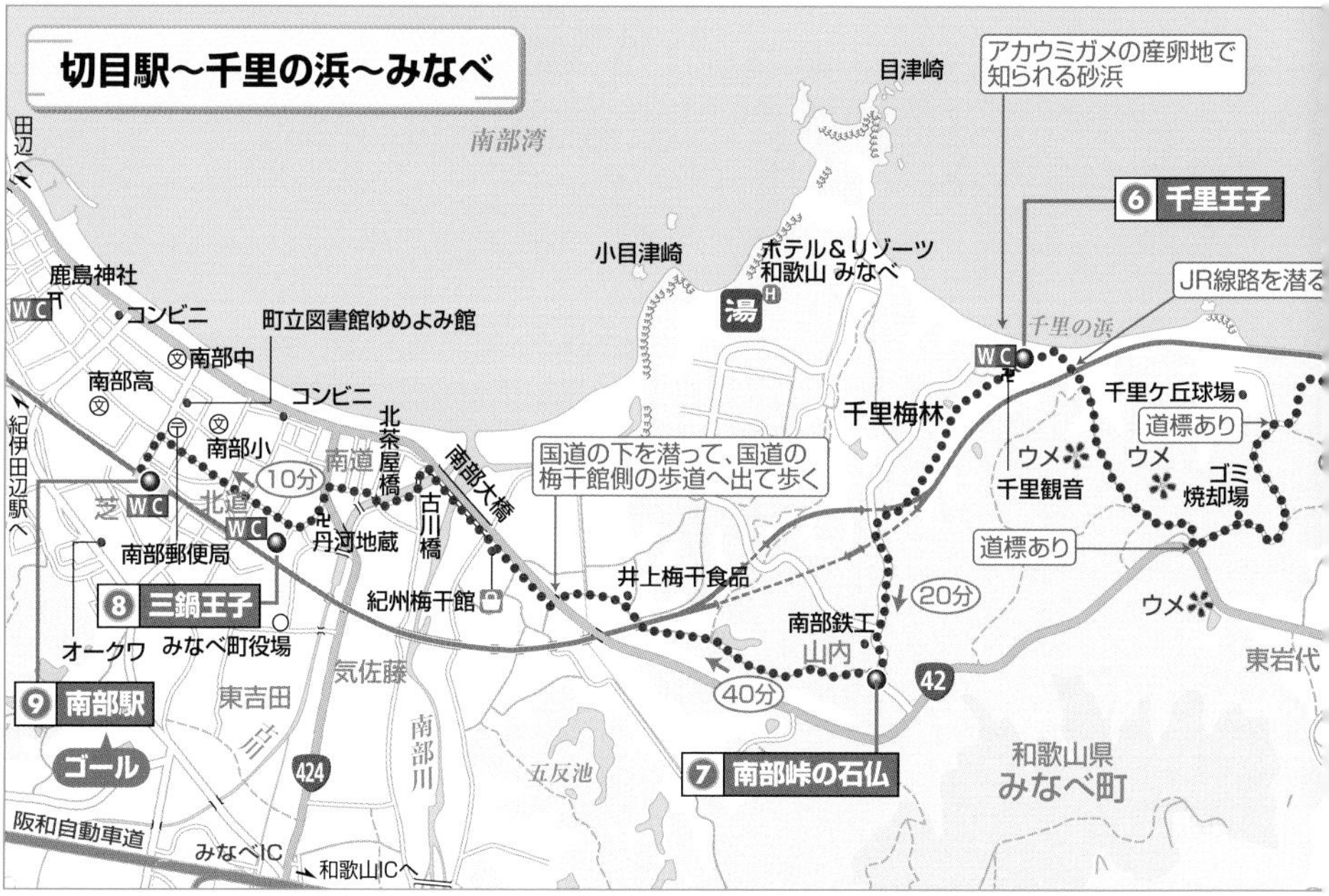

Column

口熊野《くちくまの》・田辺を歩く

中辺路と大辺路が分岐する熊野の入口

口熊野とよばれた田辺は昔からの交通の要衝で、紀伊路はここで中辺路と大辺路に分岐していた。市街地には関連のみどころが残り、古道ウォーキングの前後に歩いてみたい。

紀南地方の中心地・田辺は古くから水陸交通の要衝として発展した町で、中辺路と大辺路の分岐点にあることから、熊野の入口「口熊野」ともよばれた。市街地に残る熊野信仰ゆかりの史跡を訪ねたい。

みなべから南下してきた熊野古道紀伊路が会津川を渡る手前に出立《でだち》王子がある。院政期の記録にも残る熊野九十九王子の一つ。当時の位置は不明だが、現在はこの地に移されている。この先中辺路を行く参詣者にはここが最後の海岸線であり、王子社前方の潮垢離《しおごり》浜で海水により身を浄める潮垢離を行った。当地での垢離は特に重要視され、後鳥羽院の御幸に随行した藤原定家は、風邪のため辞退しようとしたが厳しく叱責され、やむなく潮を浴びたと伝わる。

▲潮垢離の場として重要視された出立王子

会津川を渡って市中心部に入り、北新町商店街を進んで行くと、呉服店の前に「道《みち》分《わ》け石」が立つ。ここが中辺路と大辺路の分岐点である。安政4年（1857）建立のこの道標の1面には「左くまの道」、別の面に「右きみゐ寺」と彫られている。西から来た旅人がこの角を左折すれば中辺路を進むことになり、直進（「すぐ」は真っ直ぐの意）すれば大辺路だった。

▲北新町商店街に残る道標の「道分け石」

ちなみに、道分け石のすぐ手前（西）にある和菓子店「辻の餅」は、天保年間（1830～44）に街道筋の茶店として創業した老舗。熊野詣の旅人にも喜ばれた名物「おけし餅」をおやつ、おみやげに買い求めたい。

道分け石から徒歩約10分の闘雞《とうけい》神社は世

辻の餅

平たい餅の上下に甘さ控えめの粒餡を付けたおけし餅は、南方熊楠の好物でもあった。

☎0739-22-1665
㊟和歌山県田辺市北新町1　㊕8時30分～18時　㊡火曜

▲おけし餅1個108円。みたらし団子1本86円も人気がある

▶中辺路と大辺路の分岐点のすぐ近くに店を構える老舗

◀社殿配置は、明治の大洪水で流出する以前の熊野本宮大社のそれとよく似ている

闘雞神社

「権現さん」と親しまれる古社。7月24～25日の例大祭は田辺祭とよばれ、8基の笠鉾(山車)と衣笠が市街を練り歩く。

☎0739-22-0155
㊟和歌山県田辺市東陽1-1　㊕境内自由

◀境内には第21代熊野別当・湛増と、その子と伝わる武蔵坊弁慶の像が立つ

界遺産の古社。かつては新《いま》熊野権現などとよばれ、熊野三山の別宮的な存在として、熊野信仰の一翼を担ってきた。社伝では、允恭天皇8年（419）に熊野坐《くまのにます》神社（現在の熊野本宮大社）を勧請したとされ、『紀伊続風土記』には第18代熊野別当・湛快《たんかい》のとき熊野三所権現を勧請したと記される。いずれにしても古くから熊野権現を祀っており、ここで熊野三山を遙拝して巡拝に替える例も少なからずあったと伝わる。

闘雞神社の社名は、湛快の子で武蔵坊弁慶の父といわれる第21代熊野別当・湛増《たんぞう》に由来する。『平家物語』によれば、源氏と平氏の双方から熊野水軍の援軍を求められた湛増は、どちらに味方すべきか神に教えを乞うため、神前で紅白7羽の鶏を闘わせた。源氏の白旗と同じ白の鶏がことごとく勝ったため、源氏に付くことを決めたという。

田辺は世界的博物学者の南方熊楠《みなかたくまぐす》が後半生を過ごした地でもある。市街地に熊楠が昭和16年（1941）に亡くなるまでの25年間住んだ旧居が残り、隣に南方熊楠顕彰館が立つ。鎮守の森を守るため明治の神社合祀令に反対した熊楠は、熊野古道にも縁深い。

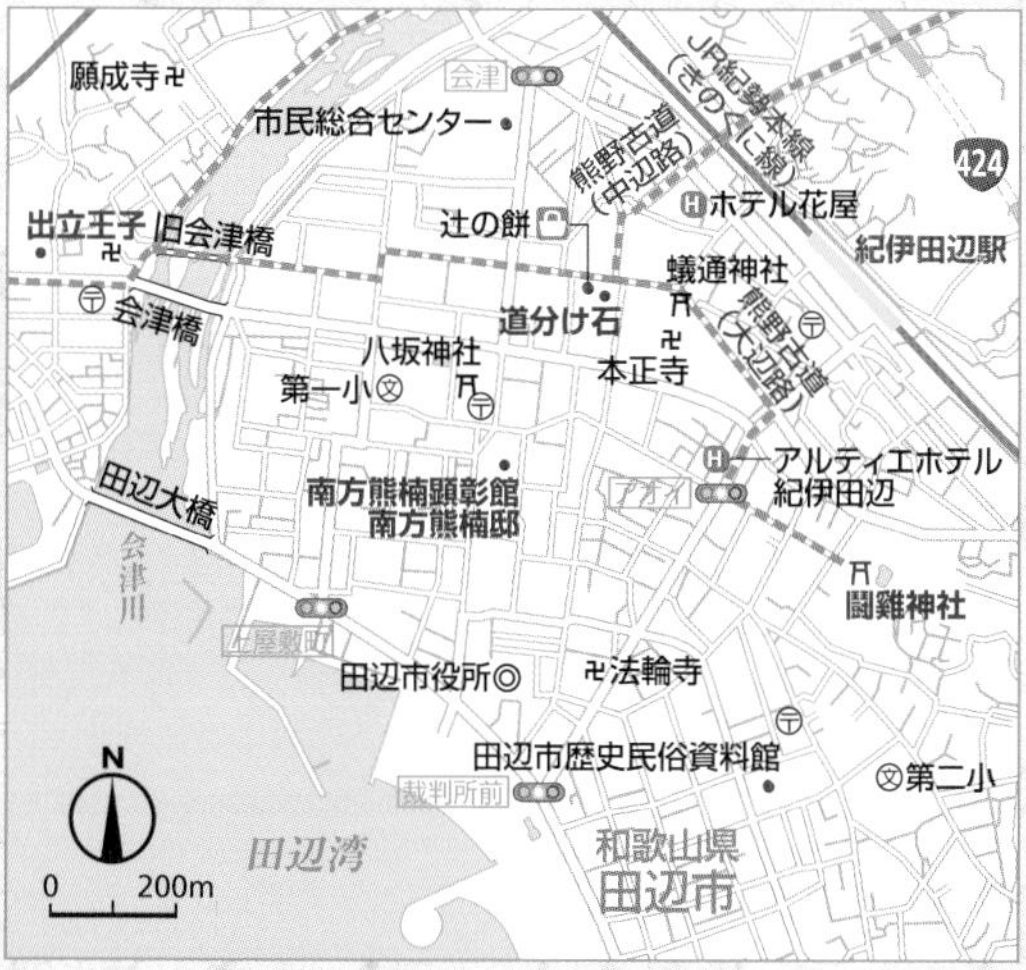

南方熊楠顕彰館・南方熊楠邸

顕彰館では熊楠の生涯や業績を紹介。熊楠が研究に没頭した旧邸も興味深い。

☎0739-26-9909
㊟和歌山県田辺市中屋敷町36　㊕顕彰館無料、旧邸見学350円　㊐10～17時(入館は～16時30分)　㊡月曜、第2・4火曜、祝日の翌日(土曜・休日の場合は除く)

◀旧邸の書斎。往時の様子が再現されている

真言密教の聖地と熊野古道随一の険路!!

高野山と小辺路

こうやさんとこへち

❶豊かな自然に包まれた果無峠越の道 ❷❸果無峠越のルート沿いには西国観音霊場に倣った、姿かたちの異なる33体の観音石仏が点在している ❹高野山で最初に開かれた壇上伽藍には朱塗りの根本大塔と金堂が並び立つ

高野山は弘法大師空海が開いた真言密教の根本道場。標高800 ～ 900mの山上に広がる聖地へは、幾筋もの参詣道があったが、表参道は空海が切り開いた町石道《ちょういしみち》だった。麓の慈尊院から山上まで、１町ごとに道しるべの町石が置かれた道は、今では格好のハイキングコースとしても親しまれる。高野山も町石道も世界遺産だ。

小辺路は高野山から南下して熊野本宮大社に至る道。2つの霊場を最短距離で結んでいるが、標高1000m級の峠を4つも越える熊野古道で最も険しい道である。アクセスも不便な上級者向けの山岳ルートだが、それだけに往時の面影をよく残す。このうち、奈良県最南端の十津川温泉から果無峠《はてなし》を越えて本宮大社へ下るコースは一般向き。道沿いに点在する西国三十三観音石仏にも慰められる。

P130-131
P152-153
P106-107
P16-17
P86-87
19 高野参詣道 町石道
高野参詣道 町石道
20 高野山
小辺路
21 十津川温泉～果無峠～熊野本宮大社
大峯奥駈道
中辺路
伊勢路
橋本市
九度山町
五條市
高野町
天川村
野迫川村
奈良県
十津川村
和歌山県
北山村
田辺市
和歌山
新宮市
下北山村
慈尊院
丹生官省符神社
道の駅 柿の郷くどやま
丹生都比売神社
二ツ鳥居
こうやさん
金剛峯寺
苅萱堂
国城山
防城峯
七霞山
竜王山
乗鞍岳
高野温泉
今井峠
出屋敷峠
吉野路 大塔
白石山
唐笠山
天竺山
頂仙岳
八剣山
(仏経ヶ岳)
七面山
水ヶ峰
荒神岳
野迫川温泉
瀬戸貯水池
旭貯水池
釈迦ヶ岳
天狗山
伯母子峠
伯母子岳
笹ノ茶屋峠
護摩壇山
龍神ごまさん
スカイタワー
風屋貯水池
天竺山
涅槃岳
法主尾山
石佛山
中八人山
小森谷渓谷
高甲良山
行仙岳
湯泉地温泉
十津川郷
大森山
行仙岳
笠捨山
龍神
天上山
牛廻越
牛廻山
龍神温泉
小又川温泉
十津川温泉
上湯温泉
玉置山
玉置神社
大森山
大森山
上瀞八
瀞八丁
冷水山
百前森山
奥熊野古道
ほんぐう
持平山
千丈山
発心門王子
伏拝王子
熊野本宮大社
熊野古道中辺路
牛馬童子像
大塔山
湯の峰温泉
渡瀬温泉
川湯温泉
逢坂峠

高野山・小辺路ルート

岬町
俎石山
風吹峠
雄ノ山峠
岩出根来IC
紀の川東IC
かつらぎ西
宝来山神社
紀ノ川SA
和歌山JCT
和歌山IC
根来寺
ねごろ歴史の丘
紀の川IC
粉河寺
旧名手本陣
長田観音
紀伊国分寺跡
西国分寺跡
岩出市
青洲の里
淡嶋神社
加太温泉
南海本線
南海加太線
南海和歌山港線
JR和歌山線
和歌山北IC
和歌山城
紀ノ川
四季の郷公園
和歌山南スマートIC
桃源郷
三船神社
紀の川市
八幡神社
鷹ノ巣
愛宕山
わかやま電鐵貴志川線
伊太祁曽神社
和歌山市
JR紀勢本線（きのくに線）
紀三井寺
大島
和歌浦湾
阪和自動車道
野上八幡宮
釜滝薬師
紀美野町
海南IC
海南東IC
藤白神社
十三神社
みさと天文台
美里温泉
達磨温泉
善福寺
地蔵峰寺
下津IC
海南市
箕六弁財天社
橋本神社
地ノ島
沖ノ島
長保寺
生石ヶ峰
鷲ヶ峰
有田市
しみず
あらぎの里
しみず温泉
浄妙寺
明恵上人星尾遺跡
有田温泉
白岩丹生神社
薬王寺
法音寺
安楽寺
得生寺
須佐神社
明恵ふるさと館
二川温泉
有田IC
有田南IC
湯浅町
施無畏寺
栖原温泉
吉備湯浅PA
苅藻島
勝楽寺
湯浅温泉
湯浅IC
かなや明恵峡温泉
白井山
鷹島
広八幡神社
しらまの里
二の丸温泉
東谷山
広川IC
法蔵寺
黒島
霊厳寺
十九島
門前の大岩
興国寺
広川町
由良町
長者ヶ峰
滝原温泉
広川南IC
湯浅御坊道路
紀伊路
美山温泉
中津温泉
みちしおの湯
日高町
San Pin 中津
川辺IC
かわべ温泉
道成寺
西山千本桜
仏の串峠
日高川町
蛙畑峠
経平峠
印南町
美浜町
御坊IC
紀州鉄道
御坊南IC
水の郷日高川 龍游
切目辻
塩屋王子神社
尾ノ崎遺跡
大峠
鰹島
清姫草履塚
御坊市
虎ヶ峰峠
鶴の湯温泉
印南IC
印南SA
紀伊田辺梅林
みなべ町
0
10Km
N

弘法大師空海が開いた天空の聖地

高野山《こうやさん》 金剛峯寺《こんごうぶじ》

弘法大師空海によって標高900mの山上に開かれた真言密教の聖地。高野山真言宗の総本山である金剛峯寺を中心に、117の寺院が法灯を守る一大宗教都市だ。

▲蟠龍庭は金剛峯寺の石庭。京都の白川砂と四国の花崗岩を用いて雲海の中で奥殿を守る雌雄の龍を表現している

標高千m級の峰々に包まれた「八葉蓮華」とも例えられる山上の盆地に開かれた高野山。東西約5・5㎞、南北約2・3㎞の範囲に、金剛峯寺を含む117の寺院や堂塔が並び立つ宗教都市だ。その歴史は、空海が唐で学んだ真言密教の教えを広める根本道場を建立しようと、弘仁7年（816）に高野山の下賜を奏上、嵯峨天皇から勅許を賜ったことに始まる。のちに空海が高野山で七里四方に結界を結び、伽藍の造営に着手した。

金剛峯寺とは弘法大師が命名した高野山一山の総称だったが、現在では高野山真言宗の総本山で座主兼管長の住まいでもある一寺院を指す。元は明治時代に2つの寺が合併、改名したもので、中心となる大主殿は、豊臣秀吉が母の菩提を弔うために木食応其《もくじきおうご》上人に命

金剛峯寺 ☎0736-56-2011

㊟和歌山県高野町高野山132

㊦難波駅から南海高野線特急で約1時間20分、極楽橋駅下車、高野山ケーブルで5分、高野山駅下車、南海りんかんバス大門南駐車場行きで11分、金剛峯寺前下車すぐ

㊑拝観1000円

㊓8時30分〜17時

Ⓟ81台

▲豊臣秀吉が建立した建物が金剛峯寺に。主殿の建物は檜皮葺きの屋根が風格あふれる

じて建立した青巌寺の建物。現在の建物は文久3年（1863）に再建されたもので、高野山の重要な行事が行われる大広間や上段の間のほか、豊臣秀次が自刃した柳の間などが公開されている。別殿の高野山開創の情景や四季の花鳥が描かれた襖絵、石庭として日本最大級の広さを誇る蟠龍庭《ばんりゅうてい》なども併せて拝観したい。金剛峯寺から蛇腹路《じゃばらみち》を行くとある壇上伽藍は、弘法大師が高野山で最初に開いた聖地で、根本大塔や金堂などの堂塔が立ち並ぶ。奥之院には承和2年（835）に入定した弘法大師の御廟があり、杉木立に包まれた約2㎞の参道沿いは、時代や宗派を超えた無数の墓碑が並び立つ一大霊場だ。

◀不動堂（国宝）や根本大塔が立ち並ぶ壇上伽藍は高野山で最初に開かれた聖地

青葉まつり(宗祖降誕会《しゅうそごうたんえ》)

6月15日

真言宗の宗祖、弘法大師空海の誕生を祝う高野山を代表する祭り。法会「宗祖降誕会」が6月15日の朝9時から大師教会で営まれる。6月15日に近い休日には、稚児大師像を乗せた山車を稚児が曳く花御堂渡御や大師音頭のパレードなど高野山奉讃会による行事が開催され、町中の人々が総出で参加、賑やかに盛り上がる（日程などは変更の場合あり）。

▲大師音頭の行列が賑やかに続く

九度山《くどやま》駅から 高野参詣道町石道《こうやさんけいみちちょういしみち》をたどる

五輪塔の町石が導く道を歩いて天野の里へ

▲一里石と百四十四町石が仲よく並ぶあたりは道もなだらか

アクセス

【行き】難波駅から南海高野線快速急行で約1時間、九度山駅下車。
【帰り】上古沢駅から南海高野線で約30分、橋本駅下車、同線急行で約50分、難波駅下車。

問合せ

九度山町産業振興課　☎0736-54-2019

歩行時間　約4時間
歩行距離　約12.2km
歩行レベル　中級　体力★★★　技術★★★

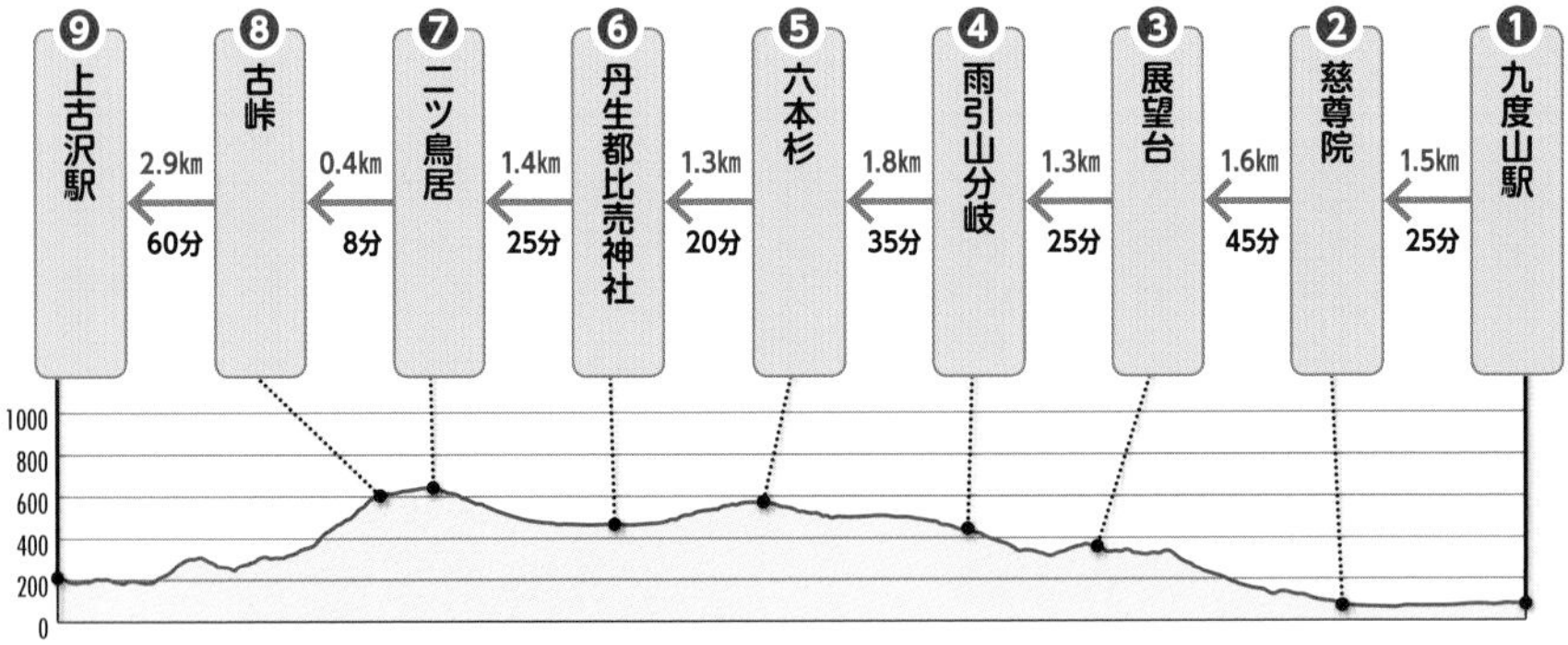

◀展望台は紀ノ川が蛇行して流れる雄大な眺めを一望することができる絶景ポイントだ

▶慈尊院は弘法大師の母、玉依御前が住んだ寺で、大師も月に九度、山を下りて母に会いに訪れたという

◀丹生官省府神社の石段の参道の傍らに立つ百八十町石

高野参詣道町石道は、今から1200年前に、空海によって開かれた高野山への表参道。紀ノ川のほとりにある慈尊院《じそんいん》から、山上の西口にそびえる大門を経て、根本大《こんぽんだい》塔《とう》が立つ壇上伽藍、さらには奥之院へ向かうルートで、平成16年にユネスコの世界遺産に登録。胎蔵界の仏を表す180基と金剛界を表す36基の五輪塔型の町石が1町（109m）ごとに建てられ、参詣者がひとつずつ合掌しながら歩いた祈りの道だ。

南海高野線の❶**九度山駅**から戦国武将・真田幸村ゆかりの町を歩き、道の駅柿の郷くどやまを越え❷**慈尊院**へ。空海を訪ねて高野山へ向かった母公が、女人禁制で山内に入ることを許されず、終生暮らした山麓の寺で、今も女人高野の信仰を集める。秘仏の国宝弥勒菩薩像を祀る弥勒堂にお参りしたら、丹生官省符《にうかんしょうぶ》神社への急坂の石段を登り、参道脇に立つ町石道のスタート地、百八十町石に手を合わせよう。

神社の境内から高野山の霊峰を仰ぎ、いよいよ町石道へ。柿の果樹園の間を縫うようにして上る道をたどれば、紀ノ川の雄大な眺めが広がる❸**展望台**に着く。鉄塔が立つ百六十町石のあたりから道は未舗装路に。❹**雨引山《あまびきやま》分岐**あたりは険しい急勾配の山道

▶丹生官省符神社は弘法大師を高野山へ導いた高野御子大神を祀る。町石道歩きの安全を祈って参拝しよう

Column

九度山は真田幸村の里

九度山は慶長5年（1600）の関ヶ原の戦いで敗れた真田昌幸・幸村親子が高野山蟄居を命ぜられ、隠棲した地。14年後には幸村が大坂冬の陣に出陣、翌年の夏の陣で壮烈な最期を遂げる。親子が暮らした屋敷跡「真田庵」（**mapP137中央上**）には父昌幸の墓や幸村と長男大助の供養塔が今も残され、訪れる人の姿が絶えない。

▶真田庵の昌幸の墓石と幸村・大助の供養塔
▼扉には真田氏の六文銭家紋も

コース アドバイス

高野参詣道町石道は2回に分けて歩こう

九度山駅から慈尊院を経て高野山の根本大塔まで町石道を歩き通すと距離にして約21km、約7時間かかり、かなりの健脚向きとなる。途中には宿泊施設がほとんどないので、途中の古峠から上古沢駅へ降りるなど、コースを前半後半に分けて歩くことをおすすめする。なお上古沢駅から高野山へは、南海高野線と高野山ケーブル、南海りんかんバスを乗り継ぎ約40分。高野山では宿坊に宿泊できる。

◀杉の木立に包まれた古峠。上古沢駅に向かうには、ここから下り坂を進んでいこう

▶天野の里を見渡す高台に立つ二ツ鳥居。高野山への巡礼者はここから地主神を遥拝した

◀六本杉を左へ向かうと古峠、右に進むと丹生都比売神社のある天野の里だ

となるので、足元に気をつけながら上ってゆこう。

町石道がなだらかになると、右手に一里石が見えてくる。慈尊院から1里（約4㎞）の距離を表すもので、百四十四町石と仲よく並んで立っている。❺**六本杉**に出たら、町石道を離れて分岐を右へ。しばらく歩くとのどかな田園風景が広がる天野の里に出る。❻**丹生都比売《にうつひめ》神社**の太鼓橋を渡ると、室町時代建造で重要文化財の楼門が見えてくる。奥には平成26年に37年ぶりに正遷宮が行われ檜皮葺きの屋根と鮮やかな彩色がよみがえった4棟の本殿が立つ。

主祭神の丹生都比売大神は1700年以上前からこの地に祀られ、弘法大師に高野の地を授けた地主神。高野御子大神は2頭の犬を連れた狩人の姿に化身して、大師を高野山へ導いたと伝えられる。参拝を済ませたら八町坂の急坂を登り再び町石道へ。分岐路を左に進むと❼**二ツ鳥居**が並び立つ。天野の里を展望できる高台にあり、高野山への参詣者のため、地主神である丹生都比売神社に祀られる神々の遥拝所として弘法大師が建立したと伝えられる。二ツ鳥居の横の展望台でひと休みしたら、❽**古《ふる》峠**から❾**上古沢《かみこさわ》駅**へ向かう急坂を下りて行こう。

Column

慈尊院の乳房型絵馬

女人高野の信仰がある慈尊院。本堂前の一風変わった絵馬は、安産を祈る女性たちが布で乳房の形に手作りして奉納するものだ。有吉佐和子の小説『紀ノ川』の一場面にも描かれたことでも話題になり、全国からも絵馬が送られてくるという。近年では安産や子宝祈願だけでなく、乳がんや子宮がんの予防や平癒を祈願する奉納も増えている。

▲女性の願いを込めて奉納された乳房型絵馬

▶丹生都比売神社のご本殿。檜皮葺きの屋根や彩色は平成26年に修復された

カフェ

天野和み処《あまのなごみどころ》 Café《かふぇ》 客殿《きゃくでん》

天野のかくれ里の風情を満喫できる古民家カフェ

丹生都比売神社にもほど近い古民家で営むカフェ。地元産のお米を白ご飯か塩おむすび、茶粥、卵かけごはんで味わえる天野米のお食事セット1500円～は具だくさん味噌汁と小鉢2種がつく。ケーキセットは1000円～。

☎0736-26-0372
㊟和歌山県かつらぎ町上天野140 ㊋土・日曜、祝日11～16時LO、月曜11～15時LO（テイクアウト金～日曜、祝日10時30分～15時30分） ㊡火～木曜（金曜はテイクアウトのみ）、2月休業（要問合せ）

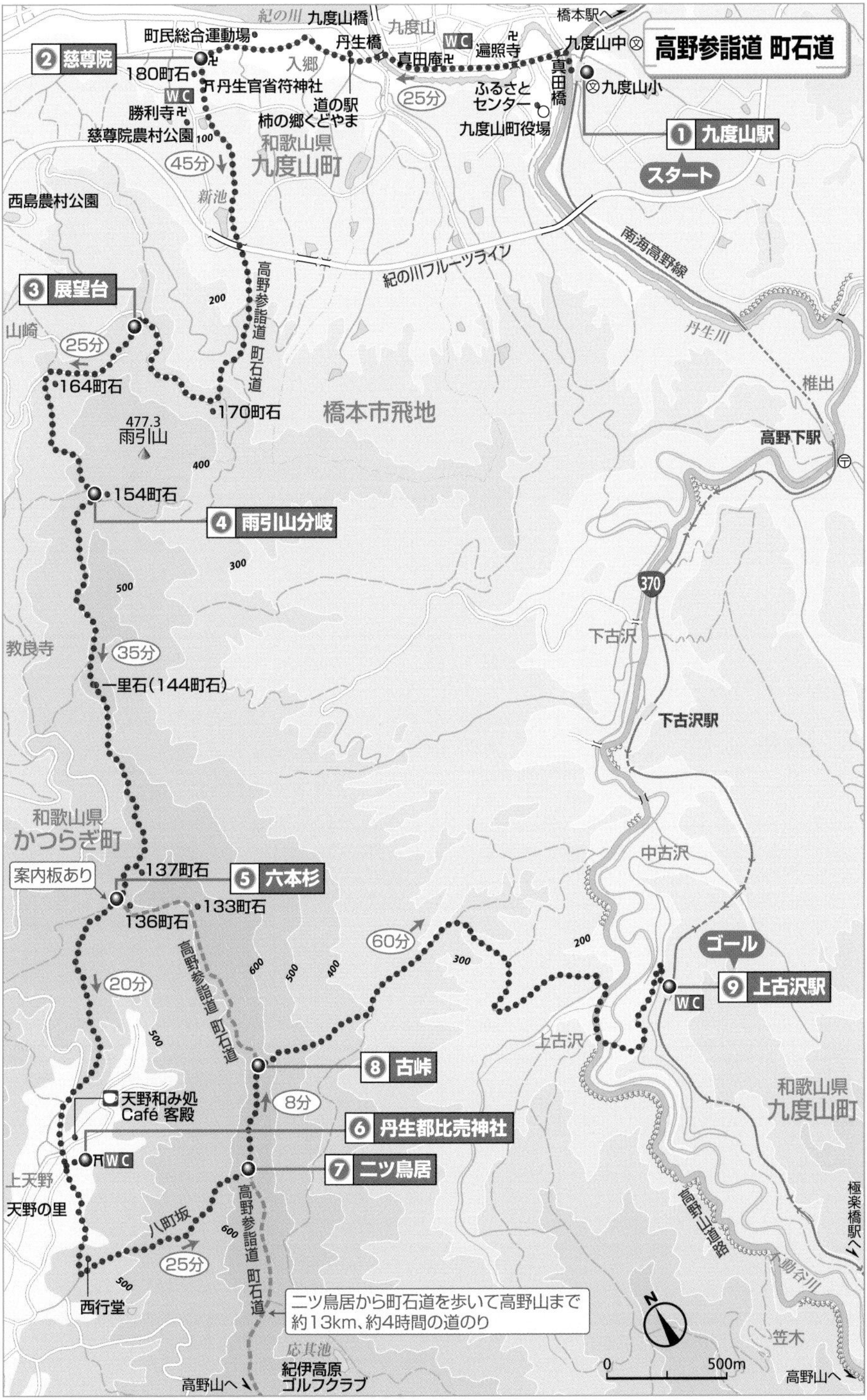
高野参詣道 町石道
① 九度山駅
スタート
② 慈尊院
③ 展望台
④ 雨引山分岐
⑤ 六本杉
⑥ 丹生都比売神社
⑦ 二ツ鳥居
⑧ 古峠
⑨ 上古沢駅
ゴール
紀の川
九度山橋
九度山
丹生橋
真田庵
遍照寺
橋本駅へ
九度山中
真田橋
九度山小
ふるさとセンター
九度山町役場
町民総合運動場
入郷
180町石
丹生官省符神社
道の駅
柿の郷くどやま
勝利寺
慈尊院農村公園
和歌山県
九度山町
西島農村公園
新池
25分
45分
南海高野線
紀の川フルーツライン
高野参詣道 町石道
丹生川
山崎
25分
164町石
170町石
477.3
雨引山
橋本市飛地
椎出
高野下駅
154町石
370
下古沢
教良寺
35分
一里石（144町石）
下古沢駅
和歌山県
かつらぎ町
案内板あり
137町石
133町石
136町石
中古沢
60分
20分
上古沢
天野和み処
Café 客殿
8分
上天野
天野の里
八町坂
25分
西行堂
高野山道路
不動谷川
極楽橋駅へ
笠木
二ツ鳥居から町石道を歩いて高野山まで
約13km、約4時間の道のり
応其池
紀伊高原
ゴルフクラブ
高野山へ
0
500m

▲約1200年前に弘法大師空海によって開かれた真言密教の聖地にそびえる根本大塔

開創1200年、高野山の聖地をめぐる!!

極楽橋《ごくらくばし》駅から山上の聖地へ

アクセス

【行き】 難波駅から南海高野線特急で約1時間20分、極楽橋駅下車。
【帰り】 奥の院前バス停から南海りんかんバスで21分、高野山駅前バス停下車、高野山駅から高野山ケーブルで5分、極楽橋駅下車、往路を戻る。

問合せ

金剛峯寺	☎0736-56-2011
高野山宿坊協会	☎0736-56-2616
高野町観光協会	☎0736-56-2468

歩行時間 **約2時間15分**
歩行距離 **約8.2㎞**
歩行レベル **初級** 体力★★★ 技術★★★

❶ 極楽橋駅 → 2.7㎞ 45分 → ❷ 女人堂 → 1.1㎞ 16分 → ❸ 壇上伽藍 → 0.4㎞ 7分 → ❹ 金剛峯寺 → 0.9㎞ 12分 → ❺ 苅萱堂 → 0.3㎞ 5分 → ❻ 一の橋 → 0.9㎞ 15分 → ❼ 中の橋 → 0.9㎞ 17分 → ❽ 弘法大師御廟 → 1.0㎞ 20分 → ❾ 奥の院前バス停

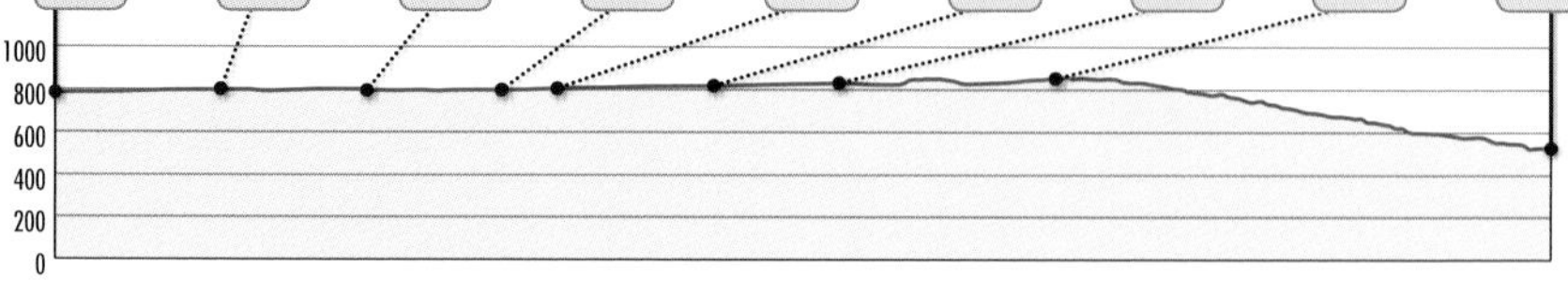

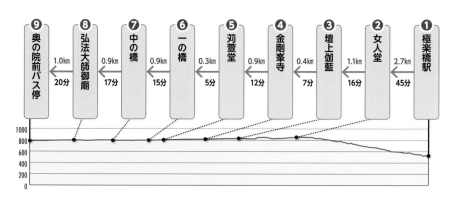

▶高野山開創の伝説がある三鈷の松。3本に分かれた松葉を拾ってお守りに

◀壇上伽藍の根本大塔。金剛界と胎蔵界の仏像を安置する内陣を拝観できる。拝観料500円

▶高野山の女人禁制の歴史を伝える女人堂。かつて7口に置かれたがここだけが現存する

高野山は標高800〜900mの山上の盆地に開かれた聖地。真言密教の根本道場として弘仁7年（816）に弘法大師空海によって開創された。かつて表参道として賑わい、世界遺産「紀伊山地の霊場と参詣道」高野参詣道の一部に追加登録された京大坂道不動坂を上り、壇上伽藍《だんじょうがらん》からは町石《ちょういし》が並び立つ道をたどって奥之院へ向かおう。

南海高野線の終点、❶**極楽橋駅**がスタート地。高野山上へ向かうケーブル乗場の手前の改札口を出て、駅名の由来となった極楽橋へ。高野の聖域の結界とされる朱塗りの橋を渡ると不動坂の始まりだ。かつては「いろは坂」とよばれる急坂だったが、大正時代に高野山開創1100年を記念して改修されたなだらかな坂道を行く。

昭和5年（1930）に開通したケーブルや木立の向こうの稚児の滝などを眺めながら歩けば、清不動堂を経て、不動坂口にある❷**女人堂**へ着く。高野山で唯一現存する女人堂だ。明治5年（1872）に女人禁制が解かれるまで、女性の参詣者は入山を許されず、高野山の7つの入口に設けられた女人堂に参籠し、高野山の周りをめぐる険しい女人道を歩いて、お大師さまの御廟に思いを馳せ、祈ったという。

▶壇上伽藍は弘法大師やその弟子たちによって高野山で最初に堂塔が建立された聖地だ

Column

千住博画伯奉納障屏画

高野山開創1200年記念事業の一環として、金剛峯寺の主殿に、世界的に活躍する日本画家・千住博画伯の障屏画が奉納され、令和2年10月から一般公開されている。囲炉裏の間の『瀧図』は全長25メートル、茶の間の『断崖図』は全長16メートルの大作。金剛峯寺に常設展示され、観覧には拝観料が必要。諸行事のため拝観できない場合もある。

▲弘法大師空海が修行した四国の地が描かれた『断崖図』

コースアドバイス

みどころの多い高野山 余裕を持って歩こう

不動坂は比較的なだらかな坂道だが、冬期は積雪や凍結に注意。不動坂を歩かない場合は、まず極楽橋から高野山ケーブルで5分の高野山駅へ。さらに駅前から南海りんかんバスに乗れば7分で女人堂へ行くことができる。高野山内はみどころが多いので、参拝や見学にはたっぷり時間をとっておきたい。奥之院の参道は石畳なので歩きやすい靴を選ぼう。また宿坊に宿泊するなら事前に予約を。

◀正門は金剛峯寺では最も古い建物で、文禄2年（1593）の再建

◀壇上伽藍と金剛峯寺を結ぶ蛇腹路。初夏の青葉、秋の紅葉の名所として知られる道だ

▶壇上伽藍の根本大塔の東に立つ一町石。ここから36基の町石が奥之院へと導く

不動坂口からなだらかな坂を下りて山内へ。浪切不動前から右手に入り山道を抜けると、❸**壇上伽藍**にそびえ立つ根本大塔《こんぽんだいとう》の威容が見えてくる。高野山開創の際、最初に開かれた聖地で、三鈷の松や金堂、中門などのみどころを参拝して巡りたい。

愛染堂前の一町石から東へ、紅葉で知られる蛇腹路《じゃばらみち》をたどると、高野山真言宗の総本山❹**金剛峯寺**《こんごうぶじ》の正門が左手に見えてくる。西日本最大級の規模を誇る石庭の蟠龍庭《ばんりゅうてい》や数々の襖絵などを拝観することができる。道を東に向かうと、高野山宿坊協会の中央案内所があり、界隈には数珠や和菓子など高野山みやげを売る店や食事処が立ち並ぶ。その先には石童丸と苅萱道心の哀話で知られる❺**苅萱堂**《かるかやどう》がある。

Y字路を左に行くと奥之院参道の入口、❻**一の橋**にたどり着く。橋を渡り、杉木立に包まれた参道を進もう。沿道には、戦国武将や大名など歴史上の有名人の墓碑が立ち並び、歴史探索を楽しめる。❼**中の橋**には、汗かき地蔵がたたずんでいる。御廟橋までたどり着いたら、服装を正して一礼し、❽**弘法大師御廟**を祀る聖域へ。燈籠堂や御廟にお参りしたら、帰路は参道を途中で左に抜けて霊園を歩き❾**奥の院前バス停**へ。

Column

高野山で精進料理を

仏教の厳しい戒律を守る僧侶たちの行事食、振舞料理として発達した高野山の精進料理。肉や魚を用いず、野菜や大豆製品などを工夫して調理し、味わいや彩り、調理法のバランスを考えた五味五色五法を守る伝統の料理だ。高野山では宿坊寺院での朝夕の食事のほか、昼食としても味わうことができる。事前に予約が必要。高野山宿坊協会☎0736-56-2616

▲事前に予約をして宿坊で精進料理を味わいたい

▶金剛峯寺は拝観料1000円。主殿や別殿を巡って高野山開創の情景や四季の花鳥が描かれた襖絵を拝観できる

買う

みろく石本舗 かさ國《みろくいしほんぽ かさくに》

店内でひと休みして高野山銘菓をみやげに

数々の高野山銘菓を作り続ける菓舗。みろく石1個110円は奥之院の霊石をモチーフにした焼饅頭で、じっくり炊きあげた粒餡がぎっしりつまっていて、あっさりした甘さが好評。店内では購入した菓子をセルフサービスのお茶とともに味わうこともできる。

☎0736-56-2327
住 和歌山県高野町高野山764
時 8～18時　休 不定休

▲御廟橋の向こうは重要な聖地。弘法大師が入定された御廟がある　▶お地蔵さまが見守る参道を歩いて御廟へ向かおう

▶苅萱堂には石童丸と苅萱道心が親子と名乗りあえずに師弟として終生修行した物語の額絵がある

▶奥之院・中の橋の汗かき地蔵は高野七不思議の一つ。汗をかき地獄の責め苦を衆生の代わりに受けているといわれる

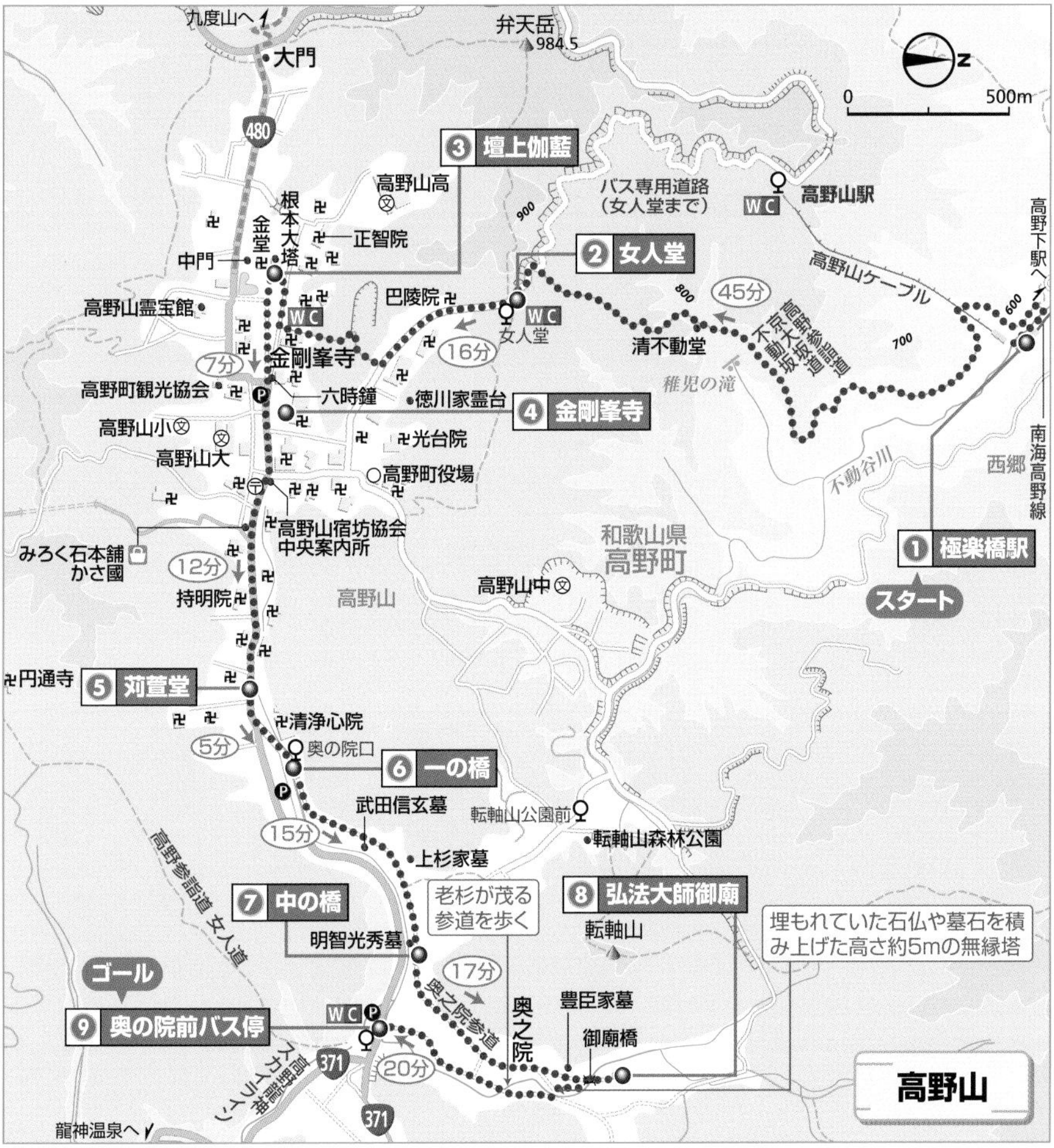

三十三観音石仏に導かれ小辺路最後の峠を行く!!

十津川《とつかわ》温泉から果無《はてなし》峠を越えて熊野本宮大社へ

▲果無峠越の道沿いには西国三十三観音に倣った石仏が祀られている

アクセス

【行き】天王寺駅からJR大和路線大和路快速で約20分、王寺駅下車、JR和歌山線で約50分、五条駅下車。奈良交通バス新宮駅行きで3時間10分、蕨尾バス停下車。※本宮大社前から蕨尾バス停へは奈良交通バスまたは十津川村営バスで35～42分。

【帰り】本宮大社前バス停から明光バスまたは龍神バスで約1時間30分～2時間10分、紀伊田辺駅下車。JR紀勢本線特急で約2時間、天王寺駅下車。

問合せ

十津川村産業課 ☎0746-62-0004
十津川村観光協会 ☎0746-63-0200
熊野本宮観光協会 ☎0735-42-0735

歩行時間 約6時間20分
歩行距離 約15.2㎞
歩行レベル 上級 体力★★★ 技術★★★

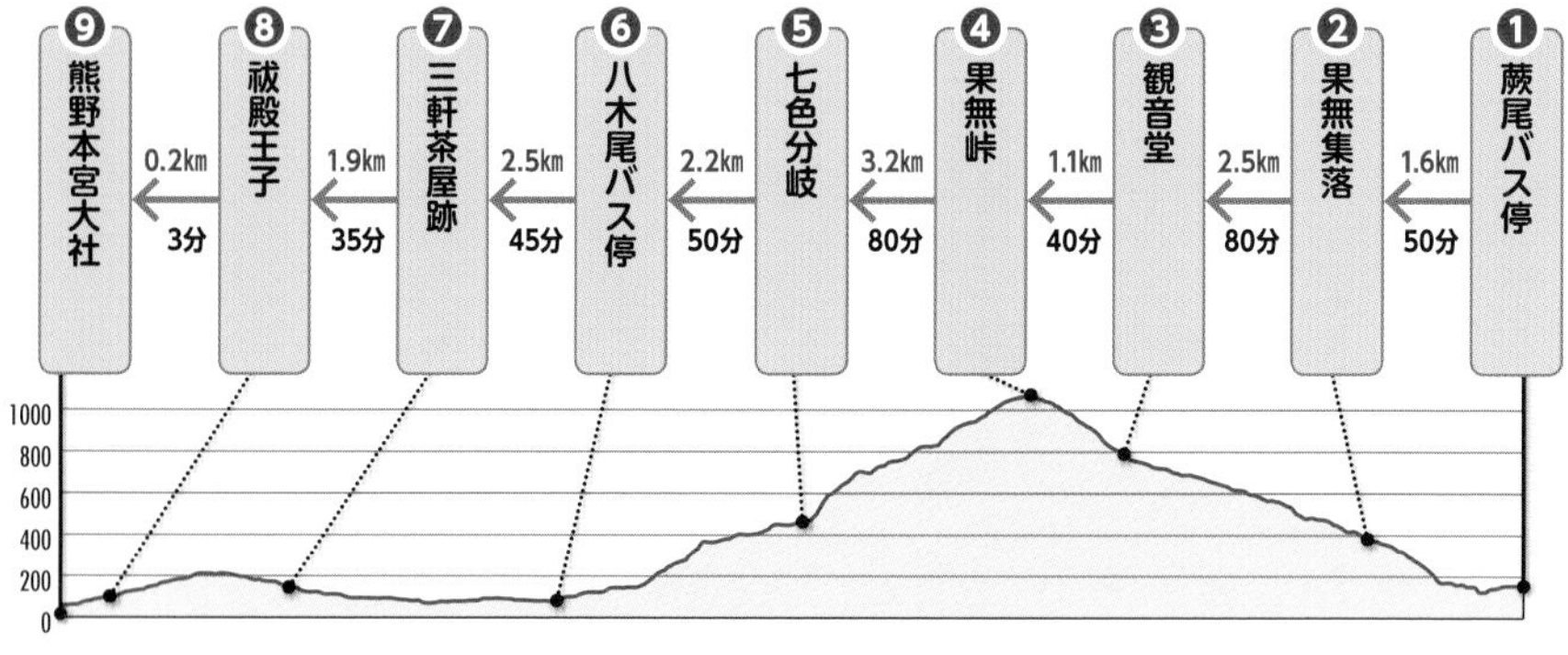

◀「天空の郷」果無集落の尾根上を通る小辺路。世界遺産記念碑も立つ

▶果無集落の民家の縁側前を通る石畳の小辺路。脇にはハイカーのための水場が設けられている

◀果無峠登山口から古道に入るとすぐ石畳の急坂となり、果無集落まで続く

熊野古道随一の険路である小辺路で、終点と起点のアクセスが比較的よく、一般向きなのがこのコース。温泉郷で知られる奈良県最南端の十津川村から果無峠を越えて熊野本宮大社を目指す。標高差約1000mの道のりは決して楽ではないが、峠まではゆっくり登って行けばよく、道沿いの西国三十三観音石仏に慰められる。むしろ急坂が続く本宮側への下りが難所であり、登り同様に時間がかかることを知っておきたい。たっぷり1日コースなので十津川温泉に前泊し、早朝出発を心掛けよう。

起点は国道168号沿いの❶**蕨《わらび》尾《お》バス停**。十津川温泉の中心部から歩いて来れば、ここまで15分ほどだ。赤い柳本橋を渡ってすぐに右折。この角にかつて果無峠を越えた松尾芭蕉の門弟・向井《むかい》去来《きょらい》の句碑が立つ。坂道を進み「果無峠登山口」の道標から古道に入る。すぐに急坂となり、それが❷**果無集落**まで続いている。標高約400m、見晴しのいい尾根上に開けた昔ながらの佇まいの集落は、近年「天空の郷」とよばれて人気。温泉街からここまでミニ古道ハイクを楽しんで、引き返す人も少なくない。小辺路はこの集落の真ん中を通り、民家の縁側のすぐ前にも続いている。

▶国道168号の柳本橋。蕨尾バス停を降りたら、この橋を渡ってから右折する

Column

源泉かけ流しの十津川温泉郷

十津川村は平成16年に全国初の「源泉かけ流し宣言」をした村。村内には本コース起点の十津川温泉に加えて、上湯《かみゆ》温泉、湯泉地《とうせんじ》温泉という3つの温泉地があり、その宿や公衆浴場など24ヵ所の温泉施設全てで源泉をかけ流している。高温の源泉を適温になるまで冷まし、塩素は入れず、当然お湯の循環や再利用はなし。湯口からは常に新鮮な温泉が注がれ、浴槽の縁からあふれていく。コースの前泊で浸かって英気を養い、またウォーキング後にも利用して疲れを癒やしたい。

▲二津野ダム湖畔に旅館や民宿が立つ十津川温泉

コースアドバイス

八木尾までなら10㎞余り 体力に応じて楽しもう

峠越え区間は八木尾まで。ここで終えて、熊野本宮大社へはバスで向かってもいい。ただし便数が少ないので、事前に時間確認を。また果無集落を過ぎたら、途中の水場とトイレは観音堂にあるだけ。店はおろか自販機なども全くない山道なので注意。果無峠は標高約1070m。標高150mほどの起点の十津川温泉より気温はずっと低く、天候が違う場合もあれば、冬期は積雪も。装備は充分に。

◀屋敷の防風林の役目を果たしていた杉の古木や石垣が残る山口茶屋跡

▶天水田跡を過ぎるとまた石畳の道となる。石畳は峠越えのところどころに残る

◀第28番は成相寺の聖観音。愛らしい姿に和まされる

集落を抜けると第30番の観音石仏に出合う。西国三十三所観音霊場に倣ったこの石仏群は、十津川・本宮・新宮の信者が大正11年（1922）から翌年にかけて造立した。本宮側を1番として古道沿いに順に安置。31番以上は本コース沿いではなく、果無集落から東へ下る道にある。ここ30番は宝厳寺（滋賀県）の千手観音。この先、さまざまな姿かたちの素朴な観音像を見る。それが本コースの大きな楽しみであり、道標の役目も果たしてくれる。

樹林の中の石畳道を上って行くと、いったん林道に出て、「果無峠登山口」の道標から再び山道へ。ここから本宮側登り口の八木尾《やぎお》までずっと人家のない山道。ひたすら登って峠を越え、後はひたすら下る長時間の行程なので、体調と装備を再チェック。不安があればここで引き返そう。

登り口を入るとすぐに29番観音石仏があり、26番を過ぎると急な登り坂。25番先の少し開けた所は水田跡という。ここから約300m先にあった山口茶屋の住人が、雨水だけを頼りに稲作をしたという天水田の跡で、説明板が立つ。山口茶屋跡には防風林の役を果たしていた杉の巨木がそびえ、石垣が残っている。

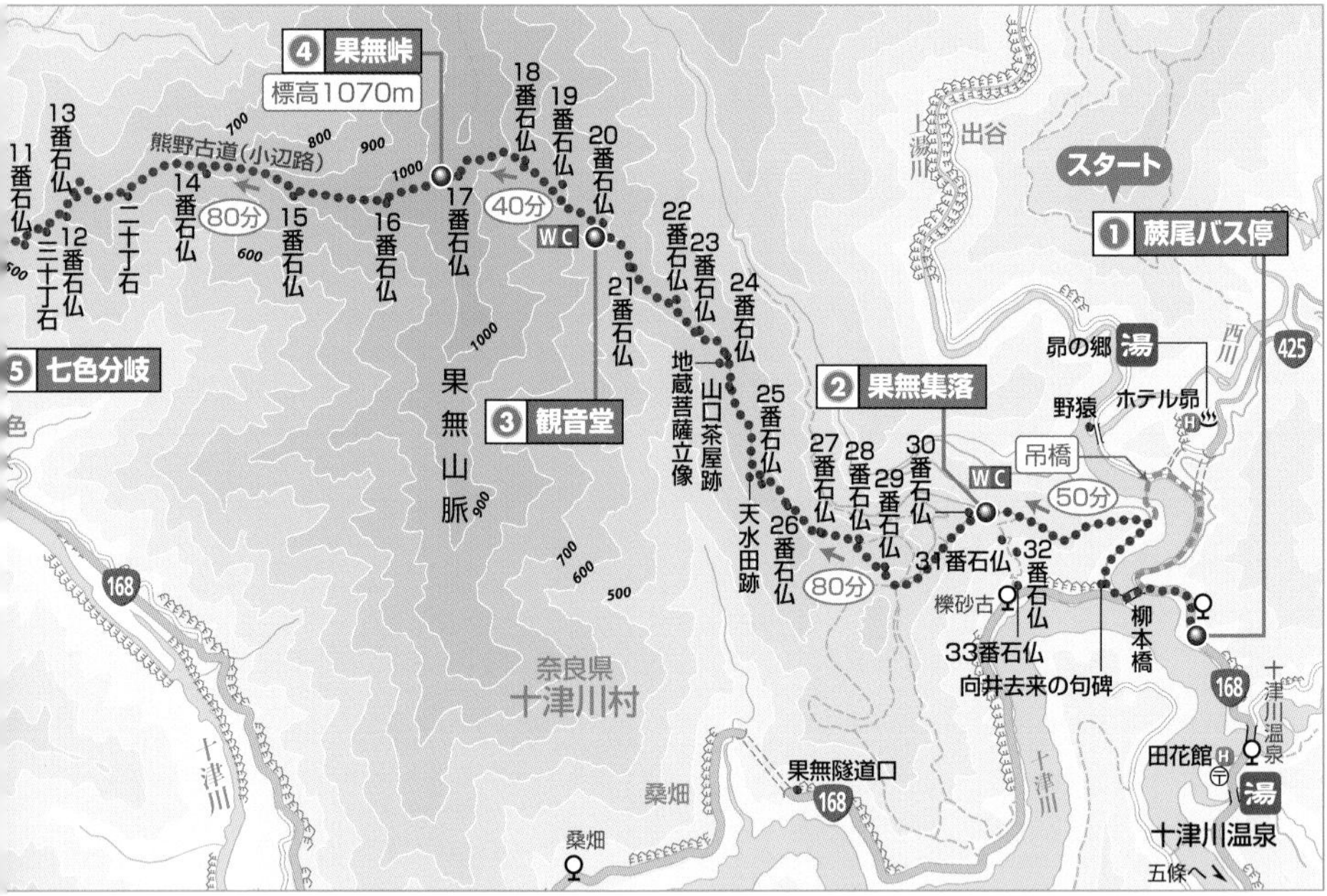

▲第17番観音石仏が立つ果無峠。古道はこの先ところどころで急坂となって八木尾に下る

▼観音堂の脇にある、沢の水が引かれた給水所。この先、八木尾まで給水所はないので補給しておこう

◀観音堂。堂内の中央に丸彫りの聖観音坐像を安置。左に十一面千手観音立像、右に不動明王坐像が祀られている

さらに登って行くと❸**観音堂**に至る。小さな堂内に石造の聖観音、千手観音、不動明王が祀られている。堂の脇には山の水を引いた給水所があり、20番観音石仏が立つ。峠へはさらに急坂が続く。途中で眺望が開け、十津川温泉方面をはるか眼下に見る。

樹林帯の中を登り詰めて行くと、❹**果無峠**に着く。奈良・和歌山県境沿いに連なる果無山脈東端の鞍部である峠は、標高約1070m。伝承では、この山には年の果ての12月20日のみに現れる妖怪がおり、そのときは峠を行く人が無くなったことから

買う 道の駅《みちのえき》 奥熊野古道《おくくまのこどう》ほんぐう

新鮮野菜や熊野みやげを取り揃え めはり寿司などの食事も

目の前を熊野川が流れ、果無山脈を望む風光明媚な場所に立つ。地元の農家が作った新鮮安心な野菜や熊野みやげを販売。イートインコーナーでは、郷土料理のめはり寿司やうどん、そばなどを味わえる。特産の音無茶ほうじ茶のソフトクリーム350円も人気。

☎0735-43-0911
㊟和歌山県田辺市本宮町伏拝904-4 ㊗9時～18時30分 ㊡不定休(年3回)

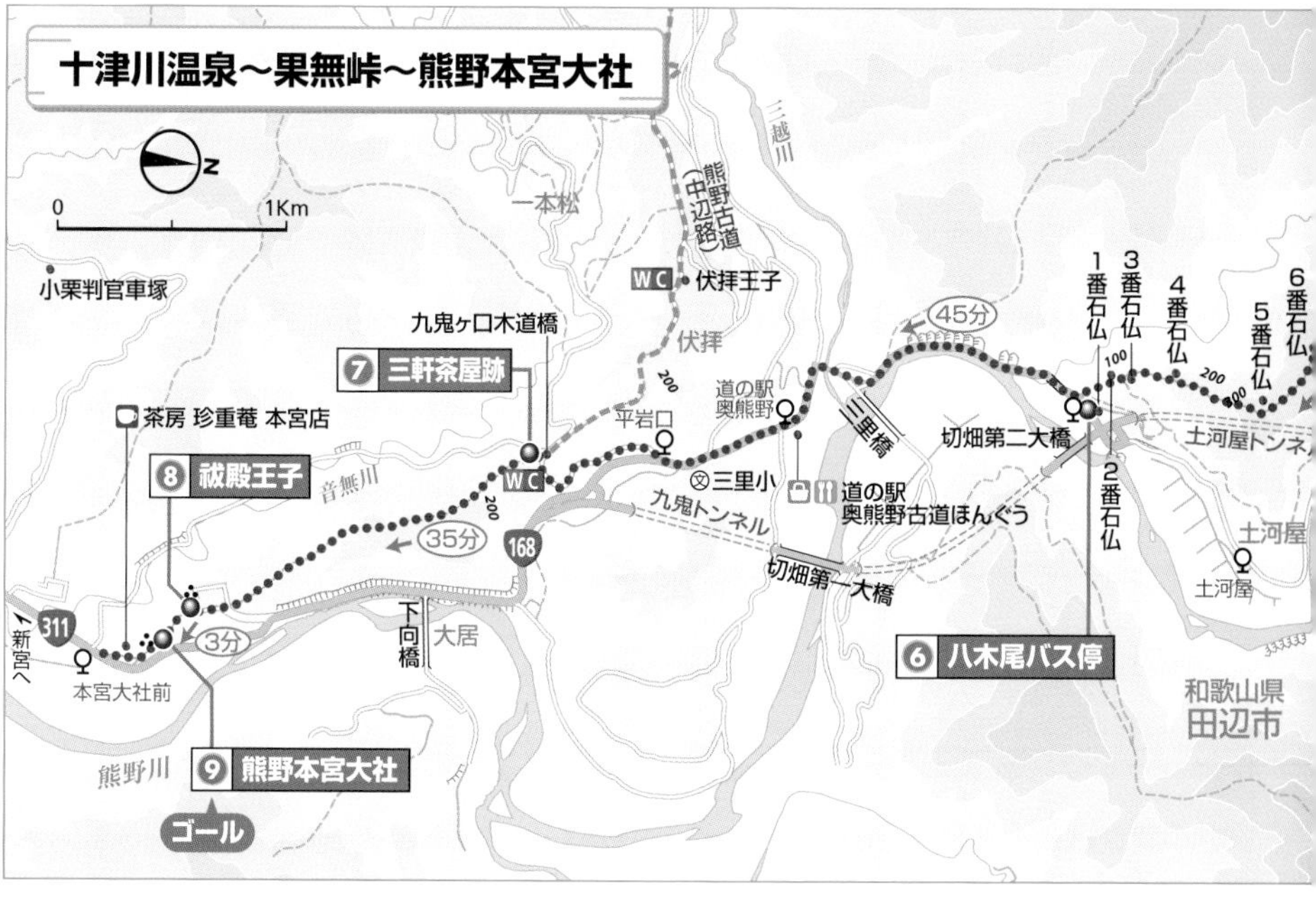

▼七色分岐からさらに下ると、熊野川畔のここ八木尾に出る

◀道標が立つ七色分岐。八木尾へは右（上）の道を進む。左(下)の道は七色集落に下る

▶三十丁石の手前のカーブで視界が開ける。眼下を流れるのが熊野川だ

「果無」の名が付いたとか。樹林に覆われた峠は眺望がきかず、17番観音石仏がひっそりと立ち、宝篋印塔の一部が残る。

峠からは下る一方。ただし急坂が多く、道幅が狭い所や岩場もあるので、慎重に歩を進めよう。峠から約20分で平坦な花折茶屋跡に至り、さらに約20分で「二十丁石」がある。峠から20丁を表す丸い標石。文字は消えかかり、ただの石のように見えるが、脇の立札でそれとわかる。また20分ほど行くと、三十丁石の手前で本宮側の視界が開ける。何重にもなった山々が奥まで続き、眼下に熊野川が蛇行して流れる。

三十丁石からまた急な下りを行けば、道が二股にわかれる❺**七色《なないろ》分岐**。道標に従い八木尾へ続く右手の道を行く。左手の道は急坂となって奈良・和歌山県境の集落である十津川村七色へ下る。ルートの八木尾方面へも急坂が続くが、ゆっくり下って行けば八木尾の集落に出て、車道に合流。奈良交通・十津川村営バスの❻**八木尾バス停**があり、この先熊野本宮大社までバスで向かうこともできる。ただし便数が少ないので、事前に時間確認を。

しばらく国道を歩き、「道の駅 奥熊野古道ほんぐう」を経て、平岩口バス停から右

西国三十三観音石仏

◀第27番 圓教寺 如意輪観音

◀第25番 播州清水寺 千手千眼観音

◀第26番 一乗寺 聖観音

◀第21番 穴太寺 聖観音

◀第18番 六角堂 如意輪観音

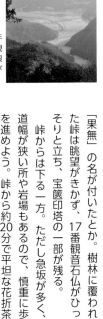

▶熊野本宮大社の表参道石段。熊野大権現の幟がずらりと並んでいる

◀石畳が敷かれた広い道を下って森を抜けると、熊野本宮大社はもうすぐ

▶中辺路と合流する三軒茶屋跡に立つ「右かうや、左きみい寺」の道標。「かうや」は高野山

手の道に入る。10分ほど先の❼**三軒茶屋跡**で、伏拝《ふしおがみ》王子から下ってきた中辺路（P36コース④参照）と合流する。かつて3軒の茶屋が営業していたというこの場所には休憩所が整備されており、「右かうや、左きみい寺」の道標が残る。

本宮大社はもうひと息。樹林の中の広い道を行き、緩やかな石畳道を下り、山中を抜ける。住宅地の中の舗装路を行けば、❽**祓殿《はらいど》王子**を経て、❾**熊野本宮大社**の裏鳥居に到着。参拝後は正面参道の石段を下り、本宮大社前バス停から帰途に着く。

カフェ

茶房《さぼう》 珍重庵《ちんちょうあん》 本宮店《ほんぐうてん》

熊野本宮大社参道前の茶房
名物もうで餅で一服したい

熊野本宮大社の瑞鳳殿1階にある、和菓子店の茶房。本宮大社御用達の名物・熊野もうで餅は、ついた餅で餡を包み玄米粉をかけたもので、店内では1個に抹茶が付いて350円。みやげには9個入り1000円を。十割そばやめはり寿司なども味わえる。

☎0735-42-1648
㊟和歌山県田辺市本宮町本宮1110　㊕9時30分～16時　㊡水曜（祝日の場合は翌日、夏休み中など繁忙期は無休）

Column

十津川へは日本一長い路線バスで

本コースの「行き」のアクセスに記した五条駅からの奈良交通バスは、近鉄大和八木駅（奈良県橿原市）が起点。そこから五條、十津川、本宮を経てJR新宮駅（和歌山県新宮市）に至るこの「八木新宮特急バス」は、高速道路を使わない路線では、日本一長い距離を走るバスだ。路線距離は全長169.8㎞、停留所は168を数え、大和八木駅～新宮駅の所要時間は約6時間30分。沿線住民の貴重な生活の足であるとともに、「特急」とは名ばかりのスローさと「日本一」の称号から近年観光客にも人気をよんでいる。

▲十津川温泉バス停に停車中の八木新宮特急バス

◀第17番 六波羅蜜寺 十一面観音

◀第10番 三室戸寺 千手観音

◀第11番 醍醐寺准胝堂 准胝観音

Column

大峯奥駈道《おおみねおくがけみち》

「近畿の屋根」に続く聖なる修行の道

世界遺産「紀伊山地の霊場と参詣道」を構成する大峯奥駈道は、修験道の拠点である吉野・大峯と熊野三山を結ぶ道。「近畿の屋根」といわれる大峰山脈に続く厳しい修行路だ。

▲役行者が開いたと伝わる厳しい修行の道

紀伊半島の中心を背骨のごとく南北に貫く大峰山脈。八経《はっきょう》ヶ《が》岳《たけ》（１９１５ｍ）を最高峰に標高千数百ｍの峰々が連なるこの険しい山岳地帯は、古くからの修験道の行場である。山脈の北端、桜名所としても知られる吉野山（奈良県吉野町）には、修験道の根本道場である金峯山寺《きんぷせんじ》が立つ。

吉野山、金峯山寺などとともに世界遺産に登録されている大峯奥駈道は、大峰山脈の稜線付近を走り、吉野と熊野をつなぐ道。修験道の開祖・役行者《えんのぎょうじゃ》によって約１３００年前に開かれたとされる。この道は本来、一般の旅人がたどるものではなく、修験者のための山岳修行路である。

吉野山から南へたどると、山上ヶ岳（大峯山。標高１７１９ｍ）の山頂付近に大峯山寺が立つ。今でこそ別個の寺だが、明治時代以前はここも含めての金峯山寺だった。役行者がこの山で千日の修行の末、金剛蔵王権現を感得し、山上《さんじょう》蔵王堂（現大峯山寺）、山下《さんげ》蔵王堂（現金峯山寺）に祀ったのが始まりという。なお山上ヶ岳は現在も宗教上の理由から女人禁制となっている。尾根上に延びる一筋の道はさらに南へ続く。大普賢岳、釈迦ヶ岳、涅槃岳など仏教に則した名をもつ峰々をたどり、熊野本宮大社の奥

▲大峯山の行場「西の覗（のぞき）」。そそり立つ絶壁から身をのり出す捨身の行だ

▼「近畿の屋根」ともいわれる大峰山脈は険しい山岳地帯。断崖絶壁がそそり立つ

宮ともいわれる玉置神社を経て、本宮大社に下る。吉野から本宮大社までは約80㎞の道のりだ。

修験道では神仏の坐す山に入って苦行を重ねながら踏破することを「奥駈」「峰入《みねいり》」というが、大峯奥駈道を踏破する奥駈は最も重視される修行であり、現在も行われている。道筋には寺社以外にも、「靡《なびき》」とよばれる75ヵ所の行場（霊地）がある。神仏が宿るとされる峰や岩、滝などで、1番は本宮大社の証誠殿《しょうじょうでん》、75番は吉野山の北を流れる吉野川河岸の「柳の宿《しゅく》」。山伏たちはそれぞれに祈りを捧げながら、人里から遠く離れた険しい道をひたすら歩く。

奥駈は古来、修験の宗派によって、熊野から吉野へ向かう「順峯《じゅんぷ》」と、逆に吉野から熊野へたどる「逆峯《ぎゃくふ》」の2つの方法がある。江戸時代以降、逆峯が一般的となったが、那智山青岸渡寺などにより現在でも順峯も行われている。

大峯奥駈道は冬には雪に閉ざされ、山伏が峰入するのは大峯山寺の戸開(5月3日)から戸閉（9月23日）までと決まっている。昔と違って今では登山愛好家たちもたどる道だが、あくまで上級者向け。安易な気持ちでの入山は避けたい。

▼山上ヶ岳の南にある第66番の靡「小篠（おざさ）の宿（しゅく）」。宿坊の石垣が残っている

▲山上ヶ岳の山頂に立つ大峯山寺の本堂

伊勢神宮と熊野三山を結ぶ庶民の巡礼道!!

伊勢路《いせじ》

伊勢路は平安時代の文献にも名が記される古道。しかし当時は紀伊路〜中辺路が公式参詣路であり、伊勢路は庶民の巡礼が盛んになる近世に活況を呈した。今、この道を歩くにはツヅラト峠あたりからがいい。伊勢と紀州の国境であり、旅人たちはここで初めて熊野の海を目にした。伊勢路は石畳がよく残っていることでも知られ、なかでも馬越《まごせ》峠は石畳道が延々2kmも続き、さらに南の波田須《はだす》には最も古い鎌倉期の石畳が現存する。

大泊から松本峠を越え、七里御浜を歩いて「花《はな》の窟《いわや》」へ向かう道筋は、景色が変化に富む伊勢路随一の人気コース。また伊勢路は花の窟で分岐しており、西進する「本宮道」を行けば風伝峠などを経て熊野本宮大社に到達。南下する七里御浜をたどる「浜街道」は新宮、那智へと続いている。

❶熊野灘に沿う七里御浜と獅子岩。いずれも熊野参詣道伊勢路の一部として世界遺産に登録されている　❷松本峠には竹林に包まれて地蔵石仏が立つ　❸初秋の熊野路を素朴に彩るヒガンバナ　❹鬱蒼とした森に覆われた世界遺産・花の窟神社　❺馬越峠越の石畳道

❸

❹

❶

❺

❷

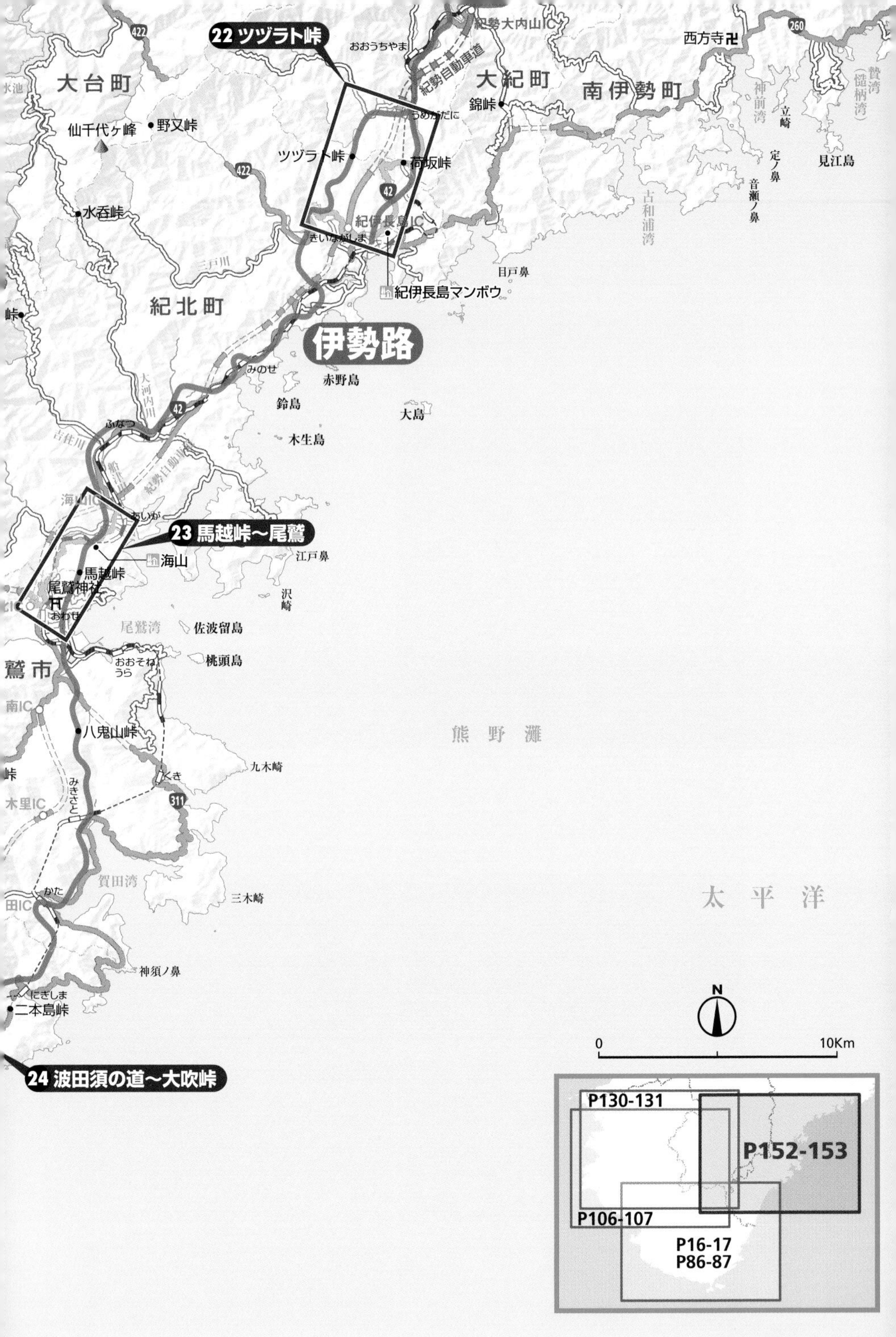
22 ツヅラト峠
紀勢大内山IC
おおうちやま
紀勢自動車道
西方寺
260
422
大台町
大紀町
南伊勢町
錦峠
贄湾
(慥柄湾)
神前湾
立崎
見江島
定ノ鼻
音瀬ノ鼻
古和浦湾
仙千代ヶ峰
野又峠
うめがだに
ツヅラト峠
荷坂峠
42
水呑峠
紀伊長島IC
きいながしま
三戸川
紀伊長島マンボウ
目戸鼻
紀北町
伊勢路
みのせ
赤野島
鈴島
大島
木生島
大河内川
ふなつ
吉住川
船津川
紀勢自動車道
海山IC
あしが
23 馬越峠～尾鷲
海山
江戸鼻
馬越峠
尾鷲神社
おわせ
沢崎
尾鷲湾
佐波留島
桃頭島
おおそね
うら
鷲市
南IC
八鬼山峠
熊野灘
九木崎
くき
311
みきさと
木里IC
賀田湾
かた
田IC
三木崎
太平洋
神須ノ鼻
にぎしま
二本島峠
24 波田須の道～大吹峠
N
0
10Km
P130-131
P152-153
P106-107
P16-17
P86-87

下市町
黒滝村
櫃ヶ岳
扇形山
白鬚岳
国
五條市
大峯奥駈道
168
宗川
山上ヶ岳
竜ヶ岳
伯母ヶ峯
309
観音峯山
169
乗鞍岳
武士ヶ峯
大普賢岳
吉野路 大塔
国見岳
天川村
白石山
辻堂山
経ヶ峰
行者還岳
唐笠山
頂仙岳
日出ヶ岳
天竺山
大台ヶ原山
八剣山
(仏経ヶ岳)
大栂山
上北山村
168
七面山
169
上北山温泉
十郎山
吉野路
瀬戸貯水池
十津川
旭貯水池
釈迦ヶ岳
坂本貯水池
奈良県
天狗山
貯水池
下北山村
天竺山
奥佐田山
425
425
涅槃岳
池原貯水池
法主尾山
石佛山
中八人山
明神池
425
大野川
高津川
北山川
168
高代山
十津川村
169
行仙岳
行仙岳
保色山
湯泉地温泉
十津川郷
大森山
42
笠捨山
小辺路
七色峡
425
和歌山
北山村
169
309
熊野街道
168
熊野古道
天神丸山
おくとろ温泉
十津川温泉
奥瀞
北山川
熊野新鹿
上湯温泉
玉置山
熊野市
玉置神社
大森山
おくとろ
和歌山
25 松本峠〜七里御浜〜花の窟
大森山
上瀞八
新宮市
熊野大泊IC
168
長尾山
瀞八丁
熊野・板屋九郎兵衛の里
札立峠
おおと
松本峠
百前森山
くまのし
奥熊野古道
ほんぐう
三重県
獅子岩
入鹿温泉
ありい
花の窟神社
発心門王子
熊野・花の窟
311
伏拝王子
湯ノ口温泉
風伝峠
42
熊野本宮大社
169
布引の滝
御浜町
湯の峰
温泉
熊野街道
こうしやま
26 風伝峠〜通り峠〜丸山千枚田
JR紀勢本線
きいいちぎ
渡瀬温泉
荷手野峠
七里御浜
川湯温泉
如法山
瀞峡街道 熊野川
中辺路
あたわ
熊野川温泉
168
パーク七里御浜

日本人の心のふるさとたる悠久の聖地

伊勢神宮《いせじんぐう》

伊勢神宮は全国約八万の神社の頂点にある総氏神。正式名称は「神宮」といい、その歴史は約2000年に及ぶ。「お伊勢さん」の名で親しまれ、近世には伊勢参りが大流行。お伊勢参りの後、熊野へ向かう旅人も少なくなかった。

豊受大神宮《とようけだいじんぐう》（外宮《げくう》）

衣食住の神さま・豊受大御神を祀る

▲市街地の真ん中にありながら、神域は豊かな森に覆われている

神路山《かみじやま》の麓に鎮座する伊勢神宮は、天照大御神を祀る内宮《ないくう》と、約6㎞離れた高倉山麓に鎮座し豊受大御神《とようけのおおみかみ》を祀る外宮からなる。両宮、そしてそれぞれの別宮や摂社・末社など宮社は125社あり、「神宮」はその総称で、外宮を先に参拝するのが習わしとされている。

外宮は伊勢市駅から徒歩5分。緑濃い神域の素木の第一鳥居を潜れば、あたりは別世界の静けさだ。玉砂利が敷かれた参道が森の中に続き、第二鳥居を潜るとやがて外宮の中心である御正宮《ごしょうぐう》が見えてくる。四重に垣を巡らせ、玉石を敷き詰めた区画の奥の御正殿《ごしょうでん》には、豊受大御神が祀られている。

豊受大御神は天照大御神の食事を司る御饌《みけ》都《つ》神《かみ》で、衣食住をはじめあらゆる産業の守護神。内宮鎮座から約500年後の雄略《ゆうりゃく》天皇

豊受大神宮(外宮)

☎0596-24-1111 (神宮司庁)

住 三重県伊勢市豊川町279

交 JR・近鉄伊勢市駅から徒歩5分

料 境内自由

時 1～4・9月は5～18時、5～8月は5～19時、10～12月は5～17時

▲外宮の御正宮。社殿は式年遷宮により20年に一度建て替えられる

22年（478）に、天照大御神にお食事を奉る神としてこの地に迎えられた。以来、外宮御饌殿では天照大御神をはじめとする神々に食事を奉る「日別朝夕大御饌祭《ひごとあさゆうのおおみけさい》」が1500年もの間毎日朝夕、1日も欠かすことなく行われている。

直接拝見することはできないが、社殿は内宮と同じ「唯一神明造《ゆいいつしんめいづくり》」という日本古来の建築様式。古代の高床式穀倉のような建物で、檜の素木造り、切妻の萱葺き屋根などを特徴とし、装飾などほとんどない。20年に一度、式年遷宮によって新しい社殿に建て替えられ、社殿は常に美しく保たれている。

◀深い森の中に参道が続く。宮域内には御正宮のほか、別宮とよばれる多賀宮、土宮、風宮の三宮がある

せんぐう館

第62回式年遷宮を期に、外宮の勾玉《まがたま》池のほとりに建てられた「せんぐう館」は、神宮や神宮式年遷宮についてわかりやすく紹介するミュージアム。外宮正殿の原寸大模型、御装束神宝の製作工程展示、神宮の美しい映像が見られる遷宮シアターなどがある。☎0596-22-6263、入館300円、9時～16時30分（入館は～16時）、第2・4火曜休（祝日の場合は翌日）。

▲外宮正殿東側の4分の1を原寸大で再現した模型。手前には外宮殿舎配置模型を展示する

伊勢神宮《いせじんぐう》

皇大神宮《こうたいじんぐう》（内宮《ないくう》）

日本人の総氏神・天照大御神を祀る

▲鳥居を潜り宇治橋を渡って神域へ。冬至の日には鳥居の真ん中から朝日が昇る

皇大神宮(内宮)
☎0596-24-1111（神宮司庁）
住 三重県伊勢市宇治館町1
交 JR・近鉄伊勢市駅から三重交通バス内宮前行きで13～20分、終点下車すぐ。外宮から内宮へは、外宮前バス停から三重交通バス内宮前行きで10～17分、終点下車すぐ
料 境内自由
時 1～4・9月は5～18時、5～8月は5～19時、10～12月は5～17時

神宮125社の中心が、内宮と通称される皇大神宮である。祭神は太陽にもたとえられる天照大御神《あまてらすおおみかみ》。天上世界「高天原」の最高神で皇室の御祖神、また日本人の総氏神ともされている。

『日本書紀』によれば、天照大御神はもともと宮中に祀られていたが、約2000年前の垂仁天皇の時代、皇女の倭姫命《やまとひめ》が大御神にふさわしい鎮座場所を求めて諸国を巡る旅に出た。伊勢の五十鈴《いすず》川の川上に至ったとき、大御神が「この美しい伊勢の国に居りたい」といわれたので、祠を建てて祀った。これが内宮の始まりとされる。さらに7世紀後半、天武・持統天皇の御代に宮を拡大し、20年に一度の大祭・神宮式年遷宮もこのころに始まったと伝わる。

内宮の入口は五十鈴川に架かる宇治橋。純日本風、檜造りの美しい反り橋だ。聖俗を分かつこの橋を渡って参道を行くと、右手の五十鈴川のほとりに参拝前に心身を浄める御《み》手洗《たらし》場がある。五十鈴川は別名「御裳濯川《みもすそ》」。倭姫命が裳の裾をこの川で濯いだという伝承に由来する。

約93万㎡に及ぶ内宮の神域は、鎮座以来ほとんど斧を入れていないという森に覆われている。御正宮《ごしょうぐう》はその奥深くにあり、4重の垣

▲天照大御神が鎮まる内宮の正宮。4重の垣が巡らされており、一般参拝は外から2重目の門の前から行う

に囲まれた中心に天照大御神を祀る御正殿《ごしょうでん》が立つ。あたりには厳粛な雰囲気が漂う。

大御神は高天原から地上に降臨する天孫に稲穂を授け、それで国を栄えさせるよう伝えたという。そのため、神宮では年間千数百回もの祭りが行われているが、多くは日本人の暮らしを支えてきた稲作に関するもの。鎮座以来、神さまに豊饒を祈り、実りを感謝し、ひいては皇室や国の繁栄、国民の幸福を祈願している。

瀧原宮《たきはらのみや》

瀧原宮は内宮の別宮で、神宮から直線距離で約30㎞離れた三重県大紀《たいき》町の山あいに鎮座する。旧熊野街道（現国道42号）が前を通っており、かつて伊勢参宮を終えて熊野を目指した巡礼者はこの宮へも参り、伊勢路を南下していった。瀧原宮の祭神は天照大御神の御魂。巡行中の倭姫命が伊勢に入る前、この地に宮をたて大御神を一時的に祀ったのが起源とされ、古来「大神の遙宮（とうのみや）」とよばれて崇敬を集めてきた。宮川の支流、大内山川の近くに広がる神域は、自然林に覆われ、杉の巨木も多数。神代の昔が偲ばれる。

住 三重県度会郡大紀町滝原872　交 JR紀勢本線滝原駅から徒歩20分
料 境内自由　時 内宮と同じ

◀樹林に包まれた瀧原宮の御手洗場。谷川の清水を手にすくい、手と口を清めて参拝する

▶平成26年秋に遷宮が行われた瀧原宮。左には同じく内宮の別宮の瀧原竝宮が鎮座する

伊勢路 22

熊野灘を見る国境の峠と石畳道

梅《うめ》ケ《が》谷《たに》駅からツヅラト峠を越え港町の紀伊長島へ下る

▲ツヅラト峠からの眺望。長島港を見下ろし、熊野灘の水平線が遠く輝く

アクセス

【行き】 大阪難波駅から近鉄特急で約1時間35分、松阪駅下車、JR紀勢本線で約1時間20分（乗り継ぎ時間含まず）、梅ヶ谷駅下車。

【帰り】 紀伊長島駅からJR紀勢本線特急で約1時間、松阪駅下車、往路を戻る。

問合せ

大紀町商工観光課 ☎0598-86-2243

紀北町商工観光課 ☎0597-46-3115

歩行時間 約4時間

歩行距離 約9.5km

歩行レベル 中級 体力★★★ 技術★★★

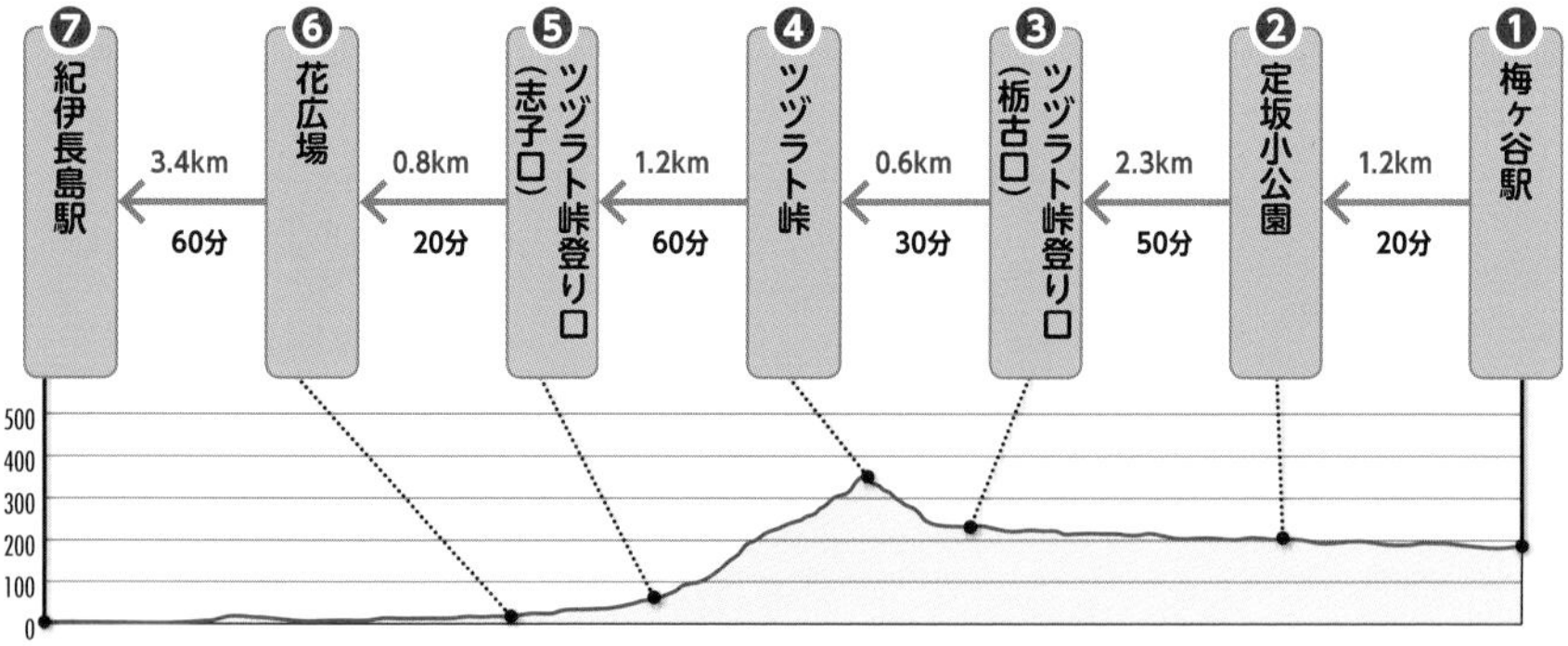

▲三十三観音石仏巡り。小丘を一周する順路に立つ

▲休憩所やトイレが整う定坂小公園。コースで貴重な存在だ

◀八柱神社。ウォーキングの安全祈願に参拝していきたい

無人駅の❶**梅《うめ》ヶ《が》谷《たに》駅**の改札を出て、地下道で線路を潜ると、そこは八柱神社前の広場。この神社はツヅラト峠や荷坂峠へ向かう旅人が道中安全を祈願したという地元の産土神を祀る。古人にならい参拝していくのもいいだろう。

古道標識の指示に沿って進むと広い舗装路に行き当たる。そのT字路を左折、川口前橋を渡り、紀勢自動車道の高架を潜り、寺浦橋、汲泉寺前を過ぎ、中野橋を渡って❷**定坂小公園**に至る。

公園の手前右の広場に、個人寄進の「花山院熊野権現遥拝所」碑が立つ。若き花山法皇が熊野参詣の途次に熊野権現を遥拝した地との伝承があるらしい。また広場隣接の小丘には法皇にちなむミニ三十三観音巡りもあり、小公園の端から道路を挟んだ向かいに見える細道が出入り口。

小公園近くの下里橋は渡らず川沿いの道を進む。栃古橋手前で左折し、田の傍を過ぎ、渓流沿いの道を行く。やがて舗装林道に合流、そして高野橋手前を左にそれると❸**ツヅラト峠登り口**（**栃古《とちこ》口**）に到着。ここまで複雑なルートのようだが、標識に従えばまず迷うことはない。

ここから右の林の中へと通じる細道が峠

▶栃古側の登り口（栃古口）。林道を外れ、右の林の中へ踏み入るのが峠登りの第一歩

Column

荷坂峠道

梅ヶ谷駅～紀伊長島駅を結ぶ熊野古道コースには荷坂《にさか》峠道もある。ツヅラト峠道の東側のこの道は、江戸初期、紀州徳川藩の初代藩主徳川頼宣が参勤交代の便のために開いたのが始まり。そのころ、幕府巡検使が駕籠で通れるよう藩内主要道が拡幅改修され、荷坂峠も整備された。以後両道とも使われたが、近道で便利な荷坂峠がメインルートとなり、「お伊勢参り」の盛況を反映して東国からの旅人がよく利用した。荷坂峠道はほかの古道のような石畳道はないが、勾配は緩く、道幅は広いので歩きやすい。梅ヶ谷駅～紀伊長島駅は約7.5km、2時間30分の道のり。北の大紀町側ではしばしば国道42号と重なり、また沖見平～一里塚間では何度か江戸道と明治道の2ルートに分かれている。

コースアドバイス

距離は短いが古道感に富む峠区間が魅力のコース

栃古口から志子口までの峠区間が魅力。古道感に富み、距離・所要時間ともに短いが充分楽しめる。梅ヶ谷駅から栃古口、志子口から紀伊長島駅の長い舗装路区間のこなし方がポイントだろう。山間の田園風景を味わう機会と捉え、のどかな長距離散歩の気分で歩きたい。健脚派には紀伊長島駅から続けて荷坂峠を逆にたどる、駅から列車で移動し馬越峠を歩くなどの選択肢もある。

◀山の神。山霊を象徴する小石を小さな祠に祀っている

◀古道を支えて幾星霜、野面乱層積みで築かれた石垣

▶ツヅラト峠。石碑と東屋が立ち長島港や熊野灘の眺望が広がる

へのルートで、沢を一本橋で渡ると本格的な山道となる。坂を登り、頂上直前で林道に出る。斜め向かいの手摺付き階段を上がればそこが**❹ツヅラト峠**である。

この峠は伊勢と紀伊の国境だった。かつて伊勢方面から熊野へ向かう参詣者は、この峠に立って初めて熊野の海を目にした。近世には荷坂《にさか》峠越の道が主となり寂れたが、昭和初期ごろまで紀伊長島の魚売りが行商に通う生活道に利用されていたという。

ツヅラト峠は登りより下りが長く、古道の雰囲気も豊か。しかし下り始めに直降する急坂が控えている。迂回路もあって、峠案内掲示の脇がその入口だが、本来「見晴し台」への道なのでかなり遠回りになる。

ここは直降ルートを取り、峠名の由来でもある九十九折れの坂を下る。山道の側面を「野面《のづら》乱層積み」で固めた石垣、地元民が信仰した「山の神」などを見る。やがてまばらに石を敷いた石畳道が現れ、下るにつれて立派なものになっていく。石畳道終点が**❺ツヅラト峠登り口（志子《しこ》口）**。

志子口から石で階段状に築かれた沢の堰堤を渡ると、林道終点の広場になっている。そこからは林道を下るが、途中にある「町指定文化財ツヅラト石道」板碑の刻文は熊

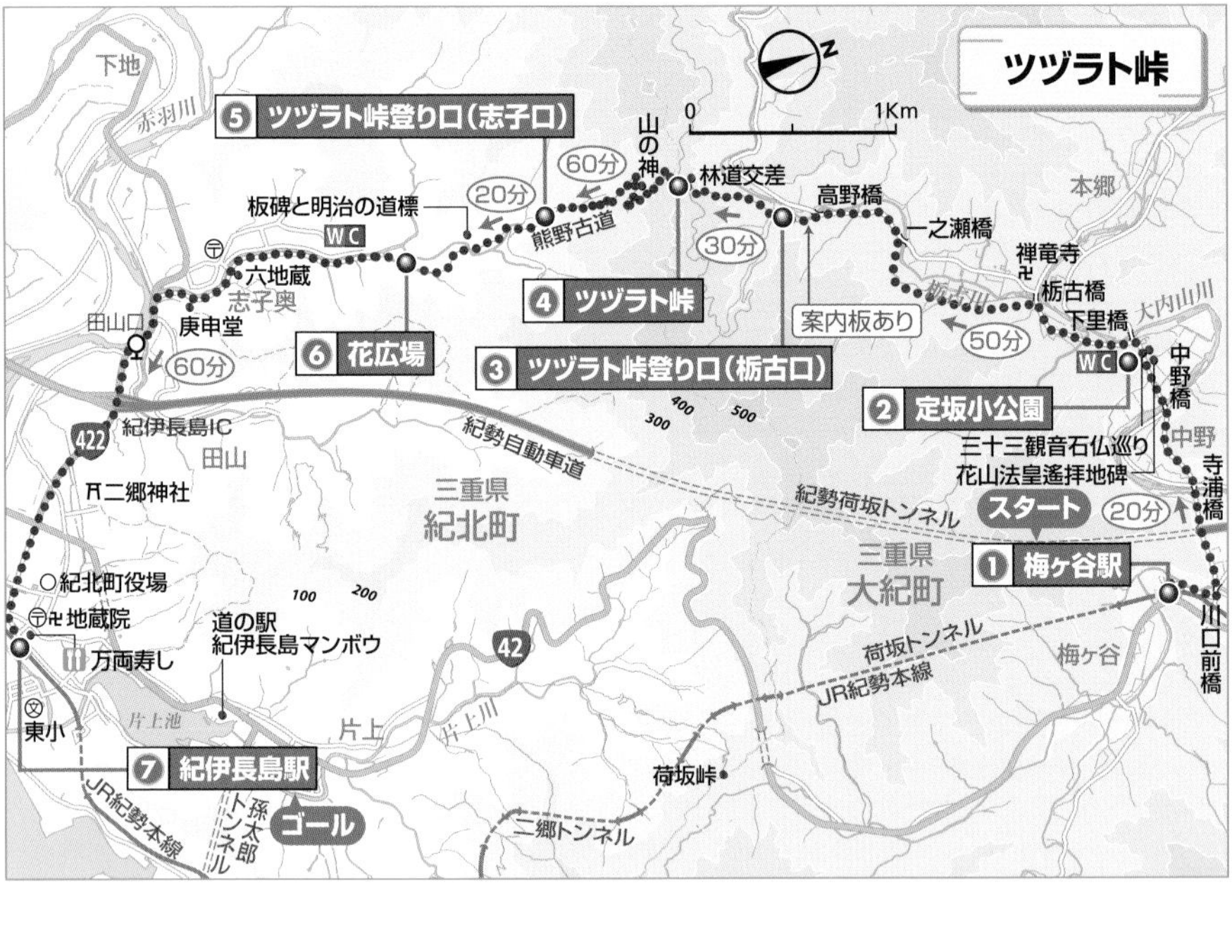

◀明治45年（1912）の銘がある「右いせ 左やま 道」の道標

▶志子側の登り口。この石碑の少し手前に案内板が立つ

▲峠からの下りでは幅1mほどの石畳道が300m続く。自然石を組み合せた歩きやすい道だ

野街道の歴史を語って簡潔平明、隣に立つ明治末の道標の由来に及ぶ。さらに下り、再整備されたビオトープを過ぎ❻**花広場**に着く。

ここから紀伊長島駅まではずっと舗装路。「六地蔵」や庚申堂を過ぎ、国道422号とのT字路に突き当たる。そこを左折、国道を進んで行くと、橋のたもとに田山口バス停を見るが紀伊長島駅へは1日3便、引き続き歩く。紀伊長島ICの高架を潜り抜け、市街地に入り、バス停から約20分で❼**紀伊長島駅**に到着する。

食べる

万両寿し《まんりょうすし》

名物のサンマ寿司のほか 幻のカキのにぎりも人気

紀伊長島駅前で親しまれる寿司店。名物のサンマ寿司500円は、締めたサンマとシャリの間に、わさびではなく、からしが入っているのが特徴。表面を炙った焼きサンマ寿司は600円。流通量が少なく「幻のカキ」と呼ばれる渡利カキのにぎり850円も味わえる。

☎0597-47-0394
住 三重県紀北町東長島200-4　時 7〜18時（時間外は要問合せ）
休 第1・3木曜の午後

◀トイレ完備の花広場。掲示板のコース図解が非常にわかりやすい

▶コース終盤の庚申堂には江戸期の地蔵とされる石仏3体を安置する

◀紀伊長島駅近くの沿道には地元作家の木彫アートが立ち並ぶ

Column

花山院熊野権現遥拝所

10世紀末、花山天皇は寵姫を失った悲しみにつけこまれ、藤原氏の陰謀により在位1年余で出家・譲位させられた。譲位後、20〜22歳ごろに播磨書写山、比叡山、熊野などで仏道修行したとされる。このことは『栄花物語』や『大鏡』などにも見え、『後拾遺集』所収歌「旅の空 よはの煙とのぼりなば あまの藻塩火たくかとや見ん」は熊野修行中の作という。西国三十三所霊場を花山法皇由来とする伝承があり、中辺路にも牛馬童子像の例がある。悲運の貴公子への同情が伝承・伝説の温床となったのか、この遥拝所は伝説にさらなる彩りを加えるものだろう。

▲定坂小公園の近くに立つ遥拝所跡碑

馬《ま》越《ごせ》峠を越えて尾《お》鷲《わせ》の街へ

延々2km続く伊勢路随一の石畳の道!!

▲幹線路として江戸期に造られた石畳道。明治から大正6年までは県道だった

アクセス

【行き】大阪難波駅から近鉄特急で約1時間35分、松阪駅下車、JR紀勢本線で約2時間20分(乗り継ぎ時間含まず)、相賀駅下車。

【帰り】尾鷲駅からJR紀勢本線特急で約1時間20分、松阪駅下車、往路を戻る。

問合せ

紀北町商工観光課　☎0597-46-3115
尾鷲市商工観光課　☎0597-23-8223

歩行時間　約3時間10分
歩行距離　約6.8km
歩行レベル　初級　体力★★★　技術★★★

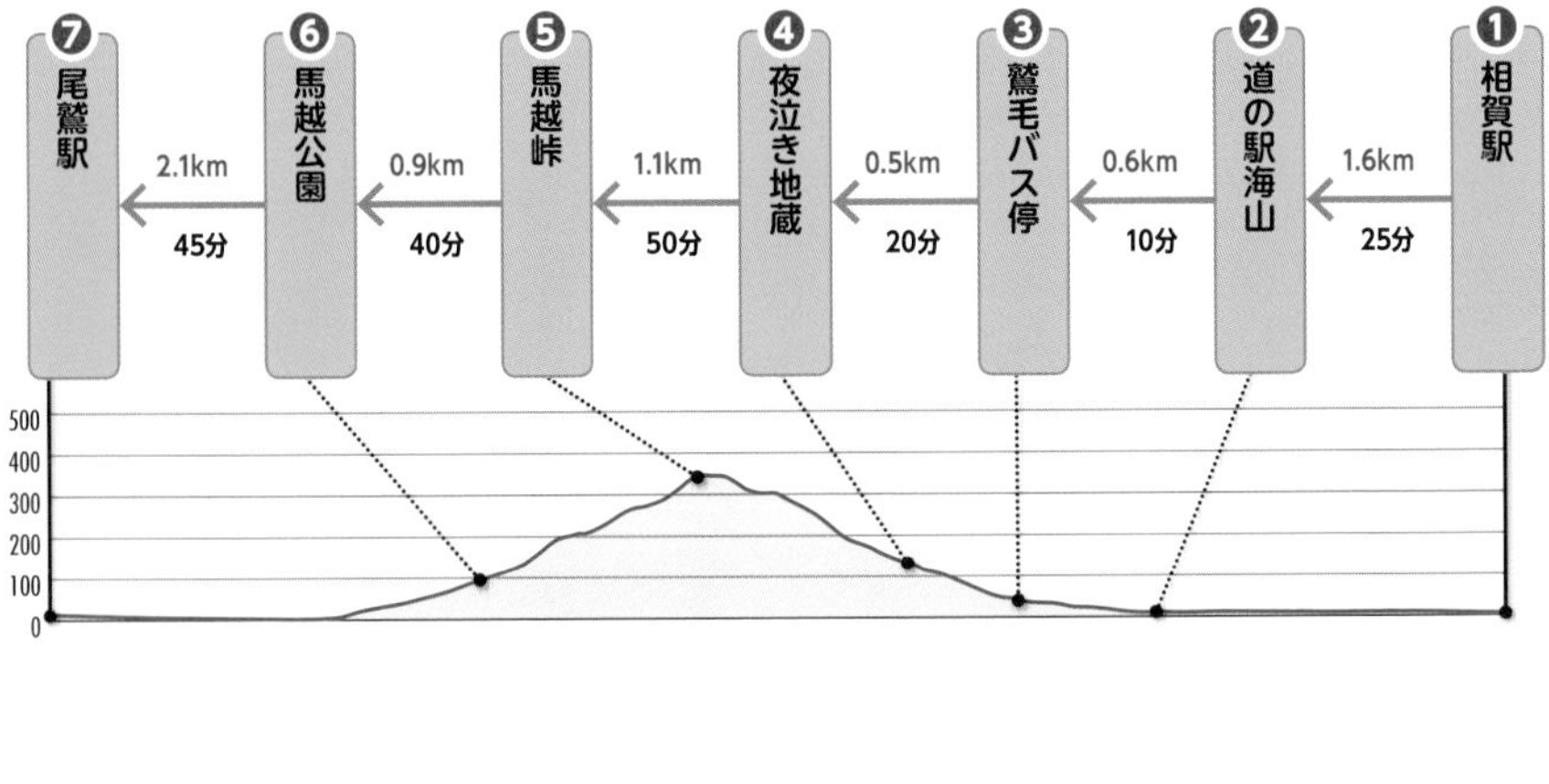

◀相賀駅から国道42号に出る直前の角にある相賀神社

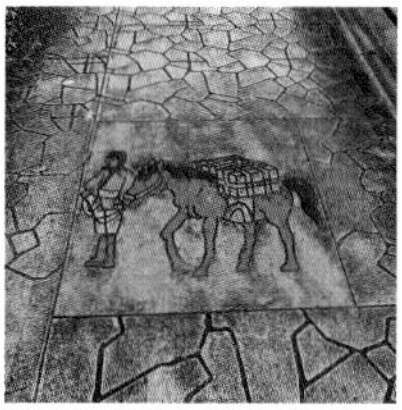

▲歩道にはめ込まれた荷駄の絵。往時の峠越え荷運びの姿だろう

▶もともと熊野参詣巡礼者の安全を願って祀られた夜泣き地蔵

馬越峠道は大正初期に旧国道が整うまでこの地方の幹線道路だった。今も麓から峠への約２㎞の多くが石畳道となっており、当時の面影をよく残している。

❶**相賀駅**《あいが》から国道42号へ出る手前の角に相賀神社、角を左折して道なりに行くと真興寺がある。ここは観音像を刻した蛤形の大石「はまぐり石」で知られる寺。突き当たりの堤防脇の道を右折すると国道の銚子橋。それを渡れば❷**道の駅海山**《みやま》に着く。ここまで来れば峠への登り口は間近だ。歩道の路面にはめ込まれた「荷駄《にだ》」の絵などを観賞しながら歩こう。

❸**鷲毛**《わしげ》**バス停**の所が峠道入口となっている。登り口の階段は新しいが自然石を用いたもので、道がほの暗い植林の中へと入って行くと、やがて江戸期と思われる古い石畳道になっている。

❹**夜泣き地蔵**は元来、旅人の無事を祈って建立されたものらしいが、いつしか地元民が「子の夜泣き封じ」を祈願する地蔵に変わったという。

地蔵祠から4～5mの所に一枚石の橋が架かる。水をスムースに流す工夫か、あるいは道の作り手「便ノ山の石工」の遊び心か。石畳道はこの地方特有の多雨豪雨から

▶馬越峠登り口は鷲毛バス停のそば。アプローチの石階段が石敷の山道へと続いている

Column

三重県立熊野古道センター

熊野古道伊勢路の紹介・研究などにあたる拠点的施設。本コースの終点・尾鷲駅から路線バスで10分余の所に立つ。尾鷲ヒノキを大量に用いた巨大建築2棟が並び、映像ホールではハイビジョン映像で古道の概要などを紹介。古道と周辺の歴史・自然・文化を実物資料やレプリカなどで紹介する展示も充実している。☎0597-25-2666、入館無料、9～17時、12月31日・1月1日休（ほかに休む場合あり）。

◀尾鷲産ヒノキ材６５００本で造られた建物は直線美の粋

コースアドバイス

石畳道の魅力を満喫できる伊勢路の代表的コース

重厚な自然石を巧みに配した石畳道の長さ・美しさから熊野古道伊勢路を代表するコースの一つ。コースの始めと終わりの区間が舗装路でやや単調かもしれないが、それすら期待を高めるプレリュード、余韻を味わうコーダとして楽しめるほどだ。距離・難度・満足度ともに初心者から一般まで幅広く楽しめるだろう。健脚向きには枝道ルート、あるいはコース22や24などをプラスして歩く方法もある。

▼林道交差点から峠へはほぼ平坦。地道が足裏になじむ

◀登り途中にあるベンチ付き小広場からは雄大な景色が見られる

▶狭く深い溝を渡す一枚石の橋。これは石工の遊び心?

道を守り、草木の繁茂を防止するためのものだった。山水を谷側へ流す排水溝「洗い越し」も各所に設けられている。

ときには地道を交えながら石畳道が続き、石が積まれただけの一里塚跡を過ぎると勾配が強くなる。しかし馬越の石畳道は個々の石が大体水平に据えられており、足を置きやすい。やがて右側の視界が開け、林道との交差点に達する。近くのベンチの置かれた小広場は眺めもよく休憩に適する。

林道交差点からほどなく❺**馬越峠**に着く。以前は平坦な空地だったろうが木立に遮られ見通しがきかない。昔ここに地蔵堂や茶店があったという。石垣で囲われた茶店敷地跡に江戸末期の俳人・可涼園桃乙《かりょうえんとういつ》の句碑が立つ。またこの峠からは便石山《びんしやま》、天狗倉《てんぐら》山《さん》への登山道が通じている。多少険路だが時間があれば足を延ばしてみたい。

峠からの下りも多くの部分が石畳道。途中で出合う桜地蔵は、旅人の安全祈願にと奉納され、元は石造りの祠だった。名は付近に多い山桜にちなむが、レンガ造りへと改築した施主の名から「安兵衛地蔵」、子供の夜泣き封じの霊験から「夜泣き地蔵」ともよばれたという。

さらに下り、行者堂まであと少しの所に

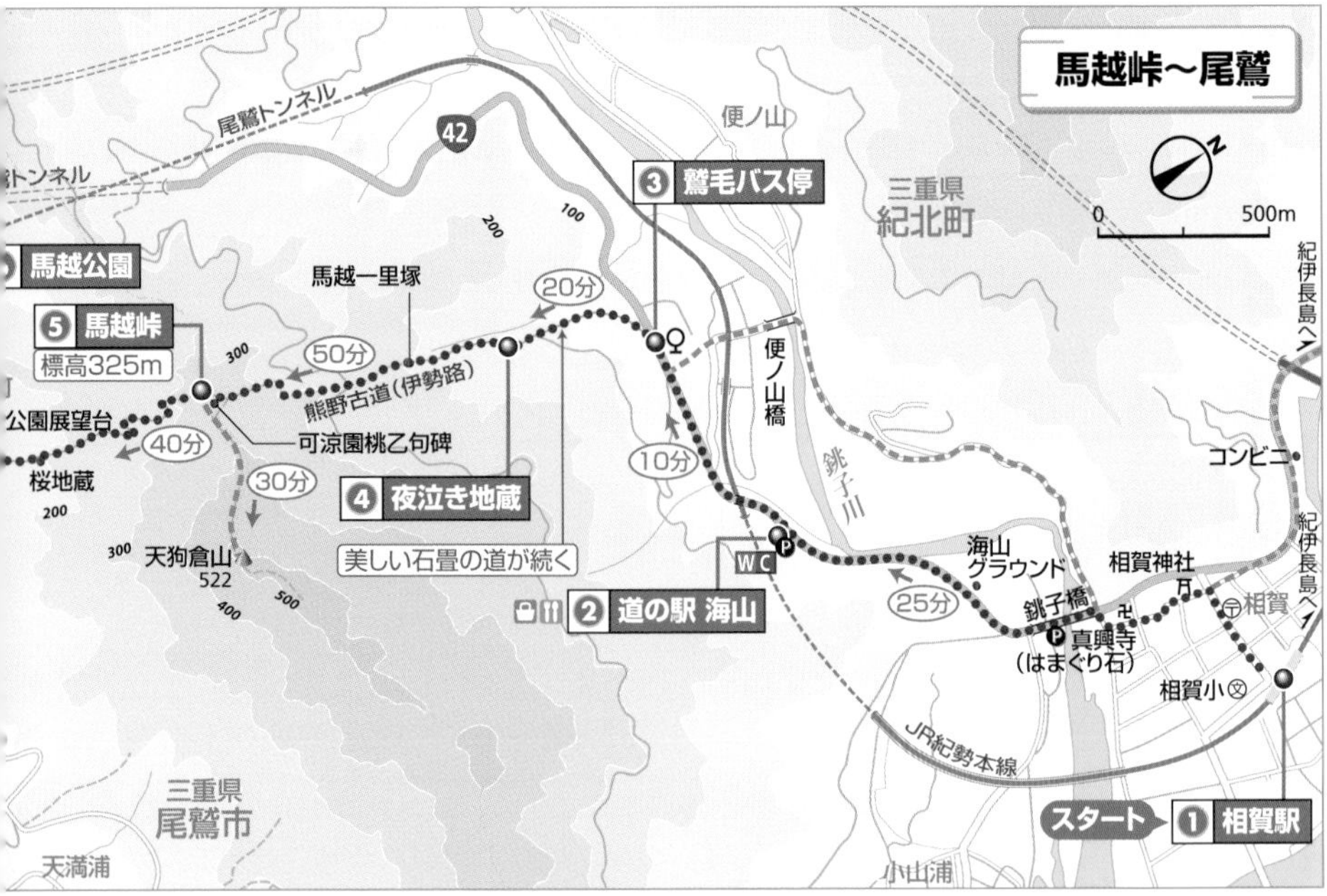

▲コースから1分の展望台。見晴らしよく休憩に好適

◀下りにもところどころ石畳道があり、急坂は石段状だ

▶馬越峠。石垣が残る茶店敷地跡に可涼園桃乙の句碑が立つ

展望台への分岐がある。コースから足を延ばして1分で行ける近さ。展望台の東屋から眼下に尾鷲市街地が望める。

❻馬越公園はその中央を熊野古道が貫く市民の憩いの場、散策の径。役行者を祀る行者堂が立ち、そこから西へ100m行けば馬越不動尊を擁する不動滝もある。

公園からは舗装路を下る。野口雨情句碑、徳本上人名号碑《とくほんしょうにんみょうごうひ》を過ぎてなお直進、広い馬越墓地を抜けると右手に尾鷲神社の杜が見えてくる。北川橋を渡り、高札場跡を過ぎて右折。やがて**❼尾鷲駅**に着く。

買う

道の駅《みちのえき》 海山《みやま》

馬越峠の登り口にある道の駅 食べ物、飲み物はここで!

特産品販売所、地元食材を使った料理が人気のレストランなどがあり､熊野古道や周辺観光スポットの情報も提供。おにぎりや弁当なども販売しているので、峠越え前の調達に便利だ。目の前を流れる“奇跡の清流”といわれる｢銚子川の水｣ペットボトル500㎖110円も買える。

☎0597-32-3553
住 三重県紀北町海山区相賀1439-3
時 9～18時(8月は～19時)　休 無休

Column

ひと足のばして天狗倉山へ

馬越峠から枝道が通じる天狗倉山。その標高522mの頂上に大岩がある。通称天狗岩。役行者像と不動明王像が祀られており、低い鞍状岩盤と天狗岩の狭間に祠が立つ。天狗飛来地との伝承もあり修験道との関連をうかがわせる。岩盤をはい上がると熊野灘一帯がパノラマ展望でき、天狗岩に固定された鉄のハシゴを登ればそこは20畳ほどもある広さ。うねる岩肌には人名などが無数に彫られている。風雪に磨かれほとんど判読できないが願文の類らしい。馬越峠から険路ながら往復約60分。祠到着の直前には大石の間をすり抜け攀じ登るロッククライミング気分が楽しめる。高所の苦手な人には不向きだが、上級者を唸らせ初心者にも可能な好オプションだ。

◀霊域の雰囲気をまとう巨岩「天狗岩」

▼岩盤の先には尾鷲湾の絶景が広がる。

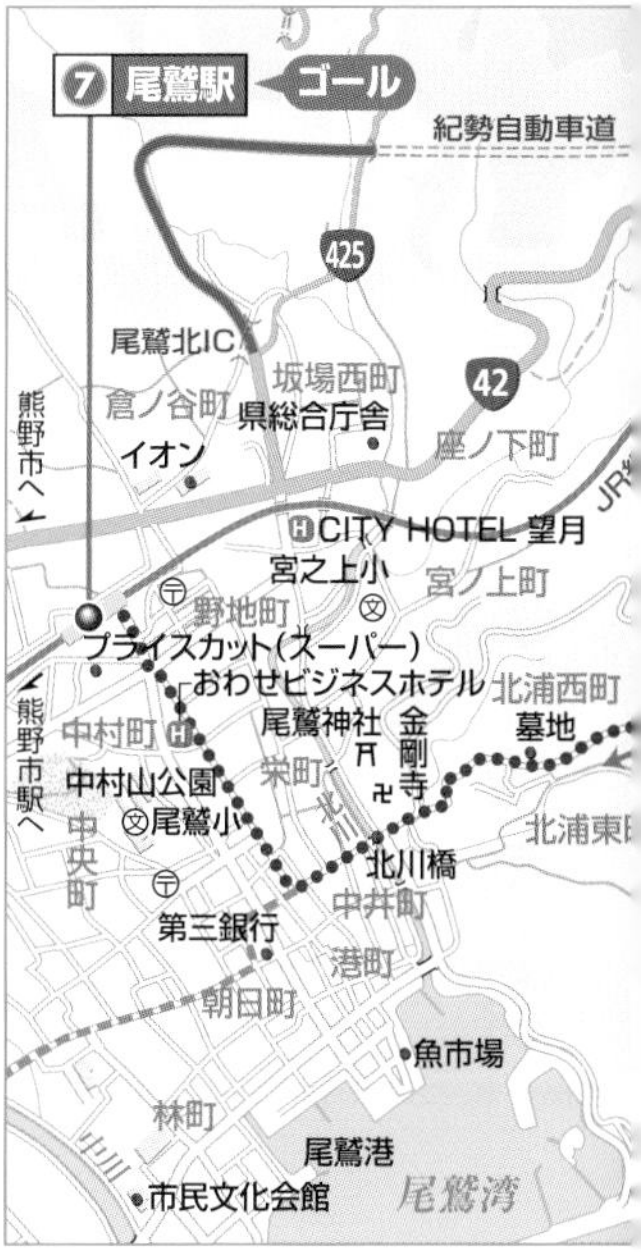

波《は》田《だ》須《す》の道から大《おお》吹《ぶき》峠へ

徐福伝説の里と竹林の古道を歩く

▲鎌倉期の石畳が往時そのままに残る波田須の道。古風な階段式の敷き方となっている

アクセス

【行き】 天王寺駅からJR紀勢本線特急で約4時間、新宮駅下車、同線普通列車で約50分、新鹿駅下車。※大阪難波駅から近鉄大阪線、JR紀勢本線を乗り継ぐ三重県回りの行き方もある。
【帰り】 大泊駅からJR紀勢本線で約55分、新宮駅から往路を戻る。

問合せ

熊野市観光協会 **☎0597-89-0100**

歩行時間 **約3時間**
歩行距離 **約7.6km**
歩行レベル **初級** 体力★★★ 技術★★★

❶新鹿駅 → 2.5km 50分 → ❷波田須の道 → 0.3km 10分 → ❸波田須神社 → 2.3km 50分 → ❹大吹峠登り口（波田須） → 0.5km 25分 → ❺大吹峠 → 1.2km 30分 → ❻大吹峠登り口（大泊） → 0.8km 15分 → ❼大泊駅

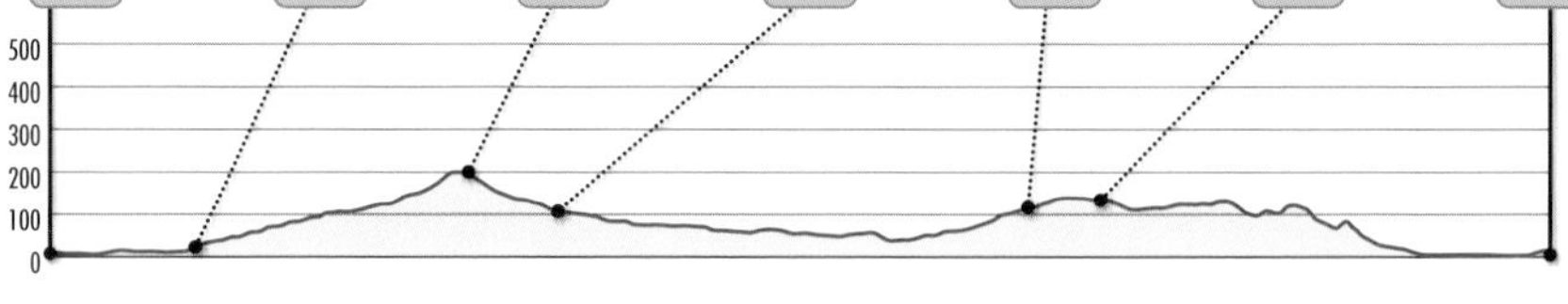

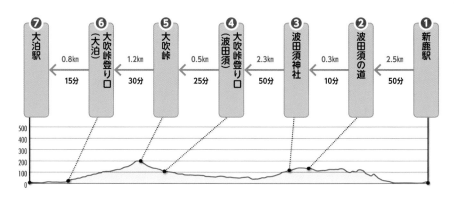

▶波田須神社。鳥居の傍らが「波田須の道入口」だ

◀大きな自然石を豪快に敷く波田須の石畳道は素朴ながら重厚

▶新鹿の浜。古来、大泊海岸とともに景観美で知られた

熊野古道伊勢路が徐福《じょふく》伝説の地・波田須の里を通過する区間が「波田須の道」だが、近代以降の道路整備で消えた部分も多い。開発を免れ残る古道を、国道を介してつないだのが本コースだ。

❶**新鹿《あたしか》駅**を背に、民家の間の細い路地を海岸へ向かう。国道311号を渡り、海辺の散策路に下りて新鹿海岸の風光の中を行く。散策路を途中で切り上げ国道に出て、斜面の坂道へ。鉄道トンネルの上を過ぎて左折、やがて竹林に入るがこの竹林の道は短い。小鳥居の前で国道311号に再合流、波田須トンネル手前で左の森の中へ入り、森から出た所で西行松跡を見る。

かつて西行法師が諸国遊歴の折りに立ち寄り、茶屋店先の松の下で一服したと伝える松だが、明治期に枯れたらしく今は掲示が立つのみ。そこから住宅前の道、そして舗装車道を進む。道路から一段高い所に❷**波田須の道**への入口がある。

約80m続く石畳道は鎌倉期の敷設と推定され、伊勢路で一番古いという。丸みを帯びた自然石はひとつひとつが大きく豪快、古風な階段式の敷き方で趣き充分だが惜しいことに数分で終わってしまう。入口から出口の❸**波田須神社**までで約10分、何度

Column

観音道

大吹峠の北側を通る古道。泊観音跡（比音山清水寺跡）から大泊登り口にかけて、沿道に33体の観音石像が立つ。西国三十三所霊場を模したものだ。観音信仰の盛んな江戸期にはこちらを利用する人が多かった。オリジナルを巡りたいが遠くて難しい人にとって、それと同じ功徳ありとされる観音道が喜ばれたのだろう。33体とは別に、泊観音跡からほど近い祠に自然石の馬頭観音像が納まり、泊観音の本尊だった千手観音像が客仏として大泊駅近くの清泰寺に安置されている。泊観音跡へ行くには、波田須神社から大吹峠へ向かう途中に国道311号 波田須橋近くで分かれるルート、または大吹峠から大観猪垣道を経るルートがある。後者のコースで波田須神社から大泊登り口まで約3.8km、2時間。

▶国道左の階段が山道への進入路。右方奥は波田須トンネル。本コースでは幾度も古道と国道が交錯する

コース アドバイス

時代の異なる石畳道を含むハイキングコース

アップダウンが少なく、短い距離ながら変化に富み、初心者にもおすすめ。時代を異にする石畳道が前半・後半の各々にある。古道と国道の交錯が多いので、国道横断の際や路側帯を行く区間は車に注意。また文字岩周辺は狭いエリアだが少々わかりにくい。大きな案内標識だけでなく小標識も見落とさないこと。大吹峠から大観猪垣道経由観音道を下るオプションは健脚向きだ。

▲「勤愼忍」と彫られた文字岩は仇討哀話を秘める

◀波田須の里にそびえる大きな楠。その下に徐福の宮が鎮座する

▲徐福茶屋付近から見た熊野灘と波田須の里。海が陽光にきらめく

か往復して楽しむ人も多いらしい。

神社から急坂を折り返しながら下るとまた国道311号に出る。横断歩道の傍らに「徐福茶屋」があり、その脇から始まる坂道を下る。このあたりは景色がいい。眼下に見えている赤い鳥居が「徐福の宮」だ。穏やかな海を控えた里の景色はのどかそのもの。とはいえ石垣を幾重にも巡らせ造り上げた狭い畑地は、平地の少ないこの地に住み続けた里人の苦闘の跡でもある。徐福の宮へ寄るには坂道途中の分岐から石段を下るのが近道。立ち寄り後も道標に従えば正ルートと合流する。

合流点から10分ほど行くと「おたけ茶屋跡」に出合う。さらに進んでから左前方へ分かれる細道を下るが、標識のないこの分岐はわかりにくい。見落として直進すると国道311号に行き当たる。左折すれば大吹峠への順路には乗るものの「文字岩」へは寄りにくい。

正ルートは文字岩を見てから、橋を渡って右へ外れ、林を抜ける細道を経由して国道へ合流する。

国道沿いの休憩所敷地内に**❹大吹峠《おおぶき》登り口（波田須）**があり、そこから江戸期の石畳道が延びている。この石畳は加工し整え

伝説 Column

波田須の里の徐福伝説

不老不死の霊薬を求める秦の始皇帝により、方士《ほうし》（仙術者）の徐福が蓬莱島へと派遣されたがついに帰らなかった。中国の歴史書『史記』に記されるこの伝説の島を中国では古くから日本とし、日本各地に徐福上陸地の伝説がある。なかでも有名なのが熊野。波田須に残る伝承では、嵐で徐福の船だけが矢賀の磯に漂着したとする。当時矢賀には家が3軒しかなく与八・文吉・八郎兵衛が交替で世話をした。帰国を断念した徐福は紀州永住を決意、焼物、医薬、土木、農耕、捕鯨などを里人に教えた。窯所、窯屋敷などの地名はその名残といい、この地の元の名は秦住《はたす》でのちに波田須に変わったとされる。徐福の船出は約2200年前、日本は縄文から弥生への移行期だった。波田須では窯跡、陶片、秦時代の貨幣「半両銭」などが出土している。

◀波田須の里にある徐福の宮。境内に「徐福の墓」碑が立つ

▼国道から見た大泊海岸。エメラルドの海に白砂の汀、山の緑、空の青が美しい

▲大吹峠からの下りは竹林の道。多くの旅人が愛した風情だ

◀江戸期の成熟した施工技術による大吹峠の石畳道

た自然石を階段式に敷くスタイル。苔むす石畳に古道感があふれ、距離もほどよく、充実したウォーキングになる。峠頂上への入口両側には、畑地への獣の侵入防止用に造られた「猪垣《ししがき》」の一部を見る。

❺**大吹峠**には茶屋跡があり、昭和25年ごろまで営業していた「大吹茶屋」は自家栽培のバラン、ハナミョウガなどの葉で握り飯や寿司を包み、旅人に供したという。またこの峠からは、延々猪垣の続く偉観の見られる「大観猪垣道」や、沿道に多数の観音像が立つ「観音道」へのルートも通じている。大観猪垣道は1㎞内の近場だ。

峠を後にして高さ10mにも達する孟宗竹の林の中を下る。古来大吹峠は竹林の峠道として有名だったが、増えすぎた竹を近年に間引き明るくなった。これにより、風情を残しつつ足元が見やすくなっている。地道が途中から石畳道になり、それが尽きると❻**大吹峠登り口**（**大泊《おおどまり》**）。

林を抜け畑沿いに進み集落へ下りる。国道311号に合流し石切場の前を過ぎると海岸沿いの道。陽光に輝く大泊海岸を楽しみつつ歩く。やがて右手に「津波避難場所大泊駅高台」の標識が現れ、そこを右折してまもなく❼**大泊駅**に到着する。

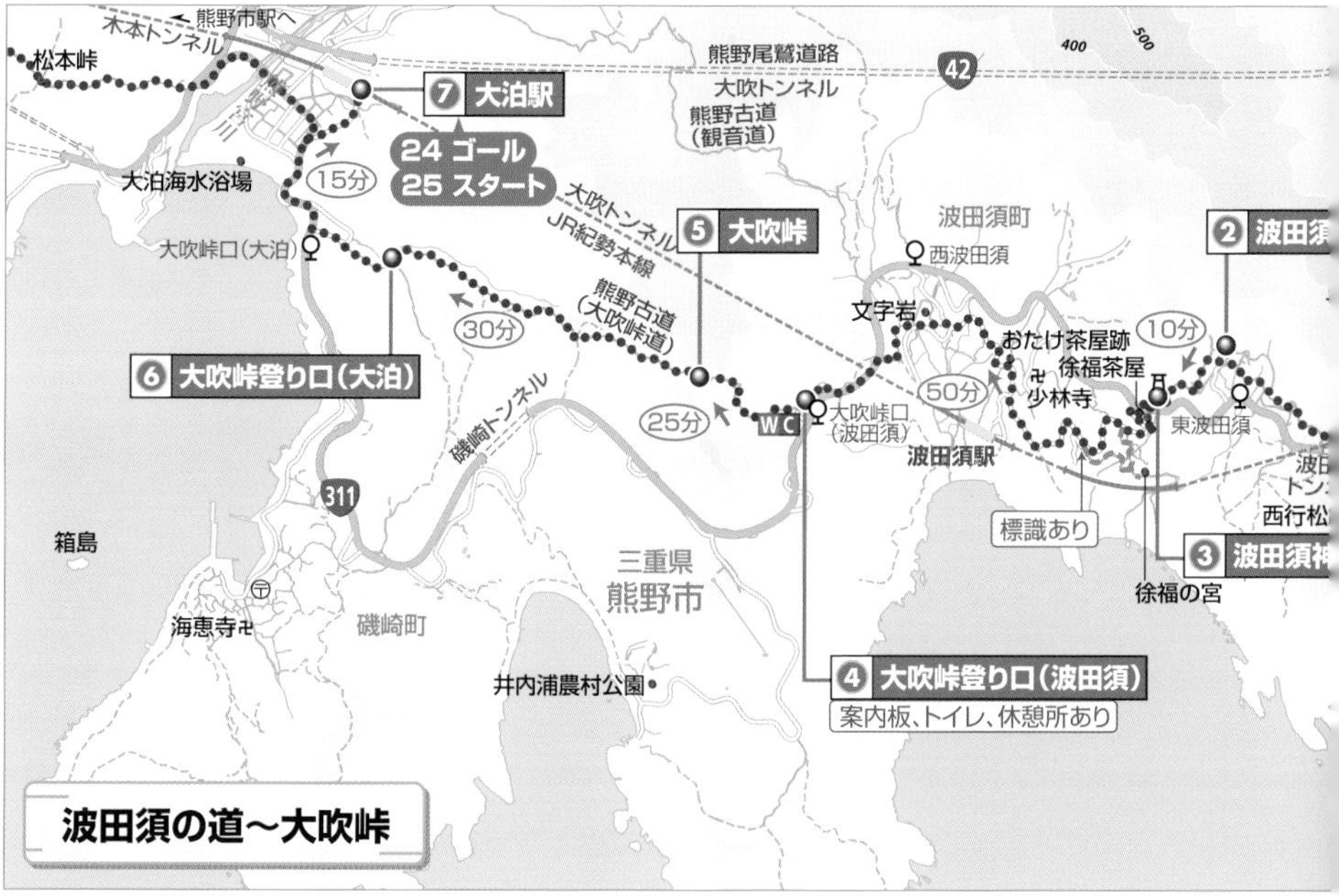

世界遺産が連続する伊勢路の人気1位コース!!

伊勢路最後の峠の松本《まつもと》峠から 七里《しちり》御浜《みはま》・花《はな》の窟《いわや》へ

▲伊勢から熊野三山へ向かう際の最後の峠・松本峠。竹林に包まれて地蔵が立つ

アクセス

【行き】 天王寺駅からJR紀勢本線特急で約4時間、新宮駅下車、同線普通列車で約40分、大泊駅下車。※大阪難波駅から近鉄大阪線、JR紀勢本線を乗り継ぐ三重県回りの行き方もある。

【帰り】 有井駅からJR紀勢本線で約30分、新宮駅下車、往路を戻る。

問合せ

熊野市観光協会　☎0597-89-0100

歩行時間 **約2時間15分**

歩行距離 **約5.6km**

歩行レベル **初級** 体力★★★ 技術★★★

❶ 大泊駅 → 0.7km 10分 → ❷ 松本峠登り口（大泊） → 0.4km 25分 → ❸ 松本峠 → 0.3km 10分 → ❹ 東屋 → 1.0km 30分 → ❺ 松本峠登り口（木本） → 1.5km 30分 → ❻ 獅子岩 → 0.8km 15分 → ❼ 花の窟神社 → 0.9km 15分 → ❽ 有井駅

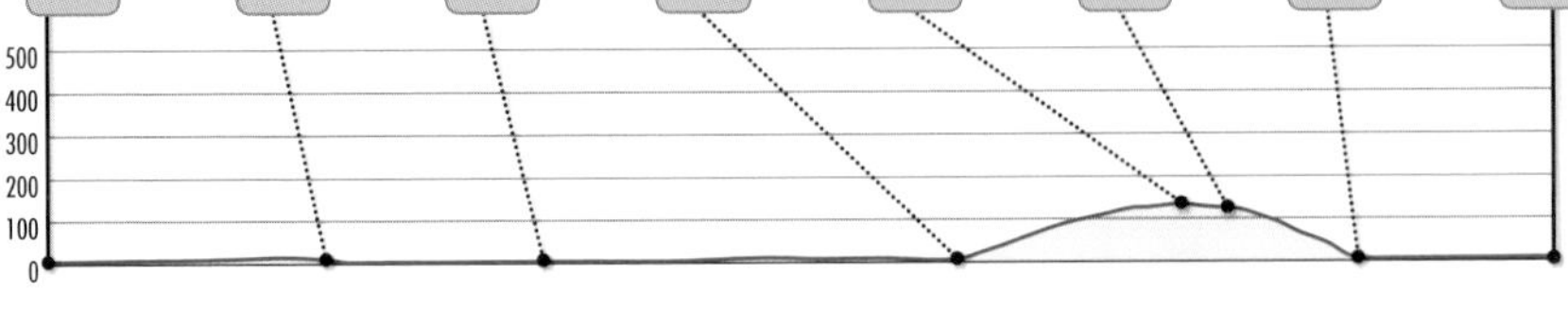

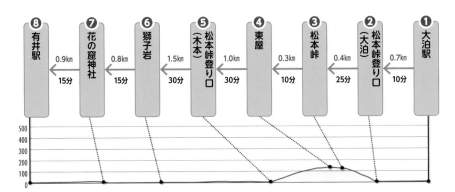

◀松本峠登り口（大泊）を入ると、すぐに階段状の急な石畳道が始まる

▶大泊海岸。砂浜が広く夏は海水浴客で賑わう

▼コースの起点の大泊駅は町の少し高台にある

石畳道で松本峠を越え、街道筋に栄えた熊野市の「本町通り」を散策。さらに世界遺産の七里御浜を歩いて花の窟へ向かう。短い距離の間に、古道はさまざまに姿を変え、みどころも多数。伊勢路で最も人気があるというコースだ。

大泊《おおどまり》の町のやや高台にある❶**大泊駅**から国道311号へ下る。夏は海水浴客で賑わう大泊海岸を左手に見ながら歩くと、国道42号に合流。その信号で国道を渡れば❷**松本峠登り口（大泊）**だ。

登り口を入ってすぐ、杉林の中に階段状の石畳道が現れる。国道から一歩入っただけで、一気に古い時代へ連れて行かれたような不思議な気分になる。この石畳は江戸時代に整備されたものらしい。当時の常として自然のままの石を使い、急坂では隙間なく石を詰め、平坦部は間を広くとっているのが特徴という。

松本峠は伊勢路最後の峠。標高135mと高くはないが、登り口からいきなり急な上りが始まり、歩き慣れていない者には結構きつい。休み休み登って行くと、やがて平坦な道となり、周囲に竹が多くなるころ❸**松本峠**に着く。道の一段高い所には等身大の地蔵が祀られている。江戸時代、大馬

Column

世界遺産・鬼ヶ城

国名勝・天然記念物で、熊野古道伊勢路の一部として世界遺産にも含まれる鬼ヶ城は、熊野灘に面する奇観の大岩壁。波に削られた大小無数の洞窟が階段状になって約1kmも続いており、遊歩道をたどって見学できる。またこの大岩壁の上には戦国時代の城跡があり、鬼ヶ城東口から城跡を経て松本峠へ至るハイキングコースが整備されている。

▲「千畳敷」とよばれる大洞窟

▶国道42号に面する松本峠登り口（大泊）。起点の大泊駅からここまで約10分

コース アドバイス

距離が短いので、健脚派は前コースと組み合わせても

大阪難波駅から三重県回りでアクセスするには、近鉄特急で津か松阪まで行き、紀勢本線に乗り換える。ただしコース起点の大泊駅は普通列車しか停まらないため、ひとつ先の特急停車駅・熊野市駅から引き返す方が早い場合がある。また松本峠への坂は、大泊側が急で、木本側は緩やか。急登を避けたい人は、本コースの逆向きに。健脚派はコース24と合わせて約13kmを1日で歩いてもいい。

▲東屋からは弧を描く七里御浜や熊野の山々、熊野市街を見渡せる

▼松本峠から鬼ヶ城ハイキングコースを進んだ先にある東屋

▲松本峠の地蔵。昔、妖怪と勘違いされて鉄砲で撃たれたと伝えられる

新左衛門という鉄砲の名手が妖怪と勘違いして撃ってしまったと言い伝えられ、そのときのものという弾痕が足下に残る。

かつて茶屋や寺もあったという松本峠は三叉路になっている。古道はまっすぐ下ればいいが、いったん左の道をとる。鬼ヶ城《おにがじょう》へのハイキングコースであるこの道を10分ほど行くと、休憩所の❹**東屋**《あずまや》に出る。ここは七里御浜の絶景ポイント。伊勢より歩いてきた昔の参詣者は、熊野灘沿いに延々と延びる浜を見て、この先もう峠越えはないと安堵したことだろう。

東屋からさらに進めば、戦国時代の鬼ヶ城跡を経て、春は桜に彩られる道を通って鬼ヶ城へ下るが、本コースは来た道を松本峠へ戻って左折。緩やかな石畳道を下る。こちら側の石畳は明治時代に造られたもので、加工した石を隙間なく並べている。

石畳はやがて舗装路に変わり、さらに民家の間の石段を下ってゆくと❺**松本峠登り口（木本）**。その先の西郷川を笛吹橋《ふえふきばし》で渡る。橋の名は、平安期の征夷大将軍・坂上田村《さかのうえのたむら》麻呂《まろ》が鬼ヶ城の鬼退治をしたという伝説に関係しており、橋の欄干に横笛を模した穴が開けられている。

橋を渡ると、古道は熊野市の中心・木本《きのもと》

◀昔ながらの佇まいを残す本町通り。右は無料休憩所を兼ねた「熊野古道おもてなし館」

▶木本町の家々の軒先にはこんな旗が吊るされている

▲西郷川に架かる笛吹橋。欄干に笛の模様がデザインされている

町を貫く「本町通り」となる。かつて商店や料理店、旅館が軒を連ねた賑わいからはほど遠いそうだが、古い造りの商家や民家は今も多く、風情を感じさせる。各家の軒に吊るされた「やうこそ熊野古道へ」の旗もうれしく、また「まちかどギャラリー」として熊野の風景写真が随所に飾られているのも楽しい。

本町通りに入ってすぐ右へ曲がった所にある「紀南ツアーデザインセンター」は、築130年以上という建物を見るだけでも価値があるので、ぜひ訪ねたい。また本町

食べる 熊野古道おもてなし館《くまのこどうおもてなしかん》

古民家の風情あふれる休憩スポット
熊野みやげもぜひココで!

本町通りに面する築130年の古民家を改修した休憩処。めはり寿司定食750円(めはり寿司2個、きつねうどん、干物、唐揚げ)などをテイクアウトできるほか、館内の座敷や庭先でも食べられる。各種みやげ品の販売も行い、観光パンフレットも取り揃える。

☎0597-70-1231
住 三重県熊野市木本町204　時 9時30分～16時30分(テイクアウトは10～16時)　休 月曜(祝日の場合は営業)

Column

紀南ツアーデザインセンター

熊野を旅する人のためのビジターセンター。熊野を楽しむ講座やツアーを企画しており、館内は無料休憩所として開放されている。明治20年(1887)ごろに林業家・奥川吉三郎氏の私邸として建てられた建物自体も一見の価値がある。ほぼ当時のままという館内では、陶器や木工品など地元作家の作品を展示販売。菓子などのみやげ品、熊野関係の書籍などもあり、観光パンフレットも取り揃える。かまどで沸かした湯で入れた熊野番茶のもてなしも受けられるので、ウォーキング途中に気軽に立ち寄りたい。☎0597-85-2001、入館無料、9～13時、14～17時、開館は土・日曜、祝日のみ。

▼明治の古民家を転用。座敷や土間などで足休めできる

▲館内では地元作家の作品を展示販売している

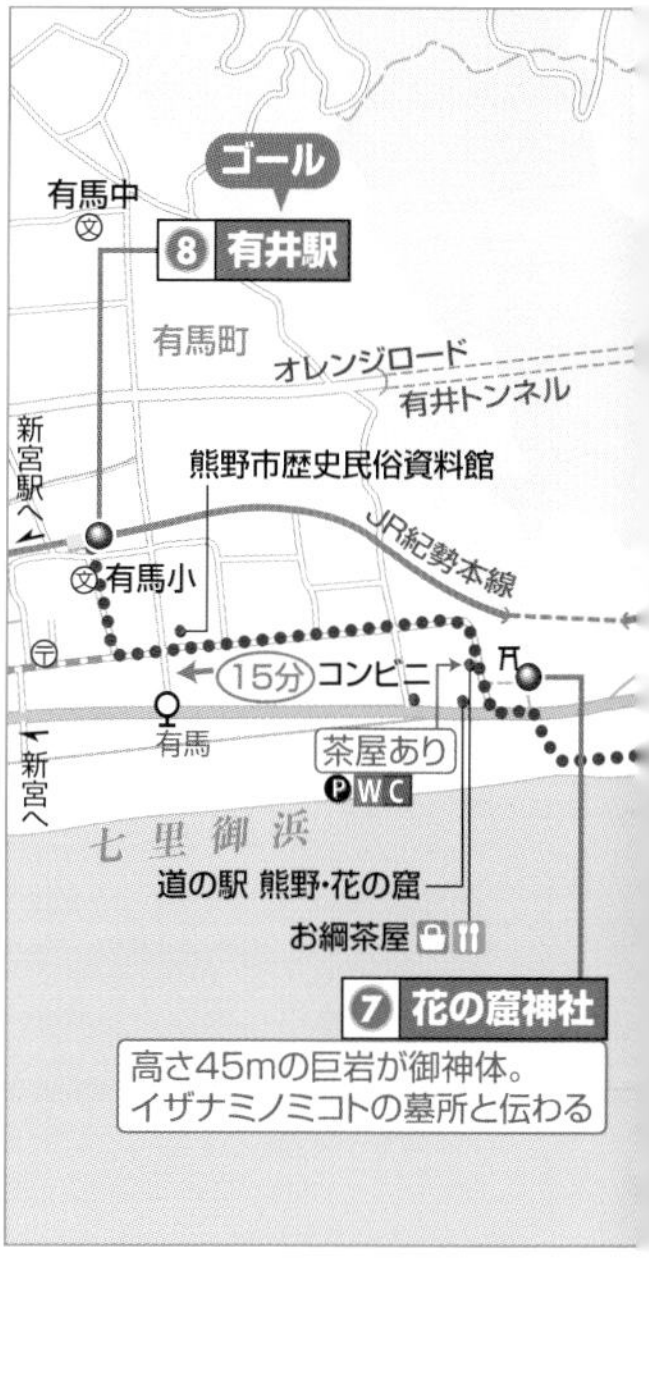

◀獅子岩。鬼ヶ城と同じく国名勝・天然記念物で、伊勢路の一部として世界遺産にも含まれる

▶「日本の渚百選」「21世紀に残したい自然百選」などにも選ばれている七里御浜

通りの先にある観光拠点施設「熊野古道おもてなし館」にも立ち寄るといい。

道なりに進み、国道42号を渡って堤防を越えると、七里御浜に出られる。ここから新宮の手前、紀宝《きほう》町まで約22㎞も続く日本一長い砂礫海岸であり、伊勢路の一部として世界遺産に登録されている。いにしえの参詣者は「浜街道」「巡礼道」ともよばれたこの浜を歩き、新宮へ向かったのだ。

この先、花の窟まで七里御浜を行けばよいが砂利に足をとられて歩きにくい。並行する国道42号を進んでもよく、どちらにしても少し行けば❻**獅《し》子《し》岩《いわ》**を見る。熊野灘に向かって咆哮する獅子のような、高さ約25m、周囲約210mの奇岩だ。鬼ヶ城と同様に岩肌が波や風に浸食されて形成された自然の芸術品である。

さらに約15分で『日本書紀』に記されたイザナミノミコトの御陵とされる❼**花《はな》の窟《いわや》神社**に着く。参拝前に、鳥居の向かいに立つ「右 くまのさん道 志ゅんれい道」の道標も見ておきたい。新宮へはまっすぐ七里御浜を行けば着くが、河口をわたるとき波にさらわれ命を落とす者も多かった。この道標は、ここを右に曲がって安全な内陸の道を行くよう、参詣者に知らせたものだ。

Column

世界遺産・花の窟

国産み・神産み神話で知られるイザナミノミコトは『日本書紀』によれば、火の神カグツチを産むとき、体を焼かれて亡くなった。それで紀伊国の熊野の有馬村に葬られた。土地の人はこの神を祀るのに、花のときには花をもって祀り、また鼓や笛を奏で、旗を立て歌い舞って祀る―。このイザナミの御陵が熊野市有馬町の花の窟神社とされ、今も『日本書紀』の記事どおりの祭祀が、地元の氏子らによって行われている。毎年2月2日と10月2日に営まれる例大祭の主要神事「お綱掛け神事」（三重県無形民俗文化財）がそうだ。約170mの大綱を岩窟の頂上から境内の松のご神木へ渡すこの神事では、大綱に季節の花や幡旗、扇子などを吊るし、またさまざまな舞を奉納して、イザナミノミコトを祀る。

◀花の窟神社のイザナミノミコトの拝所。玉砂利を敷き詰めた一帯は神秘的な雰囲気が漂う

◀イザナミノミコトの御陵とされる花の窟神社。この巨岩をご神体とするため、古来社殿はない

◀七里御浜に突き出た花の窟。その間を国道42号が通っている

▶花の窟神社の鳥居。境内には千古の原始林が生い茂っている

◀花の窟神社の鳥居前に残る「右 くまのさん道 志ゅんれい道」の道標

さて鳥居を潜り、原始林に覆われた参道を行くと、岩壁に突き当たる。この高さ45mの巨岩がイザナミノミコトの陵とされる「花の窟」であり、この神社のご神体。厳かな雰囲気に包まれた境内に社殿はなく、古代の自然崇拝の姿を今に伝えている。花の窟の向かいには、高さ約12mの岩「王子の窟」があり、こちらにはイザナミの子のカグツチが祀られている。

参拝後は神社前のお綱茶屋でひと休み。有馬の町なかを歩いて行けば、熊野市歴史民俗資料館を経て、❽有井《ありい》駅に至る。

食べる

お綱茶屋《おつなちゃや》

木の温もりあふれる休み処で古代米メニュー&花の窟みやげを

花の窟神社前にある観光施設。食堂では古代米を使ったうどん410円～やおにぎり、また地鶏丼820円などを提供。ここでしか味わえないお綱もち1個110円やみたらし団子など、古代米の和スイーツも人気。地元の食品などを集めたみやげコーナーも充実。

☎0597-88-1011
住 三重県熊野市有馬町137　時 10～17時(食堂は～14時)　休 無休

Column

熊野市歴史民俗資料館

縄文・弥生時代の遺跡が多く、江戸時代には紀州藩奥熊野代官所の所在地として栄えた熊野市の歴史を学べる。考古・民具・文献などの約6000点の資料を所蔵し、1階には縄文・弥生時代の土器や石器などを展示。2階では江戸～昭和に使われた農林漁業の道具、生活用品などの民具類を展示している。☎0597-89-5161、入館無料、9～16時、月・木曜休（祝日の場合は翌日)。

◀古代の出土品から民具まで多彩に展示する

▼花の窟を背に有馬の町なかを歩いて行くと、熊野市歴史民俗資料館がある

▲有井駅からは新宮駅へ約30分、熊野市駅へ3分

▲終点の有井駅。列車の便数は少ないので事前に確認を

2つの峠を越えて日本有数の棚田を散策!!
風伝《ふうでん》峠・通《とお》り峠から棚田百選の丸山千枚田《まるやませんまいだ》を歩く

▲通り峠からさらに階段の上りを行った所にある展望台から見た丸山千枚田

アクセス

【行き】 天王寺駅からJR紀勢本線特急で約4時間、新宮駅下車、同線普通列車で約30分、熊野市駅下車、熊野市バスで29分、高千良バス停下車。
【帰り】 千枚田・通り峠入口バス停から熊野市バスで35分、熊野市駅下車、往路を戻る。

問合せ

熊野市紀和総合支所地域振興課 ☎0597-97-1113
御浜町企画課 ☎05979-3-0507

歩行時間 約3時間35分
歩行距離 約9.6km
歩行レベル 中級 体力★★★ 技術★★★

❶ 高千良バス停 → 1.4km 25分 → ❷ 風伝峠登り口（尾呂志） → 1.4km 35分 → ❸ 風伝峠 → 0.7km 10分 → ❹ 風伝峠登り口（矢ノ川） → 1.0km 20分 → ❺ 通り峠南登り口 → 0.9km 30分 → ❻ 通り峠 → 0.3km 15分 → ❼ 展望台 → 0.9km 25分 → ❽ 丸山千枚田入口 → 1.4km 25分 → ❾ 大岩 → 1.6km 30分 → ❿ 千枚田・通り峠入口バス停

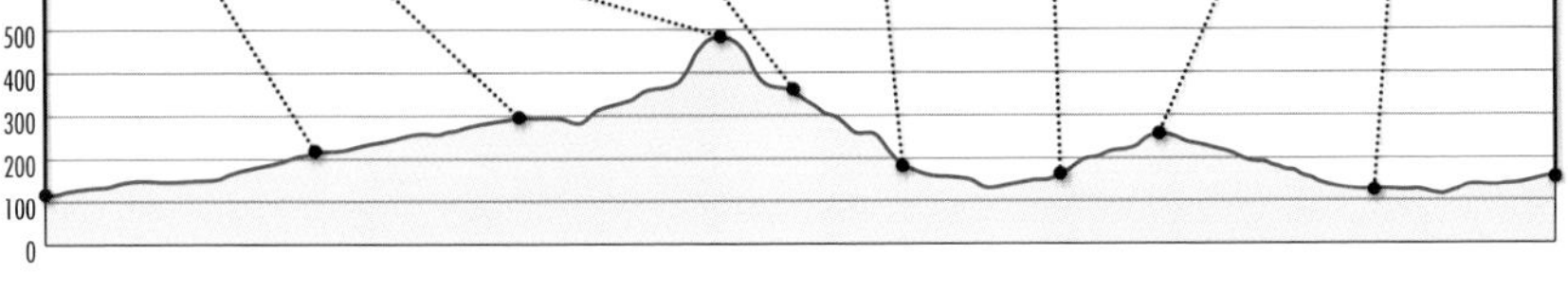

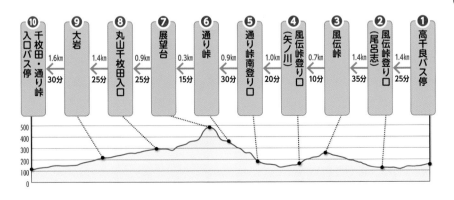

◀国道311号沿いの高千良バス停。前方左手の分岐から尾呂志に入る

▶風格ある「上野の大杉」。胴周り6mと5.2mの2本ある

◀尾呂志の集落を抜けて、風伝峠（写真上方）へ向かう

風伝峠は花《はな》の窟《いわや》神社で「浜街道」から分岐して熊野本宮大社へ向かう「本宮道《ほんぐうどう》」の峠。さらに奈良・吉野方面へ通じる古道「北山道《きたやまどう》」の通り峠を経て、日本有数の棚田である丸山千枚田を歩く。

国道311号の❶**高千良《たかちら》バス停**を下りて前方左手の道に入る。あるいは国道の約300m先にある「さぎりの里」に立ち寄ってからスタートしてもいい。どちらからでも風伝峠を前方に見ながら尾呂志《おろし》の集落を抜けて行く。風伝とは風顛の当て字で、風のよく通る場所を意味し、尾呂志の地名は風伝峠から吹き下りる「風伝おろし」に由来するという。

その尾呂志集落を進み、「上野の大杉」とよばれる老杉を見て、❷**風伝峠登り口（尾呂志）**から峠へ向かう。はじめは田んぼの間の道、やがて山中へ入り、石畳の坂をしばらく上ると県道（旧国道311号）に合流。この先でまた古道に入り、県道に再合流すると「風伝茶屋」がある。広場状になっているこの場所から、県道脇の細い道を少し上った所が古道の❸**風伝峠**だ。

峠の標高は257m。熊野灘と本宮、吉野を結ぶ要衝として、かつては熊野参詣者だけでなく多くの人が行き交った。今は文

Column

風伝おろし

秋から春にかけての天気のいい早朝、壮大な霧が風伝峠の山から東麓の尾呂志に流れ落ちることがある。この朝霧を地元では風伝おろしとよぶ。これは山の両側の気温差によって生じるのだとか。つまり山向こうの熊野市紀和町の盆地で発生した霧が、海側の尾呂志が暖かいとき、峠を越えて下ってくる。気象条件と地形が織り成す、まさに壮大な自然美だ。

◀巨大な滝のようになった朝霧が山から流れ落ちる

▶高千良バス停の少し先にある「さぎりの里」。直売所や茶屋、休憩所などがある

コース アドバイス

交通が不便なので事前にバス時間の確認を

行き帰りともバス便が少ないので、事前の時間確認は必須。展望台からの千枚田の眺望は見事だが、急坂を登らねばならないのがネック。そこまで行くのが難しければ、通り峠を下った県道合流点から、進行方向とは逆向きに県道を300mほど行った先にある展望所へ。展望台ほど高度はないが、こちらも千枚田を一望できる絶景ポイントだ。また風伝峠と、通り峠～千枚田をわけて歩いてもいい。

◀通り峠の頂上には石室の中に子安地蔵が祀られている

▶通り峠へ続く石畳の坂道。ところどころで急坂となる

▲標高257mの風伝峠。苔むした法界塔がひっそりと立つ

政四年（1821）と刻まれた法界塔が立つだけで、ひっそりとしている。

峠を少し下って県道を渡り、標識に従って石畳が敷かれた古道の山道を10分ほど下ると、❹**風伝峠登り口（矢ノ川）**で国道311号に出る。さらに国道を進行方向（西）へ進むと、後地バス停手前で右に入る車道がある。この道を上って行くと、北山道の❺**通り峠南登り口**に着く。

登り口からすぐに苔むした石畳道に変わり、急な登り坂となって、子安地蔵が祀られる❻**通り峠**まで続いている。標高390mのこの峠も「風がよく通る場所」からの名で、かつては海が見えたというが、今は樹林に覆われており、眺望はない。その代わり、峠からさらに急坂を15分ほど登った❼**展望台**からは、丸山千枚田をまさに一望の下に収められる。

絶景を楽しんだ後は、来た道を峠まで戻り、右手の道を下れば県道に出る。この先はずっと舗装路だ。県道合流点から10分ほどで❽**丸山千枚田入口**。標識に従って道を下って行くと、一面の棚田が現れる。約400年前には2240枚あり、平成の初めに530枚まで減少したが、地元住民の復元・維持活動や市条例によって、現在

Column

2つの温泉とトロッコ電車

ウォーキング後はひと足延ばして、熊野市紀和町の温泉に浸かりたい。千枚田・通り峠入口バス停からバスで10分余、北山川沿いにある「入鹿温泉ホテル瀞流荘」は、豊富な湯量を誇る温泉宿で、日帰り入浴もできる。さらに先には「湯元山荘 湯ノ口温泉」があり、この間をトロッコ電車が走っている。トロッコは鉱山鉄道の一部を再利用したもので、瀞流荘と湯ノ口温泉間の約1kmを10分で運行。湯ノ口温泉は湯治場として長期滞在する人も多い山あいの秘湯。入鹿温泉よりさらに湧出量が多く、加水・加温一切なしの源泉かけ流しの名湯を堪能できる。

▶湯ノ口温泉。日帰り入浴できるほか宿泊施設もある

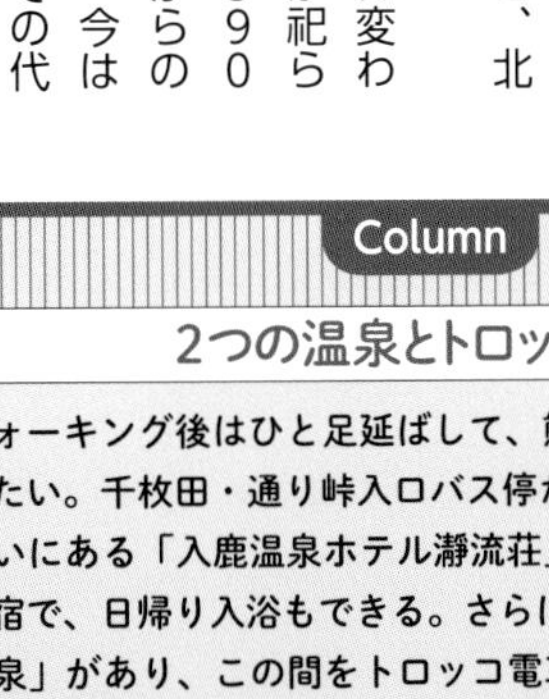

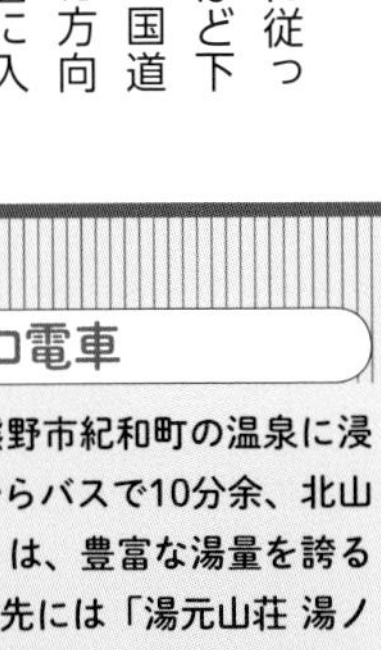

▲入鹿温泉と湯ノ口温泉を結ぶトロッコ電車

◀大岩から300mほど先の分岐。コースは左手の道を行く

▶丸山千枚田の中に続く曲がりくねった道を下ってゆく。右手に少し見えているのが大岩

は1340枚ほどを保全。山あいに暮らす人々の知恵と労力の結晶でもある美しい景観が守られている。コースは棚田の中を曲がりくねって進んで行き、途中には休憩所も設けられている。文字どおりの❾**大岩**を過ぎて、次の分岐を標識に従って左折。あとは林道を道なりに下って行けば❿**千枚田・通り峠入口バス停**に着く。なおここから熊野市駅方面とは反対行きのバスに乗れば、道の駅「熊野・板屋九郎兵衛の里」や入鹿《いるか》温泉ホテル瀞流荘《せいりゅうそう》があり、さらにトロッコ電車で秘湯・湯ノ口《ゆのくち》温泉に行ける。

食べる

道の駅 熊野・板屋九郎兵衛の里《みちのえき くまの・いたやくろべえのさと》

三重ブランド熊野地鶏の料理がお手ごろ価格で味わえる

国道311号沿いに立地。駅名は、勝運伝説が残る江戸時代の当地の庄屋の名に由来する。食事スペースでは、熊野地鶏ラーメン780円や熊野地鶏の親子丼800円などが人気。売店では熊野市特産の柑橘「新姫」のジュースなどの加工品、那智黒石などが買える。

☎0597-97-0968

住 三重県熊野市紀和町板屋82　時 10～17時(食事は11～14時)

休 第2・3火曜(8月は除く)

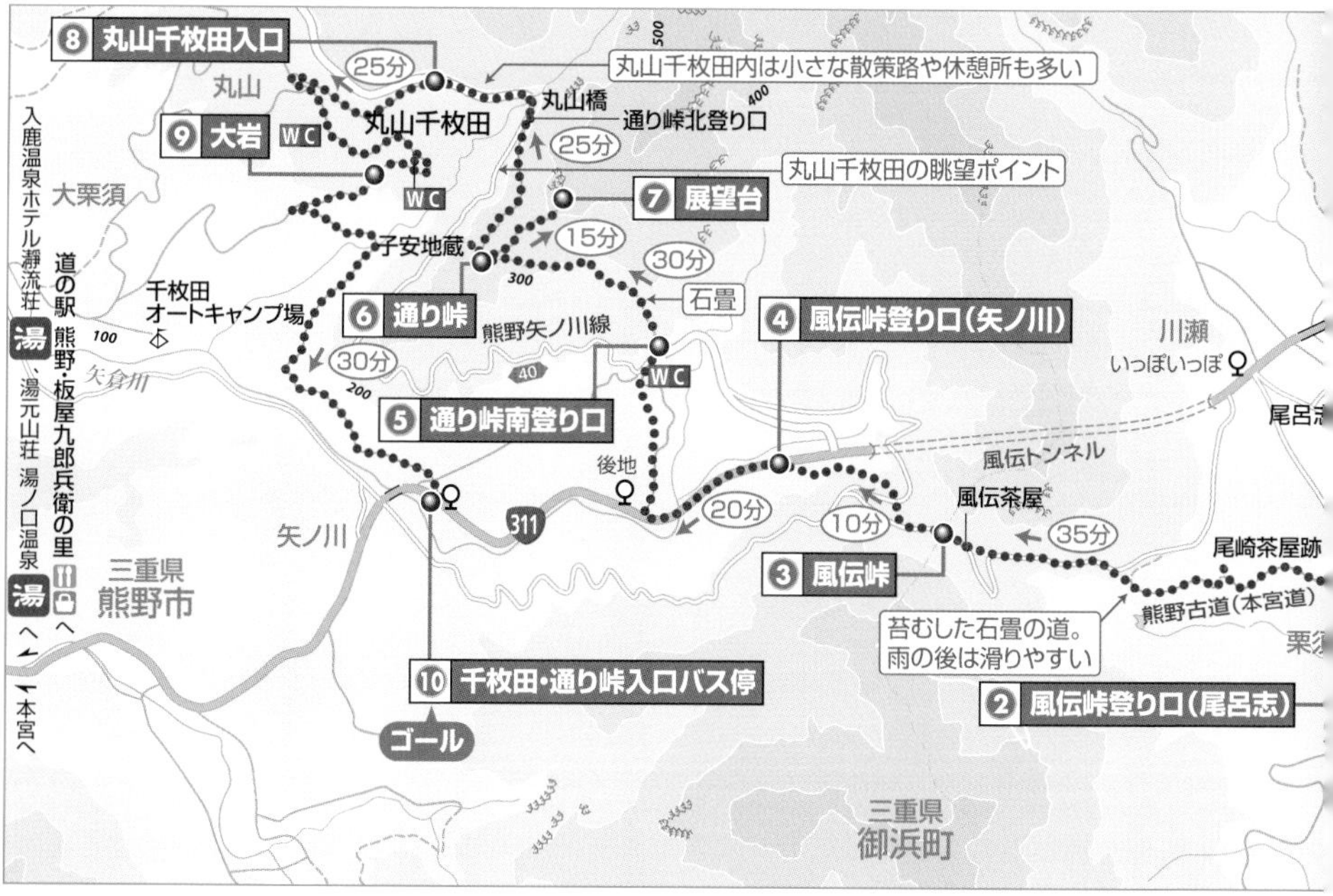

Column

行く前に知っておこう

熊野用語解説

■世界遺産「紀伊山地の霊場と参詣道」

平成16年登録。「熊野三山」「高野山」「吉野・大峯」の3つの霊場と、「熊野参詣道（熊野古道）」「高野参詣道」「大峯奥駈道《おくがけみち》」の参詣道で構成。登録範囲は和歌山・三重・奈良の3県にまたがる。

■熊野三山（くまのさんざん）

熊野本宮大社、熊野速玉大社（新宮）、熊野那智大社を合わせて熊野三山とよぶ。那智山青岸渡寺と補陀洛山寺は那智一山のうちであり、世界遺産「熊野三山」にはこれら3社2寺が登録されている。

■熊野詣（くまのもうで）

熊野三山に参ること。平安時代の皇族や貴族が始め、鎌倉時代に武士、室町時代に庶民へも広まった。参詣の回数が多いほど功徳があるとされた。

■熊野御幸（くまのごこう）

上皇、法皇、女院の外出を御幸といい、これら皇族の熊野詣を熊野御幸という。延喜7年（907）の宇多法皇が最初だが、本格化するのは寛治4年（1090）の白河上皇から。弘安4年（1281）の亀山上皇までのべ100回ほど行われた。

■『熊野御幸記』（くまのごこうき）

建仁元年（1201）の後鳥羽上皇の熊野御幸に随行した歌人・藤原定家の参詣日記。熊野への道筋、熊野詣の実態などがよくわかる極めて貴重な資料。原本は国宝。

■『中右記』（ちゅうゆうき）

平安貴族の藤原宗忠の日記。天仁2年（1109）の熊野詣の様子も詳細に記されており、貴族の熊野詣の実態や参詣路などがよくわかる。

■熊野九十九王子（くまのくじゅうくおうじ）

王子とは熊野参詣道沿いにあった小さな社。（詳しくはP34参照）。

■熊野権現（くまのごんげん）

熊野三山の祭神。権現は仏が衆生を救うため権《かり》に神の姿で現れたもので、もとの仏を本地仏という。神仏習合思想の本地垂迹《ほんじすいじゃく》説に基づく考え方。

■熊野牛玉宝印（くまのごおうほういん）

平安時代の末ごろから、多くの社寺で発行された護符の一種。なかでも熊野三山の牛玉宝印は最も有名で、烏と宝珠の絵を組み合わせて文字をかたどっている。鎌倉時代後期からは、起請文《きしょうもん》といって、護符の裏を誓約書として用いるようになった。

■八咫烏（やたがらす）

熊野神の使いとされる3本足の霊鳥。『日本書紀』に、神武天皇を熊野から大和へ道案内したと記され、導きの神として信仰されている。日本サッカー協会のシンボルマークともなっている。

■熊野別当（くまのべっとう）

熊野三山を統括していた社僧で、熊野水軍の長も務めた。

■熊野比丘尼（くまのびくに）

熊野三山の本願寺院（勧進元）に所属した尼僧。『那智参詣曼荼羅』（P72参照）『熊野観心十界図』などの絵解きをしながら諸国を巡り、熊野信仰を広めた。

熊野古道歩きの基礎知識

熊野古道の歩き方／熊野古道宿情報／交通案内／問合せ先一覧

旅のプランニングアドバイス
熊野古道の歩き方

熊野の「くま」とは、〝深く鬱蒼とした森〟を表しているという。交通の便がよくなった現代といえども、熊野は大自然に囲まれた地であることに変わりはない。

古道歩きでの大部分の標高は、高いところでも800m程度。本格的な登山というほどの高さではないが、ひとたびルートに入れば、食堂や売店はおろか、自動販売機なども無い場所も多い。また石畳や階段の続くコースでは、予想以上に体力を消耗してしまうこともある。

それほどの重装備は必要ないが、より快適に歩くための装備は用意しておきたい。そして、必ずやっておきたいのが、事前のルート確認。自分が1時間でどの程度歩けるのかしっかりチェックして計画を立てよう。長いコースなどは、途中で1泊するなど、余裕あるプランを立てたい。

雨具

ストームクルーザージャケット／ストームクルーザーパンツ

急な雨や天候の変化に備えて雨具は必需品。登山用の雨具は動きやすさと機能性を備えているので使いやすい。軽量なものがおすすめ

長袖シャツ

WIC.ライトロングスリーブシャツ

シャツは長袖を。高い通気性とUVカット効果を備えたものなら、日差しも気にならない

Tシャツ

WIC.ラグランロングスリーブTシャツ

吸汗速乾性の機能を備えたTシャツは着替えに持っておきたい

リュック

ピレネーパック25

肩や腰への負担が少ないリュックは必須。日帰り用の20～30ℓ程度のもので十分

靴

タイオガブーツ

滑りにくい靴底のものがおすすめ。靴下は厚手のものを履くと疲れにくい。靴は履きなれたものを

協力／（株）モンベル

【服装と装備】

●夏でも長袖、長ズボン着用が基本

服装は低山登山程度がベストだ。肌を出していると虫に喰われることがあるので、長袖着用が望ましい。登山用のウエアは吸汗速乾性の機能を備えているので便利だ。

●動きやすい機能的なウエアを

動きにくいウエアは疲労のもと。ジーンズなどは足の動きを妨げるので避けたい。伸縮性のあるものがおすすめ。

●歩きやすく滑りにくい靴を

比較的整備された道が多い熊野古道だが、自然石を組み合わせた石畳の道などもあるため、足首をひねったり、爪先を傷めないような靴を選ぼう。

●帽子と雨具の用意を

紀伊半島の気候は高温多雨が特徴。汗どめにもなる帽子は必需品。日焼け対策と雨具は必ず用意しておこう。

【持ち物】

●飲み水と食料、地図はかならず持参を

飲み物は最低でも1リットルは欲しい、夏場はさらに多めに用意をしておこう。手軽に口にできる飴やチョコレートといった行動食もあると便利だ。

コース確認のための地図やガイドブックも用意しておこう。

【計画を立てる時の注意事項】

行きたいルートを事前に確認。コースの所要時間を参考に、自分が1時間にどの程度歩けるかをチェックして計画をたてよう。石畳の道や階段が続くコースは、平地を歩く時よりも時間がかかる。社寺への参拝時間、史跡散策、休憩時間なども考慮したい。また、冬場は暗くなるのが早く、バスの本数も少ないので、余裕のあるプランを立てるようにしたい。

ウォーキングのマナーと注意事項

古道の途中にはゴミ箱は設置されていないので、ゴミは必ず持ち帰る。

山の花や草は熊野古道の大切な資産。持ち帰ったり、傷つけないように注意を。

装備チェックリスト

服装

□長袖シャツ
□帽子
□ロングパンツ
□雨具
□低登山向きの靴
□リュック

持ち物

□飲料
□着替え（Tシャツなど）
□タオル
□軍手
□虫よけスプレー
□地図
□絆創膏などの医薬品
□ヘッドライトまたは懐中電灯

計画を立てる際のチェックポイント

□行きたいルートの所要時間をチェック
□自分が1時間に何キロ歩けるか確認
□参拝や見学時間、休憩時間も考慮する
□日の出、日の入りの時刻も確認
□交通機関の時刻を事前に確認

泊まる

熊野古道 宿情報

紀伊半島に張り巡らされた熊野古道を歩くには、宿泊が欠かせない。本誌で紹介したコースのウォーキングに便利な宿をご紹介。前泊には気軽なビジネスホテルを利用し、ウォーキング後は温泉宿でゆっくり疲れを癒やすのもいい。

田辺 たなべ

ホテル花屋《ほてるはなや》

☎0739-22-3877

JR紀伊田辺駅前に立つビジネスホテル。熊野古道の観光客用の宿泊プランがあり、和・洋食が選べるボリューム満点の朝食付きで、昼食の弁当も用意してくれる。飲食店街「味光路」に近く、夜の飲食にも困らない。客室設備やアメニティも充実。有料のランドリーも設置されている。

(住)和歌山県田辺市高雄1-2-53 (料)シングル1泊朝食付6400円～ (時)IN16時/OUT10時

田辺 たなべ

アルティエホテル紀伊田辺《あるてぃえほてるきいたなべ》

☎0739-81-1111

中辺路や大辺路の起点となるJR紀伊田辺駅へ徒歩5分、南紀最大の飲食店街「味光路」へも徒歩圏内という好立地。無料のプチバイキング形式の朝食も人気で、なかでもその場で焼いてくれるオムレツは評判だ。窓が大きくバルコニー付きの客室は開放感があり、wifiも利用できる。枕の貸出サービスもある。

(住)和歌山県田辺市下屋敷町1-77 (料)シングル1泊朝食付6600円～ (時)IN16時/OUT10時

白浜温泉 しらはまおんせん

ホテル三楽荘《ほてるさんらくそう》

☎0739-43-1111

目の前は白良浜という好立地。客室は全室オーシャンビューで、海を眺めながら入浴できる温泉露天風呂付き客室もある。その客室露天風呂や、広々とした大浴場ともに温泉をぜいたくにかけ流し。大浴場には2種類の温泉が引かれており、泉質の違いを楽しめる。夕食は和歌山の旬の味覚を会席料理で。

(住)和歌山県白浜町3078 (料)1泊2食付1万3350円～ (時)IN15時/OUT10時

田辺 たなべ

ガーデンホテル ハナヨ《がーでんほてる はなよ》

☎0739-26-0874

田辺湾に面したシティホテル。外観は洒落た南欧風で、美しい庭園もある。客室からは田辺湾または熊野の山々を見渡せ、全室に羽毛ふとんを完備。海を望む天然温泉の貸切露天風呂(30分無料、要予約)も人気を集めている。また館内には和・洋のレストラン、ティーラウンジなどもある。

(住)和歌山県田辺市文里2-36-40 (料)シングル1泊朝食付7700円～ (時)IN15時/OUT10時

白浜温泉 しらはまおんせん

白良荘グランドホテル《しららそうぐらんどほてる》

☎0739-43-0100

昭和4年(1929)の創業以来、多くの著名人を迎えてきた老舗の温泉リゾートホテル。白良浜に面し、全室から白砂と青い海がつくる美景を望める。趣の異なる2つの大浴場があり、このうち「潮風」の露天風呂からも白良浜が一望。夕食は自慢の創作会席で、クエや伊勢海老、熊野牛もプランに応じて味わえる。

(住)和歌山県白浜町868 (料)1泊2食付1万5550円～ (時)IN15時/OUT10時

白浜温泉 しらはまおんせん

民宿まるき別館《みんしゅくまるきべっかん》

☎0739-43-6767

白浜のシンボル・円月島を間近に望む臨海浦にある。料亭やホテルなどで修業した主人による会席料理が評判。熊野牛が味わえるプランや、10～4月には大型の天然本クエが堪能できるプランも用意されている。別館のほか、明るいペンション風の本館があり、どちらも宿泊料金は同じとなっている。

(住)和歌山県白浜町臨海3600-5 (料)1泊2食付8950円～ (時)IN15時/OUT10時

中辺路・近露　なかへち・ちかつゆ

民宿ちかつゆ《みんしゅくちかつゆ》　☎0739-65-0617

昔から熊野古道中辺路の中継地点として栄えた近露の里にある。隣接する源泉かけ流しの近露温泉「ひすいの湯」が利用でき、肌になめらかな湯で旅の疲れを癒やせる。そばを流れる日置川は鮎が有名で、夕食にはこんがり焼いた鮎を盛った鮎飯や、温泉で豆腐や野菜などを炊く温泉鍋が味わえる。

住和歌山県田辺市中辺路町近露401-12 料1泊2食付9200円～ 時IN15時/OUT10時

中辺路・高原　なかへち・たかはら

霧の郷たかはら《きりのさとたかはら》　☎0739-64-1900

標高320m、熊野古道中辺路が通る中辺路町高原にある人気の宿。木の温もりあふれる全室から熊野の山々を望むことができ、本宮町の渡瀬温泉の湯を引いた岩風呂を完備する。食事処では、たっぷりの地野菜や川魚などの料理が味わえる。日帰り入浴（600円、要予約）のみの利用も可能だ。

住和歌山県田辺市中辺路町高原826 料1泊2食付1万3000円～ 時IN15時/OUT11時

中辺路・野中　なかへち・のなか

のなか山荘《のなかさんそう》　☎0739-65-0080

野中一方杉バス停の近く、川と田畑に囲まれたロケーションの民宿。地元で採れる季節の山菜や薬草、古代米などを使った滋味豊かな料理が自慢。予約しておけば古民家風の茶屋で味わうこともできる。近辺への送迎や早朝出発する際の朝食、古道ウォーキング用の弁当にも対応してくれる。

住和歌山県田辺市中辺路町野中894 料1泊2食付8800円～ 時IN15時/OUT9時

中辺路・野中　なかへち・のなか

民宿いろり庵《みんしゅくいろりあん》　☎0739-65-0105

近露王子と継桜王子の中間点・楠山坂を登り切った古道沿いに立つ。1日1組限定のため、ゆったりとくつろげ、夕食には地元産の山菜、アマゴや鮎などの川魚、季節によっては鹿や猪などの料理も味わえる。入浴は近接の温泉「ひすいの湯」へ送迎してくれる。営業は週末（金・土曜）のみなので注意。

住和歌山県田辺市中辺路町野中2007-2 料1泊2食付1万2000円～（ひすいの湯の入浴料込。2回目以降は1万円～） 時IN日没/OUT特になし

本宮　ほんぐう

B&B Cafe ほんぐう《びーあんどびー かふぇ ほんぐう》　☎0735-42-1130

熊野本宮大社の目の前にあり、1階がカフェ、2階が宿泊スペースとなっている（夕朝食付き）。客室はツイン2室、シングル1室。トイレ・バスは共同だが、近くの日帰り温泉施設「蘇生の湯」（入浴210円）を利用するのもいい。ドミトリー形式の素泊まり宿（1泊3800円）を併設する。全館禁煙。

住和歌山県田辺市本宮町本宮127-2 料1泊2食付1万円～ 時IN15時/OUT9時30分（カフェは11時30分～16時、不定休）

中辺路・野中　なかへち・のなか

民宿つぎざくら《みんしゅくつぎざくら》　☎0739-65-0009

継桜王子や秀衡桜、野中の清水などにも近い中辺路沿いに立つ。長年、料理人として活躍していた主人がつくる会席料理が評判で、夕食には季節の食材を使った八寸、陶板焼、釜飯などがずらり。茶粥も供される朝食もボリューム満点だ。要予約で古道歩き用の弁当（お茶付き）も用意してくれる。1日3組限定。

住和歌山県田辺市中辺路町野中403-1 料1泊2食付1万1880円～（弁当付き） 時IN15時/OUT9時30分

新宮　しんぐう

ステーションホテル新宮《すてーしょんほてるしんぐう》　☎0735-21-2200

熊野速玉大社の門前町として栄えてきた新宮の宿。JR新宮駅から徒歩3分の所にあり、熊野古道や近隣の観光地へのアクセスに便利だ。エコノミーシングル、シングル、ツインなど客室タイプはさまざま。宿泊客以外も利用できるレストラン、コインランドリーもあり、加湿器や携帯充電器などの貸出も行う。

住和歌山県新宮市徐福2-1-31 料シングル1泊朝食付5580円～ 時IN15時/OUT10時

新宮　しんぐう

ホテルニューパレス《ほてるにゅーぱれす》　☎0735-28-1500

JR新宮駅から徒歩5分の便利な場所にある、市内最大級のビジネスホテル。リーズナブルなビジネスシングル、それより広い部屋にダブルベッドを備えたシングル、和室など多彩な客室があり、アメニティも充実。大浴場があるのもうれしい。館内に和ダイニングもあり、朝食は軽食バイキング形式。

住和歌山県新宮市新宮7683-18 料シングル1泊素泊まり6050円～ 時IN15時/OUT10時（和ダイニングは18時～20時30分LO）

南紀勝浦温泉　なんきかつうらおんせん

陽いずる紅の宿《ひいずるくれないのやど》 勝浦観光ホテル《かつうらかんこうほてる》　☎0735-52-0750

勝浦の町を見下ろす高台に立つ温泉旅館。展望風呂からは太平洋が望め、晴れた朝には浴場に居ながら日の出を眺められる。サラッとした泉質の温泉ももちろん自慢だ。客室はすべてくつろぎやすい和室。露天風呂付きの客室も5室ある。大門坂を含め那智山に大変詳しいスタッフもおり、古道歩き時の宿泊に◎。

㊟和歌山県那智勝浦町天満1530 ㊕1泊素泊まり6750円～ ㊋IN15時/OUT10時

日置川　ひきがわ

リヴァージュ・スパ ひきがわ《りゔぁーじゅ・すぱ ひきがわ》　☎0739-52-2370

海辺にある南欧風の建物が印象的な温泉リゾート。自慢の温泉は関西屈指のpH値という強アルカリ泉で、美肌効果が高いと評判。海を眺めながら楽しめ、日帰り入浴もできる(入浴680円。14時～19時30分最終受付。土・日曜、祝日は11時～)。全20室の客室もすべてオーシャンビューで快適に過ごせる。

㊟和歌山県白浜町日置1013-25 ㊕1泊2食付1万450円～ ㊋IN15時/OUT10時 ※令和3年9月～12月中旬(予定)は改修工事のため休館

串本　くしもと

ホテル&リゾーツ 和歌山 串本《ほてるあんどりぞーつ わかやま くしもと》　☎0735-62-7771

本州最南端の町・串本の高台に立つ大型リゾートホテル。36㎡の洋室、10畳の和室などがあり、和食会席、フランス料理のレストランやティーラウンジなど飲食施設も充実。古道歩きの疲れを癒やせる天然温泉の大浴場があるのもうれしく、露天温泉岩風呂からは名勝橋杭岩や太平洋を一望することができる。

㊟和歌山県串本町サンゴ台1184-10 ㊕1泊2食付1万5400円～ ㊋IN15時/OUT11時

有田　ありだ

有田川温泉《ありだがわおんせん》 鮎茶屋《あゆちゃや》 ホテルサンシャイン《ほてるさんしゃいん》　☎0737-88-5151

国道42号沿い、伝統文化の鵜飼で知られる有田川に面するホテル。機能的なシングル、ツインなどがあり、全室バス・トイレ付きだが、宿泊客は隣接する日帰り温泉「光の湯」を無料で利用できる。食事も隣のレストラン「寿の鈴なり館」で。タチウオをはじめ旬の魚介類などがプランに応じて味わえる。

㊟和歌山県有田市星尾37 ㊕1泊2食付1万950円～ ㊋IN15時/OUT10時

南紀勝浦温泉　なんきかつうらおんせん

ホテル浦島《ほてるうらしま》　☎0735-52-1011

海に面する巨大な自然洞窟内に温泉が湧く「忘帰洞」(写真)で知られる巨大温泉リゾート。海辺や山上に4棟の宿泊棟が立ち、忘帰洞を含めて館内4カ所の浴場で湯めぐりを楽しめる。また敷地内の海抜約80mの山上に広がる狼煙山遊園からは、太平洋や熊野の山々を一望することができる。

㊟和歌山県那智勝浦町勝浦1165-2 ㊕1泊2食付1万2250円～ ㊋IN15時/OUT10時

南紀勝浦温泉　なんきかつうらおんせん

かつうら御苑《かつうらぎょえん》　☎0735-52-0333

那智湾に面する温泉宿。海辺に設けられた庭園露天風呂からは熊野の山々や那智の滝も望め、総檜造りの大浴場は木の香りにも癒やされる。客室は一般の和室や和洋室のほか、海を間近に感じられる本館1階の「月読～ Tsukuyomi ～」や、最上階のスイートルーム「天～ Ten ～」など露天風呂付き客室もある。

㊟和歌山県那智勝浦町勝浦216-19 ㊕1泊2食付1万5400円～ ㊋IN15時/OUT10時

すさみ　すさみ

サンセットすさみ《さんせっとすさみ》　☎0739-85-2277

大辺路ウォーキングの際に利用したい温泉宿。もとの国民宿舎枯木灘すさみを平成29年にリニューアルしたもので、客室はすべてオーシャンビューの和室。アルカリ性の温泉は「美人の湯」ともいわれ、日帰り入浴もできる(入浴500円)。夕食はすさみ名物のイノブタなどがプランに応じて味わえる。

㊟和歌山県すさみ町周参見5351-10 ㊕1泊2食付9000円～ ㊋IN15時/OUT10時

串本　くしもと

ビジネスホテル串本駅前店《びじねすほてるくしもとえきまえてん》　☎0735-62-6850

JR串本駅前に立つビジネスホテル。周辺には飲食店が多く、24時間営業の大型スーパーへも徒歩すぐと何かと便利なロケーション。すべて無線LAN対応の客室はシングル20室、ダブル4室。全室バス・トイレ付きだが、ホテルの向かいには天然温泉の宿泊者専用大浴場(無料)もあり、疲れを癒やせる。

㊟和歌山県串本町串本40-70 ㊕シングル1泊素泊り5900円～ ㊋IN15時/OUT10時

十津川温泉 とつかわおんせん

ホテル昴《ほてるすばる》 ☎0746-64-1111

小辺路歩きに利用したい十津川温泉の宿。加水・加温をせず、塩素も一切加えない源泉かけ流しの温泉が魅力。檜や陶器など多彩な浴槽がある露天風呂では、星空を眺めながらの湯浴みが楽しめる。食事は地元産の野菜や川魚などが並ぶ季節替わりの会席料理。日帰り入浴も可能で、室内温泉プールを併設。

㊟奈良県十津川村平谷909-4 ㊕1泊2食付1万7600円～ ㊋IN15時/OUT10時(日帰り入浴は12～17時)

尾鷲 おわせ

おわせビジネスホテル《おわせびじねすほてる》 ☎0597-22-0180

伊勢路の中でも人気の馬越峠へもアクセス便利な尾鷲にある。JR尾鷲駅から徒歩5分、周辺には飲食店も多く、コンビニや大型スーパーも近くにあり、買い物にも便利。客室はシングル、ツイン、和室を用意。清潔感ある広めの部屋で快適に過ごせる。

㊟三重県尾鷲市野地町1-2 ㊕シングル1泊素泊り5000円～ ㊋IN16時/OUT10時

熊野市 くまのし

ホテルなみ《ほてるなみ》 ☎0597-88-1800

国道42号線沿い、熊野灘を望む海辺に立つ。眺めのいい大浴場があり、夕食は地元遊木漁港で獲れた新鮮な魚などが味わえる。一品料理も豊富な食事処は宿泊客以外でも予約なしで利用できる。要予約で熊野市駅へ送迎も行う。コインランドリーを設置。

㊟三重県熊野市大泊町772-1 ㊕ツイン1泊2食付7750円(1人分料金)～ ㊋IN15時/OUT10時

熊野市 くまのし

熊野の宿《くまののやど》 海ひかり《うみひかり》 ☎0597-89-7000

熊野灘を見下ろす高台に立つ。敷地内から湧出する天然温泉が自慢で、日帰り入浴もできる(入浴500円、15～21時)。朝夕の食事は、館内のレストラン「熊野の四季料理 海華」で新鮮な海の幸・山の幸を。館内にはまんが室やコインランドリーもあり、近隣駅や市内各施設への送迎もしてくれる(要予約)。

㊟三重県熊野市井戸町1020-7 ㊕1泊2食付1万3200円～ ㊋IN15時/OUT10時

みなべ みなべ

ホテル&リゾーツ《ほてるあんどりぞーつ》 和歌山《わかやま》 みなべ《みなべ》 ☎0739-72-5500

日本一の梅産地・みなべ町に立つ大型リゾート。全客室がオーシャンビューで、季節や時間によって変化する海と空のブルーを堪能できる。広々とした温泉大浴場や、海を望む露天の温泉岩風呂で疲れが癒やせ、女性浴場には肌に優しいという軟水風呂も設置されている。売店では南高梅などの南紀みやげを販売。

㊟和歌山県みなべ町山内字大目津泊り348 ㊕1泊2食付1万2960円～ ㊋IN15時/OUT11時

十津川温泉 とつかわおんせん

田花館《たばなかん》 ☎0746-64-0014

明治42年(1909)創業、100％源泉かけ流しの温泉が楽しめる老舗宿。十津川温泉街の中心部、碧い湖面が美しい二津野湖畔にある。十津川産の天然素材を使った季節料理も魅力で、主人自ら釣り上げた鮎やアマゴ、鹿や猪などがプランに応じて味わえる。朝は温泉コーヒーのサービスもある。

㊟奈良県十津川村平谷459 ㊕1泊2食付1万1150円～ ㊋IN15時/OUT10時

尾鷲 おわせ

CITY HOTEL《していほてる》 望月《もちづき》 ☎0597-22-0040

JR尾鷲駅から徒歩7分、市街地に立つホテルで、飲食店やコンビニ、スーパーも徒歩圏内と便利。客室はシングルを中心にツインなどもある。またシングルは2タイプあり、やや広めのBタイプには大きめのダブルベッドを設置。朝食は2階レストランで用意、和食と洋食から選べる。

㊟三重県尾鷲市坂場町5-3 ㊕シングル1泊朝食付6380円～ ㊋IN15時/OUT10時

熊野市 くまのし

ビジネスホテルみはらし亭《びじねすほてるみはらしてい》 ☎0597-89-1211

熊野古道伊勢路のウォーキング時に利用したい、JR熊野市駅近くに立つホテル。一部の和室を除いて各室にバス・トイレは設置されているが、大浴場も完備。また館内に食堂があるので、夕食や朝食を付けることもできる。チェックイン前・アウト後も駐車場が利用可能。連泊プランもある。

㊟三重県熊野市井戸町555-4 ㊕洋室バストイレ付シングル1泊素泊まり5100円～ ㊋IN16時/OUT10時

熊野古道への交通案内

熊野へは大阪または名古屋からの鉄道利用がメインルートとなる。紀伊半島を走るJR紀勢本線（和歌山～新宮駅の愛称はきのくに線）は、大阪からは「特急くろしお号」が新宮まで、名古屋からは「特急ワイドビュー南紀号」が紀伊勝浦駅まで運行している。

東京方面から熊野エリアへアクセスする場合は、鉄道利用でいったん大阪、名古屋に入るか、飛行機利用で南紀白浜空港を起点とするかになる。現地では主に紀伊田辺駅と新宮駅が起点となり、紀伊田辺駅～本宮～新宮駅は路線バスが走っている。

●紀伊路・中辺路・大辺路（紀伊田辺・本宮・新宮）へ

京阪神方面から

JR紀勢本線（きのくに線）特急くろしお号

新大阪駅 →（約15分）→ 天王寺駅 →（約45分）→ 和歌山駅 →（約1時間10分）→ 紀伊田辺駅 →（約1時間40分）→ 紀伊勝浦駅 →（約20分）→ 新宮駅

東京・名古屋方面から

東京駅 →（新幹線 約1時間40分）→ 名古屋駅 →（JR紀勢本線 特急ワイドビュー南紀号 約3時間25分）→ 新宮駅

◎新宮駅から本宮へ

新宮駅 →（熊野御坊南海バス／奈良交通 明光バス快速「熊野古道号」 約50分～1時間20分）→ 本宮大社前バス停

◎紀伊田辺駅から本宮へ

紀伊田辺駅 →（龍神バス 明光バス快速「熊野古道号」 約1時間35分～2時間10分）→ 本宮大社前バス停

◎紀伊勝浦駅から熊野那智大社へ

紀伊勝浦駅 →（熊野御坊南海バス 約25分）→ 那智山バス停

問合せ

明光バス　☎0739-42-3008（土曜、休日は☎0739-42-3378）
龍神バス　☎0739-22-2100
熊野御坊南海バス　☎0735-22-5101
奈良交通　☎0742-20-3100

※各駅からのバス便は限られているので、必ず事前に運行時刻をチェックしてから出かけよう。

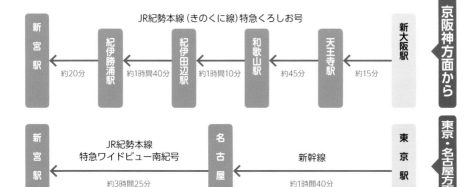

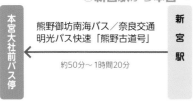

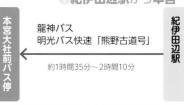

●伊勢路（尾鷲・熊野市）へ

東京・名古屋方面から

東京駅 →（新幹線 約1時間40分）→ 名古屋駅 →（JR紀勢本線特急ワイドビュー南紀号 約2時間40分）→ 尾鷲駅 →（約30分）→ 熊野市駅 →（約20分）→ 新宮駅 →（約20分）→ 紀伊勝浦駅

大阪方面から

難波駅 →（近鉄特急 約1時間30分）→ 松阪駅 →（JR紀勢本線特急ワイドビュー南紀号 約1時間30分）→ 尾鷲駅 →（約30分）→ 熊野市駅 →（約20分）→ 新宮駅

●小辺路（高野山）へ

東京・名古屋・大阪方面から

東京駅 →（新幹線 約1時間40分）→ 名古屋駅 →（新幹線 約50分）→ 新大阪駅 →（大阪市営地下鉄御堂筋線 約20分）→ 難波駅 →（南海高野線特急 約1時間20分）→ 極楽橋駅 →（南海高野山ケーブル 5分）→ 高野山駅

2つの聖地を結ぶ便利バス

世界遺産「高野山・熊野」聖地巡礼バス

高野山と熊野を結ぶ。本宮大社前行きは、高野山駅前を9時45分発、龍神温泉、近露王子、熊野本宮温泉郷などを経て、14時22分に本宮大社前着（途中の護摩壇山で15分間、季楽里龍神で40分間停車）。高野山行きは、本宮大社前を8時5分発、高野山駅前に12時10分に着く。乗車は前日15時までに要予約。

【料金】高野山駅前～本宮大社前は5000円

【運行】2021年は9月18日～11月23日。2022年以降は4～11月の毎日（予定）

【予約・問合せ】龍神バス☎0739-22-2100

※運行期間、運行時間は変更される場合があります。最新の情報は龍神バスのHPなどでご確認ください。

名古屋方面からのお得なきっぷ

南紀・熊野古道フリーきっぷ

特急ワイドビュー南紀号の普通車指定席に往復乗車できるほか、JR線フリー区間（特急・普通列車の普通車自由席）と指定のバスフリー区間が乗り降り自由。伊勢路コース（JRフリー区間は三瀬谷～熊野市駅）と、中辺路コース（JRフリー区間は熊野市～紀伊勝浦駅）がある。

【料金】名古屋市内の駅発の場合、伊勢路コース8380円、中辺路コース9970円

【利用期間】通年　※ただし4月27日～5月6日、8月10～19日、12月28日～1月6日は利用不可

【有効期間】3日間

【発売箇所】このきっぷの出発駅及び周辺のJRの主な駅、または主な旅行会社の支店・営業所

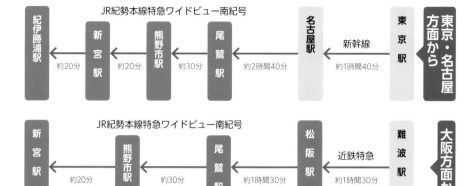

熊野の交通図

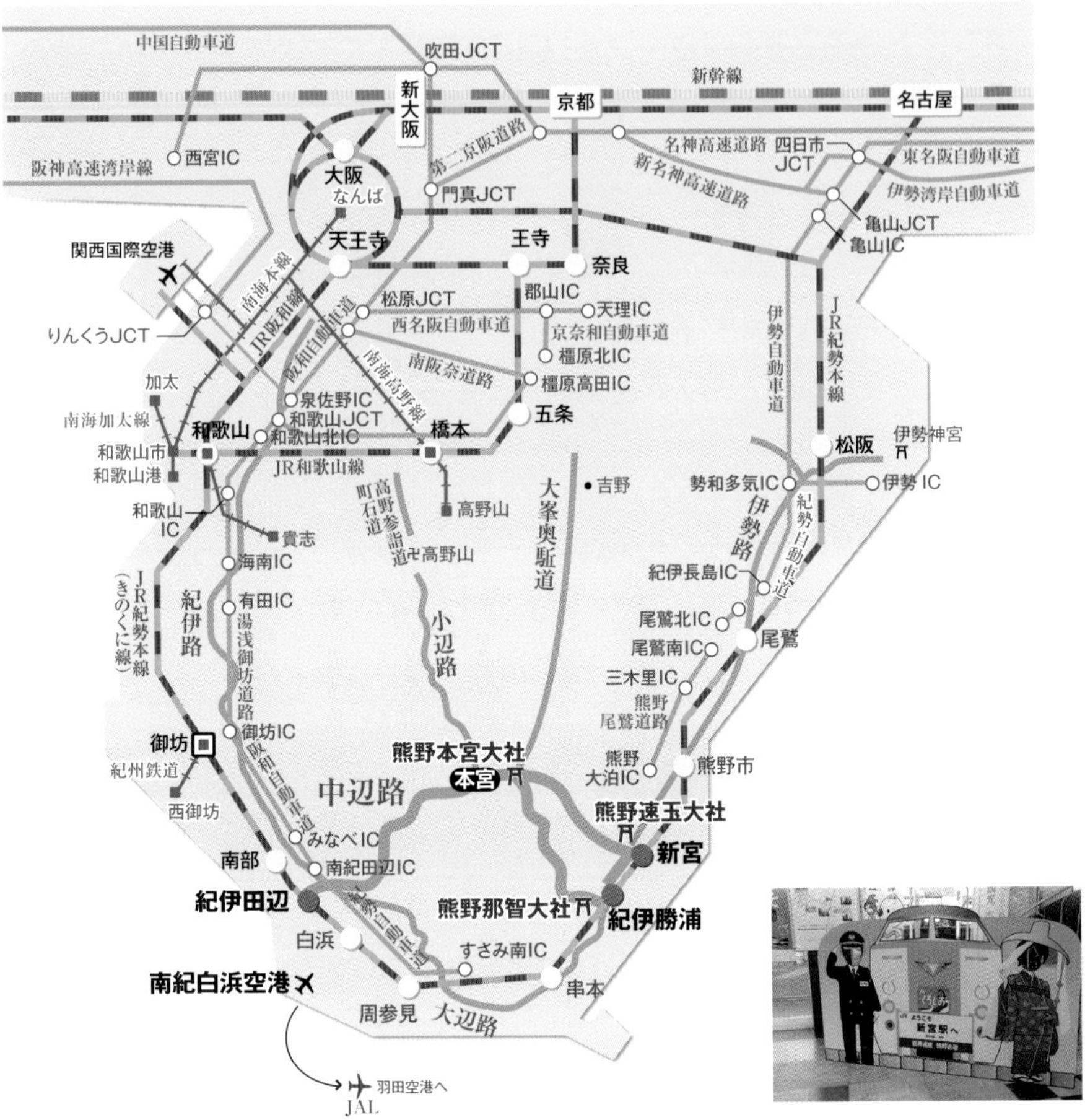

飛行機で

◎南紀白浜空港から中辺路・本宮方面へ

東京方面から：羽田空港 →（JAL 約1時間15分）→ 南紀白浜空港

明光バス快速「熊野古道号」

南紀白浜空港 →（約1時間25分）→ 滝尻バス停 →（約1時間）→ 本宮大社前バス停 →（約50分）→ 新宮駅

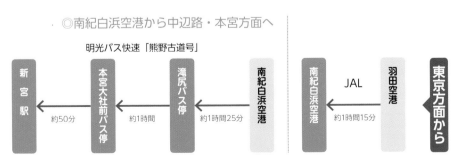

観光に関する問合せ先

和歌山県（紀伊路、中辺路、大辺路、小辺路）

和歌山県観光連盟	☎073-422-4631
田辺市観光振興課（田辺観光協会）	☎0739-26-9929
田辺市熊野ツーリズムビューロー	☎0739-26-9025
中辺路町観光協会	☎0739-64-1470
熊野本宮観光協会	☎0735-42-0735
熊野川川舟センター	☎0735-44-0987
新宮市商工観光課	☎0735-23-3333
新宮市観光協会	☎0735-22-2840
那智勝浦町観光案内所	☎0735-52-5311
白浜町観光課	☎0739-43-5555
南紀白浜観光協会	☎0739-43-3201
日置川観光協会	☎0739-52-2302
すさみ町観光協会	☎0739-34-3200
南紀串本観光協会	☎0735-62-3171
海南市観光協会	☎073-484-3233
有田市観光協会	☎0737-83-1111
湯浅町商工観光係	☎0737-64-1112
御坊市観光協会	☎0738-23-5531
日高川町観光協会	☎0738-22-2041
印南町観光協会	☎0738-42-1737
みなべ観光協会	☎0739-74-8787
九度山町産業振興課	☎0736-54-2019
高野山宿坊協会	☎0736-56-2616

奈良県（小辺路）

十津川村産業課	☎0746-62-0004
十津川村観光協会	☎0746-63-0200

三重県（伊勢路）

三重県東紀州振興課	☎059-224-2193
東紀州地域振興公社	☎0597-89-6172
大紀町商工観光課	☎0598-86-2243
紀北町商工観光課	☎0597-46-3115
尾鷲市商工観光課	☎0597-23-8223
熊野市観光協会	☎0597-89-0100
熊野市紀和総合支所地域振興課	☎0597-97-1113
御浜町企画課	☎05979-3-0505

語り部と歩こう！

熊野をより深く知りたい人は語り部と歩くのがおすすめ。語り部は世界遺産に登録された熊野の歴史や文化、古道沿いの草花、里の暮らしなどを丁寧に説明してくれる。案内してくれるルート、料金などはそれぞれの関係先に確認を。

自分たちだけでは気付かない話が聞ける

語り部に関する問合せ（和歌山県）

<語り部全般の問合せ>

和歌山県観光連盟 ☎073-422-4631

<田辺市>

熊野本宮語り部の会 ☎0735-42-0735
（熊野本宮観光協会）

語り部の会 熊野古道中辺路 ☎0739-64-1350

<新宮市>

新宮市観光ガイドの会 ☎0735-22-2840
（新宮市観光協会）

<那智勝浦町>

熊野・那智ガイドの会 ☎0735-52-6153
（那智勝浦観光機構）

語り部に関する問合せ（三重県）

<語り部全般の問合せ>

東紀州地域振興公社 ☎0597-89-6172

大人の遠足BooK

熊野古道をあるく

2021年 9 月15日　初版印刷
2021年10月 1 日　初版発行

編集人　志田典子
発行人　今井敏行
発行所　JTBパブリッシング
〒162-8446　東京都新宿区払方町25-5

取材・編集　有限会社パーソナル企画（八木孝、長谷川ゆかり、赤松賢一、山本裕子）、杏編集工房（榎木勝洋、中島彰子）、大江吉秀、造山和寿、秋田範子
編集協力　和歌山県観光連盟わかやま紀州館、三重県東紀州振興課、熊野本宮大社、熊野速玉大社、熊野那智大社、那智山青岸渡寺、補陀洛山寺、伊勢神宮　株式会社モンベル
写真協力　楠本弘児、Kankan、和歌山県立博物館、田辺市観光振興課、田辺市熊野ツーリズムビューロー、熊野本宮観光協会、ほか関係施設・市町村、アフロ、PIXTA
表紙デザイン　株式会社トッパングラフィックコミュニケーションズ　浅野有子
本文デザイン　株式会社ジェイヴィコミュニケーションズ（長内奈津子、小山牧子）
地図製作　ジェイ・マップ
組版　凸版印刷
印刷所　凸版印刷

◎本書の地図の作成にあたっては、国土地理院発行の基盤地図情報及び電子地形図（タイル）を使用しました。

◎本書の取材・執筆にあたり、ご協力いただきました関係各位に、厚く御礼申し上げます。

◎本書に記載したデータは2021年6月現在のものです。文章中の料金は大人料金です。原則として取材時点での税率をもとにした消費税込みの料金で掲載しています。ただし、各種料金や税率は変更されることがありますので、ご利用の際はご注意ください。定休日は原則として年末年始、盆休み、ゴールデンウイークは省略しています。夏休み期間中など、定休日・営業時間などが変更になる場合があります。

◎各種データを含めた掲載内容の正確性には万全を期しておりますが、発行後に変更になることがあります。お出かけの際には事前に確認されることをおすすめいたします。なお、本書に掲載された内容による損害などは弊社では補償いたしかねますので、予めご了承くださいますようお願いいたします。

233627　421263
ISBN 978-4-533-14709-8　C2026

JTBパブリッシング
https://jtbpublishing.co.jp/

本書の内容についてのお問合せ　☎03-6888-7846
図書のご注文　☎03-6888-7893
乱丁・落丁はお取替えいたします。